块数据

4.0

人工智能时代的
激活数据学

大数据战略重点实验室 ○ 著

中信出版集团·北京

图书在版编目（CIP）数据

块数据 4.0：人工智能时代的激活数据学 / 大数据
战略重点实验室著. -- 北京：中信出版社，2018.5
ISBN 978-7-5086-8886-2

Ⅰ. ①块… Ⅱ. ①大… Ⅲ. ①经济管理－数据管理－
通俗读物 Ⅳ. ①F2-39

中国版本图书馆 CIP 数据核字（2018）第 073607 号

块数据 4.0——人工智能时代的激活数据学

著　　者：大数据战略重点实验室
出版发行：中信出版集团股份有限公司
　　　　　（北京市朝阳区惠新东街甲 4 号富盛大厦 2 座　邮编 100029）
承 印 者：北京通州皇家印刷厂

开　　本：880mm×1230mm　1/32　　　印　张：11.5　　　字　数：230 千字
版　　次：2018 年 5 月第 1 版　　　　　印　次：2018 年 5 月第 1 次印刷
广告经营许可证：京朝工商广字第 8087 号
书　　号：ISBN 978-7-5086-8886-2
定　　价：59.00 元

版权所有·侵权必究
如有印刷、装订问题，本公司负责调换。
服务热线：400-600-8099
投稿邮箱：author@citicpub.com

编撰委员会

总　　顾　　问	陈　刚　闫傲霜　李再勇
编委会主任	李再勇
编委会常务副主任	许　强　陈　晏
编委会副主任	聂雪松　徐　昊　连玉明
主　　　　编	连玉明
副　　主　　编	朱颖慧　武建忠
执 行 副 主 编	宋希贤　宋　青　胡海荣
主　要　撰　稿　人	连玉明　朱颖慧　武建忠　宋　青
	胡海荣　宋希贤　张俊立　张龙翔
	范贤昱　龙荣远　黄　倩　邹　涛
	翟　斌　郑　婷　陈　威　何　露
	姜　璠　陈　鹏　胡亚男　田翠梅
学　术　秘　书	李瑞香　江　岸

主编序

> 眼看乾坤一局棋,满枰黑白子离离。
> 铿然一子成何劫,唯有苍苍妙手知。

这是被称为"波斯李白"的诗人奥马尔·海亚姆（1048—1122）的《鲁拜集》中的诗句。作为一名精通天文和数学的大学者,奥马尔认为,宇宙的规律是可以探知的,并可以用严密而美妙的数学方式表示出来。前定与随机,必然与偶然,向来是人文科学中长期争论不休的命题。自然科学理论始终受实验和观测的检验,而它的每一个重大发现又都会反馈到文化和社会的层面,对人的哲学和历史观有所启示。

决定性和概率性一直被当作数学、物理等学科对自然界的描述方式。在牛顿创立古典力学之后的250年间,直至20世纪20年代,决定论长期处于主导地位,基于概率论的统计描述或者说数据的描述,则一直属于不得已情况下所采用的辅助手段。决定性的牛顿力学从计算和预测的观点来看，实际上也具有内秉随机性，这就是微观层次上的混沌运动。大量隐藏在暗数据背后的某些看似简单原因所导致的复杂后果，则渐渐成为混沌研究的重要信息。混沌不是无序和混乱。与人们习以为常的周期排列或对称形状的数据相比，大自然和人类社会中的很多数据其实就是一种没有周期性次序的混沌。在理想模型中，它可能包含着无穷的内在层次，层次之间存在自相似性或不尽相似。在观察手段和技术的分辨率不高时，只能看到每一个层次或某一种类型的结构。但技术条件改变或提高后，在远离不能识别之处就会出现更小尺度上的结构。零维的点、一维的线、二维的面、三维的体和四维的时空，是人们现在所能认知的数据空间。如果在不远的将来，我们真的进入一个超数据时代，现有的技术和描述手段也许就无法对这种高度无序数据的混沌运动进行分形，而关于相变和临界现象理论的框架也需要一个新的重构。

这时我们不由得想到那个著名的洛伦兹"蝴蝶效应"理论，其实和这个理论相联系的还有一个被称为"湍流发生机制"的观点，认为向湍流的转变由少数自由度决定，经过两三次突变，运动就到了维数不高的奇怪吸引子上。这里所谓的吸引子是指运动轨迹长时间之后的终极形态，它可能是稳定的平衡点或周期性的轨道，也可能是继续不断变化、没有明显规则或次序的许多回转曲线。无论是蝴蝶效应还是湍流发生机制，其实都是对我们现在正在研究的激活数据学的一种理论上的关照和呼应。事实上，大数据乃至超数据时代的数据运动，就是这样一种处于混沌和分形之下的对数据运动轨迹及其规律的研究。许多看起来杂乱无章、随机起伏的数据变化或时空穿越，可能造成的就是类似亚马逊级别的数据风暴。如果说上述蝴蝶效应粉碎的是本就无法实现的长期天气预报的幻梦，那么紧接着的奇怪吸引子告诉我们的是，人类对于天气的实际预报能力并没有因那只蝴蝶的翅膀而受到任何影响，相反，却因对于更加混沌的数据的研究而提高了。激活数据学就是一种基于复杂理论及混沌研究的关于未来大数据乃至超数据时代的理论假说，就像上面讲的天气预报，但它所关心的并不是下个星期的晴雨冷热，而可能是未来10年耕种季节的平均降水量和平均气温。激活数据学研究使以往根据统计原则所做的预报上升为数据动力学的预报，也就是应用了似是随机现象的内在规律，从而提高了预测单个轨道近期行为的精确度，并丰富了长期预报的办法。

  同样，我们还可以考察一个似静实动的模型。让沙子从一个漏斗孔中缓缓落到桌面上，形成渐渐变大的沙堆，总有最后新添加的某一粒沙子会在整个沙堆勉强维持平衡的锥面上导致一次"雪崩"，使一撮沙子滑到堆底，雪崩留下的小洼地会被后续的沙流填平，直到下一次更大的雪崩。在我们收集所有这些雪崩的数据后，可以发现它们的大小和间隔遵循某些数据动力规律，而沙堆模型无疑也启发了我们对于数据激活状态中的相变和突变的研究。无论数据的平衡态的相变或非平衡的临界多么不确定，可以确定的是，在搜索、融合、激活和碰撞等一系列状态下，数据在某一个临界点附近的扰动必然会导致某种全局性后果。当然，是否存在可以被"激活"的"数据蝴蝶"或"数据吸引子",还需要我们进一步探寻,但这并不否定我们的所愿,而仅仅需要我们从实际数据的研究和挖掘中进一步加以发现。

作为一种理论假说,激活数据学就像一座朝向深邃的大数据宇宙的"天眼"。它是未来人类进入云脑时代的预报,是关于混沌的数据世界的跳出决定论和概率论的非此即彼、亦此亦彼的复杂理论的大数据思维范式的革命。从一定意义上来说,大数据就是面向未来社会人类需要破译的"基因"。正如因发明一种DNA(脱氧核糖核酸)快速测序方法而获得1980年诺贝尔化学奖的吉尔伯特针对生物学研究范式的变化指出的,"正在兴起的新的范式在于,所有的基因将被知晓,今后生物学研究项目的起点将是理论的。一位科学家将从理论的假设开始,然后才转向实验室去检验该假设"。是的,借助日渐深入的人工智能的发展,大数据的理论研究正在激发人类的新的假想和猜测。正是这种假想和猜测,让我们以某种"对称破缺"的方式去探知深邃未知的数据海洋,发现诸多社会发展法则背后产生影响甚至支配的物质和数字的力量。

人生是一种快变量,语言是一种慢变量,而数据将是一种突变量。虽然"未知"依然是现实的一部分,但是身处海量数据大爆发时代,人们坚信,未来已来!从"块数据1.0"到现在的"块数据4.0",我们一直在持续探讨这个已来的未来,尤其是基于对"以人为原点的数据社会学的范式革命"的认知。事实上,从一开始,我们就没有把大数据仅仅看作所谓的"大"的数据,而是把大数据看作一种"活"的数据,因为只有激活,大数据才有生命,才有社会属性，才能成为未来世界人们赖以生存与发展的土壤和空气。最后，套用《爆裂》一书中关于现代世界生存的九大原则中"系统优于个体"的表述：真正具有竞争性的是一个系统，而非一个特别强大的个体；是一套能够保证不断成功的制度，而不是一个天才个人的行为。同样，激活数据学就是这样一个思想的系统，就是要为我们身处的这个大数据时代找到一个解决方案，这个方案可以构建一个融合数据、计算和场景的系统，让我们在大数据的时空中真正"思考和行动"起来。世界正处于根本结构性变革中，我们必须具备这样一种能力，即下意识地适应和发现因不适应我们的旧习惯而被忽视的事情。

连玉明

大数据战略重点实验室主任

2018年4月3日于北京

目 录

绪 论 大数据时代的解决方案 001

第一章 超数据时代的数据拥堵

第一节 小数据时代、大数据时代和超数据时代 012

  （一）小数据时代 012

  （二）大数据时代 016

  （三）超数据时代 021

第二节 奇点来临：数据大爆炸 026

  （一）数据连接型社会：数据量化世界 026

  （二）数据大爆炸：海量、复杂与失控 032

  （三）数据失真、数据依赖与数据安全 035

第三节 数据拥堵与数据治理 038

  （一）数据拥堵的由来 038

  （二）从生命周期视角思考数据拥堵 040

（三）数据拥堵的治理范式　044

第二章　激活数据学：基于块数据理论的解决方案

第一节　复杂理论与块数据　052

（一）复杂性的涌现　052
（二）块数据的数据观　055
（三）数据学与数据科学　058

第二节　激活数据学的提出　061

（一）激活数据学的由来　061
（二）激活数据学的理论框架　062
（三）激活数据学的时代价值　068

第三节　激活数据学与数据激活机理　071

（一）数据搜索：智能感知　071
（二）关联融合：智能聚合　072
（三）自激活：智能决策　074
（四）热点减量化：智能筛选　076
（五）群体智能：智能碰撞　077

第三章　数据搜索：智能感知

第一节　智能感知与交互　082

（一）生物感知　082
（二）机器感知　085
（三）交互识别　088

第二节　搜索引擎：连接人与信息　091

（一）从"寻物"到"搜数"　091

（二）谷歌搜索：让流动的信息产生智能　095

（三）搜索引擎的工作原理　098

第三节　搜索引擎到人工智能的终极演进　103

（一）全局化范围搜索　103

（二）智能化目标识别　106

（三）无界化协同感知　110

第四章　关联融合：智能聚合

第一节　人脑信息的处理与融合　118

（一）对象感知　118

（二）情景关联　120

（三）信息融合　122

第二节　智能数据处理　124

（一）大数据融合处理模式　124

（二）数据融合处理局限　127

（三）基于人脑模式的数据关联融合　129

第三节　数据融合：构建新型数据关系　134

（一）降维去噪　135

（二）关联识别　140

（三）融合重构　144

第五章　自激活：智能决策

第一节　脑认知与类脑计算　154

（一）神经元与神经网络　154

（二）从学习到决策　157

（三）人脑智能决策对机器学习的启示　163

第二节　让机器像人一样思考　166

（一）从"深蓝"到"阿尔法元"　166

（二）构造人工神经网络　169

（三）深度学习驱动机器智能决策　171

第三节　智能判断与决策　175

（一）提取特征　175

（二）构建模型　177

（三）决策输出　181

第六章　热点减量化：智能筛选

第一节　遗忘，是为了更好的记忆　187

（一）人脑的记忆存储极限　187

（二）记忆的选择性封存　192

（三）遗忘也是一种学习　196

第二节　删除，数据取舍之道　199

（一）数字记忆是生物记忆的延伸　199

（二）全面数字存储下的信息失控　203

（三）数字记忆与信息取舍　206

第三节　筛选，选择最优决策　210

（一）数据匹配与简约　210

（二）优化算力配置　214

（三）选择最优算法　218

第七章　群体智能：智能碰撞

第一节　头脑风暴：发现好想法和做出好决策　226

　　（一）创造力是发现好想法的源泉　226
　　（二）群体合作与互动　228
　　（三）群体决策与判断　230

第二节　群体学习：从个体智能到群体智能　234

　　（一）个体智能的局限　234
　　（二）从生物群体到机器人群体　237
　　（三）群体机器人的行为协作　242

第三节　群体空间：人脑智慧和机器智能的交互　244

　　（一）人机优势互补　244
　　（二）机器智能进阶　246
　　（三）人机社会化协作　250

第八章　激活数据学的应用场景

第一节　激活数据学下的自动驾驶　258

　　（一）智能驾驶引领新一轮工业革命　258
　　（二）激活数据学在无人驾驶中的应用场景　261
　　（三）激活数据学为智能驾驶提供理论依据　264

第二节　激活数据学下的城市大脑　267

　　（一）城市大脑：城市的数据智能中枢　267
　　（二）激活数据学优化城市大脑的系统应用　269
　　（三）激活数据学让城市大脑更智慧　273

第三节　激活数据学下的医疗影像　274

（一）人工智能赋能医疗影像　274
（二）激活数据学在医疗影像中的应用策略　276
（三）激活数据学提升医疗影像价值　280

第四节　激活数据学下的智能语音　282

（一）智能语音交互：进阶的交互模式　282
（二）智能语音技术提升的路径选择　284
（三）激活数据学开启语音交互新时代　287

第九章　云脑时代：开启数字文明新纪元

第一节　驱动云脑时代的"三驾马车"　294

（一）数据驱动　294
（二）计算驱动　297
（三）场景驱动　301

第二节　区块链：人工智能任性发展的"保险阀"　303

（一）哲学视域下的人工智能风险　303
（二）区块链与秩序互联网　309
（三）区块链重塑人工智能时代新生态　312

第三节　数权法与数字文明新时代　315

（一）云脑时代的制度安排与法律规制　315
（二）数权法构建数字文明新秩序　319
（三）构建网络空间人类命运共同体　322

参考文献　327

术语索引　341

后　记　349

绪 论

大数据时代的解决方案

本书探讨的主题是大数据时代激活数据学的提出、运行机理及场景应用。激活数据学是以充分发挥人机群体智能为核心，综合运用数据科学、生命科学和社会科学提出的海量数据存储、处理的解决方案。激活数据学将确立一个新的观察人类智能和机器智能的视角，引导人们重新审视数据无限膨胀可能造成的人类认知障碍，重新思考维持一个健康、安全和有效的数字社会的根本办法，建立与人类智能复杂性同步的人工智能系统，开启用复杂性系统思维认识未来世界和改造未来世界之旅。

大数据时代面临的问题与挑战

在人类文明的伊始，人与人的第一声交流即意味着"连接"的开始。语言使人与人连接，并促使用于记载事物的文字、数字符号产生，这样的"连接"便产生了"数据"，并演化为人类文明最初的信息与知识。在漫长的农耕文明时代，"连接"主要以语言沟通和书面文字沟通的形式存在。进入工业文明时代，"连接"开始通过无线电台、电报、电视的形式存在，但这样的"连接"产生的信息往往是单向性且缺乏互动的。互联网时代，人和人开始通过网络进行复杂交错的互动连接。社交网站、电子邮件、搜索引擎、聊天工具……人类建立连接的方式趋于多样化、多维化，人类社会产生的数据也因而大量积累。与此同时，数据的价值越来越受到人们的重视。数据深刻作用于政治、经济、文化等领域，带来更多的创新机会，从生产、生活到科研，一个大数据时代正在开启。

在美丽的贵州省黔南州布依族苗族自治州平塘县，被称为"中国天眼"的世界上最大的单口径射电望远镜——FAST（500米口径球面射电望远镜）已于2016年9月25日落成启用。FAST的计算速度需达到每秒200万亿次以上，存储容量需达到10PB[①]以上。这一世界级的工程将帮助人们捕捉到更多来自宇宙的信息，它的背后是"天文级"的海量数据存储和复杂的计算。

随着时间的推移、科学任务的深入，以及数据的大量采集，未来对计算速度和存储容量的需求将爆炸式增长，数据量和计算量都将"大得惊人"。

数据是没有边际的，而计算力、存储力始终存在物理极限。

---

① 1PB=2^{50}B。

在过去很长一段时间里,科技日新月异的发展依赖摩尔定律。当摩尔定律逐渐失效时,数据的膨胀是否将引发世界性的数字爆炸?

人们寄希望于量子计算,量子计算将有可能使计算机的计算能力远远超过今天的计算机,但仍然存在很多障碍。如何长时间地保持足够多的量子比特的量子相干性,同时又能够在这个时间段之内做出足够多的具有超高精度的量子逻辑操作,提高所需量子装置的准确性,还面临许多困难。

人类作为自然界中最伟大的智能体已经进化了上百万年,人类所具有的智能是大自然赋予人类最高级的礼物。今后,人类智能仍将是人造系统模仿和研究的对象。人类未来对数据的处理,要更多地模仿人脑对数据的处理方式,人脑就是世界上最好的"量子计算机"。

目前人工智能的发展水平可以用三个维度来描述,即强度、扩展性和能力。强度是指人工智能系统的智能化程度,扩展性是指人工智能系统可以解决的问题的范围,能力是指人工智能系统所能提供的平均解决方案的质量。虽然我们已经在专用人工智能领域取得了突破性进展,但目前人工智能水平仍然停留在"有智能没智慧,有智商没情商,会计算不会算计,有专才无通才"的水平。其特点是能力单一,只能在某个特定领域内发挥作用。在人工智能2.0时代,我们期待一个新的框架:首先,在人的逻辑层次可辩明;其次,可以处理大规模数据;最后,可以基于一小组标记数据进行学习。我们认为,将数据驱动的机器学习方法与知识引导方法相结合，将为人工智能的未来推开一扇新的大门。

探索解决之道——激活数据学

受人脑处理数据方式的启发，本书提出了一种新的处理海量数据的一般性框架——激活数据学。

激活数据学从复杂理论出发，将产生智能所依赖的数据、软件硬件环境、交互规则等视作一个具有"简单性、局部性、全局性、内聚力、动态性"的开放复杂系统，智能产生的过程即开放复杂系统中各个具有局部目标和行为的自主体通过自主行为及动态环境相互作用达到整体的全局目标所涌现的群体智能，这种涌现的群体智能能够高效求解问题。

激活数据学中采用块数据模型作为数据模型。块数据把各种分散的点数据和分割的条数据汇聚在一个特定平台上并使之发生持续的聚合效应。块数据的聚合打破了传统信息不对称和物理区域、行业领域对数据流动的限制，高度关联的各类数据可以在没有任何障碍和限制的条件下自由流动、相互作用，为智能的产生创造了条件。

激活数据学的核心是将人类认知能力与计算机快速运算和海量存储的能力结合起来。一方面，提高智能系统的置信度，避免人工智能技术的局限性所造成的风险甚至危害；另一方面，建立人类参与的混合增强智能，将海量数据通过人机混合增强智能实现最佳释放。这种形态是人工智能可行的、重要的成长模式。

数据搜索、关联融合、自激活、热点减量化、群体智能是激活数据学的 5 个运行阶段，构成了激活数据学模型化运行的完整流程（如图 0-1 所示）。

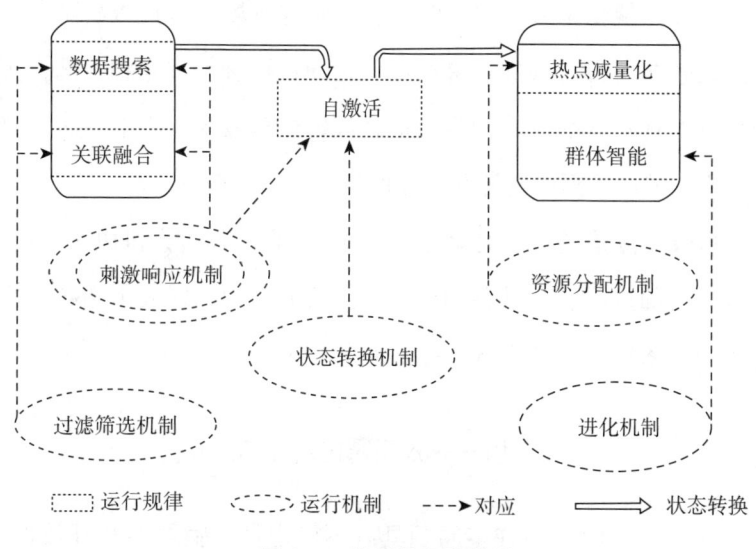

图 0-1 激活数据学模型

数据搜索是激活数据学的数据准备阶段，通过对数据的主动搜索和自我的深度学习，透彻感知、精确描述现实物理空间的多模态场景信息，构建更加丰富的数据特征维度，更快、更精准地搜索到目标主体，为机器学习准备大量数据作为"燃料来源"和"助推器"。

关联融合是激活数据学的数据预处理阶段，对异构、多源、多模态感知数据进行信息融合，打破数据壁垒，让不同领域、不同类型的数据成为高度关联的整体，为智能的产生创造条件。

自激活是激活数据学的智能产生阶段，是从"数据"跃迁为

"数聚"的阶段，智能个体通过深度神经网络学习将数据内化为知识，积累或学习经验和知识，并可根据各自的意图与其他智能体进行交互，修改自己的行为以适应新环境。

热点减量化是激活数据学的智能筛选阶段，对自激活阶段产生的无效的、会对预判结果产生干扰的数据进行过滤和筛选，实现数据处理资源的优化配置，提高数据处理效率，为下一阶段更好、更快的决策提供资源和环境保障。

群体智能是激活数据学的智能放大阶段，通过人机协作强化，突破各自的局限和在某种程度上达到协同作用，释放出超越个体智能的群体智能，提升决策的准确性和稳定性。

云脑——人工智能的未来

由于人类面临的许多问题具有不确定性、脆弱性和开放性，任何智能程度的机器都无法完全取代人类。即使为人工智能系统提供了足够或无限的数据资源，人类干预也不能排除在智能系统之外。人工智能中有许多问题需要解决，比如如何在人机交互系统中理解人类语言的细微差别和模糊性，特别是如何避免人工智能技术的局限性所造成的风险甚至危害。为了解决这些问题，一些重要的应用，如工业风险控制、医疗诊断和刑事司法系统，必须引入人的监督、互动和参与。

目前人工智能的学习方式已经挑战了人类现有大数据处理能力的极限，动用了大量社会资源。比如让计算机使用深度学习模型观看了1 000万个视频片段，才让计算机学会如何在视频中识别猫脸，这是一岁婴儿几天就可以学会的简单的事情。真正的"强人工智能"则能灵活自主地学习自己想要学会的内容，能独立思考，具备处理多类型任务和突发情况的能力，它可以在各种环境中解决复杂问题，更接近人类的思维，未来发展也更具价值。

未来已来，这将是一个电脑智能与人脑智能相互融合的时期——云脑时代，这种融合将开创一个全新的世界，在这个新世界中，虚拟与现实、人类与机器的界限将变得模糊，人类与计算机的相互赋能或将永久改变人类的命运，在一个万联网、人、机所构成的未来世界，必将催生新的世界观、新的科技秩序与道德秩序。

人工智能浪潮席卷而至，谁都无法阻挡。

第一章
超数据时代的数据拥堵

5G（第五代移动通信技术）、物联网、人工智能等新一代信息技术与经济社会各个领域快速发展和深度融合，数字、文字、图像、音频、视频等数据形态大大丰富了数据种类，数据正以前所未有的速度极速增长和积累。这一深刻变化不仅促成了数据量及处理能力遵循摩尔定律爆发式增长，而且彻底颠覆了数据的传统形态，将人类社会带入了数据急剧膨胀的超数据时代。

在数据相对匮乏的小数据时代，数据的采集、搜索等技术手段的落后导致人类由于可获得数据的有限性，难以对事物做出准确的判断和预测，如同处在黑暗中，辨不清方向。进入超数据时代，由数据短缺变为数据过剩。信息爆炸与数据爆炸带来海量信息、垃圾数据泛滥，使得人类被无边界的数据层层包裹，最终形成认知障碍。我们把这种问题和困境称为"数据拥堵"。

治理数据拥堵是超数据时代的重大议题。科学的问题要用科学的办法来解决。在块数据的思维结构下，融入数据科学、生命科学、社会科学、智能科学等前沿科学理论,在不明显增加成本的前提下尽可能地对垃圾数据、冗余数据进行热点减量,把超数据从"厚"做到"薄",从"大"做到"小",为人类社会清除认知障碍,平衡利益矛盾,提供可行方案。

第一节　小数据时代、大数据时代和超数据时代

人类原始时代早期所创造的数的概念、数的方法和数的科学,为东西方文化的发展提供了共同的智慧财富。人类对数据价值的认识可以粗略地分为三个阶段:一是以计算机为基础,追求数据精细化的小数据时代;二是以系统性数据资源为基础,深入挖掘数据关系的大数据时代;三是以数据大爆炸为标志,实现数据拥堵"治理"的超数据时代。

(一) 小数据时代

数、数字和数据。数的概念从萌芽到诞生经历了极其漫长的岁月,可以追溯到人类蒙昧时期。数的概念始于人类在采集、狩猎等生产活动中,通过对不同事物的比较,逐渐认识到事物之间存在某种共通的特征,即在同类事物中存在最小事物个体,即事物的单位性。同时,意识到非同类事物之间数量的其他共同特点,如在数量上相互间可以构成对应的关系,这种非同类事物所共有的数量的抽象性质,就是数。[1]数字是数的具体表现形式。公元前

---

[1] 刘红,胡新和.数据革命:从数到大数据的历史考察[J].自然辩证法通讯,2013,35(6):33-35.

四五千年，尼罗河流域的古埃及人创造了十进制象形文数字；远古时代，生活在中美洲的玛雅人创造了玛雅数字；黄河流域的中华民族创造了以商代的甲骨文数字和西周的钟鼎数字为代表的中国数字，到唐代前后形成汉字数字。后来，随着数学的发展，也逐步产生了不同于文字数字的符号数字，如罗马数字、阿拉伯数字等。"数据"一词最早源于拉丁语，"数"的概念是在"量"的基础上进一步扩展而建立起来的，量成为数据的基本单位。在计算机普及化的今天，数字化已成为现实，因此数据形式已经扩展到量之外，数及可以转换为数字的图形、表格、文字都可成为数据的组成部分。数据不仅限于表征事物特定属性，更为重要的是成为推演事物运动、变化规律的依据和基础。

小数据时代是以经验科学为基础判断数据价值的时代。早在数千年以前，人类就开始计量数据、运用数据和分析数据。人类有记载的最早的计数发生在公元前8000年。《易经·系辞下》有记载："上古结绳而治，后世圣人易之以书契。"《易九家言》记载为："事大，大结其绳；事小，小结其绳。结之多少，随物众寡。"在西方，自圣经时代开始，政府就通过人口普查建立大型的国民数据库。同样，在古代波斯也有结绳记事的记载。据说波斯王大流士给他的指挥官一根打了60个结的绳子，并对他们说："爱奥尼亚的男子汉们，从你们看见我出征斯基泰那天起，每天解开绳子上的一个结，到解完最后一个结那天，要是我没回来，就收拾你们的东西，自己开船回去。"从古人结绳记事起，人类数十万年依靠数量概念和数量科学推动着社会经济与人类自身的发展。人类的先知凭借自身经验和观察所得，发现了数据对于自然界的物质生产、社会界的精神生产及人类自身的自我生产、存在与发展的重要价值。

小数据时代，人类收集、挖掘和使用样本数据的能力处于较低水平，也没有收集和处理大规模数据的能力，就利用整体与部分之间的关系发明一种方法来用部分的数据证实尽可能重大的发现，这就是统计学的由来。这种方法利用了整体与部分的关系，部分具有整体的一些特征，可以从部分认识整体。在统计大规模数据时，人们会选取其中的一部分作为样本，对样本进行分析，从而达到对整体数据的推算，这就是采样分析法。后来，人们意识到采集的样本并不是越多越好，而是随机性与精确性成正比，样本选择的随机性比样本数量更重要。从此，随机采样变得非常重要，成为现代测绘和现代测量领域的主心骨，它可以通过少量的随机样本，对整体数据进行推算和统计，而且拥有很高的精确率，这无疑是在小数据时代不可收集和分析全部数据的情况下所能达到的最完美的结果。[①]

人口普查是一种国家层次的重要的"数据指标行动"。据有关资料记载，中国是世界上最早统计人口的国家之一。相传最早在公元前210年前的夏禹时代就有过人口统计。中国古代封建王朝设立"户部"，户部主管户口、赋税等，是负责统计人口的机构。西周的人口统计不但有公开的人口调查，而且有专司人口

---

① 王浩.大数据时代下的思维方式变革[D].上海：东华大学，2015.

统计的官吏，称为"司民"。《周礼·秋官》载："司民掌登万民之数。自生齿以上，皆书于版。辨其中国，与其都鄙，及其郊野，异其男女，岁登下其死生。"这里，我们不难看出，周朝时人口普查就已经初步设立了年龄、"国别"、城乡、性别、生死等人口的重要指标。东汉时期的户口调查进一步制度化，称为"案比"，即案验、比较，在每年的八月进行。中国魏晋时期皇甫谧著的《帝王世纪》记载："禹平水土，还为九州，今《禹贡》是也。是以其时九州之地，凡二千四百三十万八千二十四顷，定垦者九百三十万六千二十四顷，不定垦者千五百万二千顷。民口千三百五十五万三千九百二十三人。"南朝宋范晔的《后汉书》与宋元之际马端临的《文献通考》，都有同样记载。有的统计学者认为这是"我国最早的统计数字资料"。在数千年的农业社会中，人类不断探索新的科学技术，但是对统计数据的收集、挖掘和使用始终处于较低水平。

计算机的诞生和发展促使小数据时代的分析方法由经验化向精细化转变。在计算机出现之前，人类的经济和政治生活根本就不是以数据为基础的，数据仅仅作为一种计量单位而存在。自人类第一台计算机ENIAC（埃尼阿克）问世以来，以计算机技术为主导的信息化、数字化时代的不断发展，为数据收集、整理、分析和使用提供了前所未有的便利：数据收集更加便捷，数据整理更加科学，数据分析更加深入，数据使用更加广泛。但是，这一阶段计算机技术的主要应用范围局限在数值领域，追求数据的丰富性和精细化。自20世纪90年代起，网络技术、数码技术和电子信息系统的发展，推动计算机技术从数值领域发展到非数值领域。数据技术经历了一次革命性的变化，多媒体技术将文字、图形、影像、音响和动画技术融为一体，数据的生产、复制和存储能力急骤增强。世界各国相继实施和推进数字化战略，数字城市、数字社区和数字家庭不断涌现。从磁盘、光盘到互联网、传统媒体数字化转型，以手机带动的新型移动传输方式的发展，大大提升了大规模数据传输速度。小数据时代逐渐向大数据时代过渡。

（二）大数据时代

美国人迈克尔·考克斯和戴维·埃尔斯沃思被认为是最早提出"大数据"概念的工程师。1997年10月，迈克尔·考克斯和戴维·埃尔斯沃思在第八届美国电气电子工程师协会（IEEE）关于可视化的会议论文集中发表了题为"为外存模型可视化而应用控制程序请求页面调度"的文章。"可视化对计算机系统提出了一个有趣的挑战：通常情况下数据集相当大，耗尽了主存储器、本地磁盘甚至远程磁盘的存储容量。我们将这个问题称为'大数据'。当主存储器无法容纳数据集，或者当本地磁盘都无法容纳数据集的时候，最常用的解决办法就是获取更多的资源。"该文是在美国计算机学会的数字图书馆中第一篇使用"大数据"这一术语的文章。

2000—2010年被视为"大数据时代"奠基的10年。中国互联网数据中心估计，2002年世界产生了5EB[①]新数据，2006年产生了161EB新数据，2006—2010年，每年为数字宇宙所增加的信

---

① 1EB=2^{60}B。

息将是 2006 年的 6 倍多，达到 988EB，或者说每 18 个月就翻一番。实际上，据 2010 年和 2011 年同项研究所发布的信息，每年全球所创造的数字化数据总量超过了这个预测，2010 年达到了 1 200EB，2011 年增长到了 1 800EB。①

2012 年，全球数据量已经从 TB②级别跃升到 PB、EB 乃至 ZB③级别。国际数据公司（IDC）的研究结果表明，2008 年全球产生的数据量为 0.49ZB，2009 年的数据量为 0.8ZB，2010 年的数据量为 1.2ZB，2011 年的数据量更是高达 1.82ZB，相当于全球每人至少产生 200GB④的数据。到 2012 年为止，人类生产的所有印刷材料的数据量是 200PB，全人类历史上说过的所有话的数据量大约是 5EB。美国 IBM（国际商用机器公司）的研究称，在整个人类文明所获得的全部数据中，有 90% 是过去两年内产生的。到 2020 年，全世界所产生的数据规模将达到今天的 44 倍。经过 10 年的发展，新的数据标准、规则更加成熟，无线通信新技术在企业生产、市场流通与大众消费领域日益扩大。在云计算普及化及信息环境更加完善的前提下，越来越多的企业、社区和家庭使用更高级别的数据标准，各种层次和各种功能的数据中心如雨后春笋般应运而生，数字城市、智能网络和数据系统不断涌现。

大数据时代与小数据时代的对比见表 1–1。与小数据时代的

---

① 高书国.大数据时代的数据困惑——教育研究的数据困境［J］.教育科学研究，2015（1）：24—30.

② 1TB=2^{40}B。

③ 1ZB=2^{70}B。

④ 1GB=2^{30}B。

数据观重视数据的因果关系有所不同，在大数据时代，数据处理变得简单快捷。利用所有的数据，而不再仅仅依靠一小部分，并且允许所有数据不精确性的存在，"不再渴求数据的因果关系，而去关注数据的相关关系，不需要知道为什么，只需要知道是什么"[1]。"思维的转变颠覆了人类千百年的思维习惯，全新挑战了人类的认知和与世界交流的方式。它们是相互联系和相互作用的。"[2]

表 1–1　大数据时代与小数据时代的对比

对比内容	小数据时代	大数据时代
数据量	数据量小，以 MB[3]、GB、TB 为存储单位	数据量大，以 PB、EB、ZB 为存储单位
数据库	结构化数据库存储数据	结构化及非结构化数据库存储数据
存储设备	数据存储设备价格高昂	数据存储设备价格相对低廉
数据来源	数据来源简单	数据来源繁多复杂
产生速度	数据产生、变化速度慢	数据产生、变化速度快
数据结构	数据结构简单	数据结构多样

全部数据取代随机样本。在信息处理能力差的时代，随机样本让大量数据的分析成为可能，但当完整的数码歌曲被截取成多个采样的文件时，很多信息也会随之丢失。因此，只有拥有全部的数据或几乎全部的数据，人们才能进行新的分析，才能正确地

---

[1] 李军.大数据从海量到精准［M］.北京：清华大学出版社，2014：41.
[2] 维克托·迈尔–舍恩伯格，肯尼思·库克耶.大数据时代［M］.盛杨燕，周涛，译.杭州：浙江人民出版社，2013：28。
[3] 1MB=2^{10}B。

考察细节，才能用大数据在任何细微的层面论证新的假设。舍恩伯格曾说："在某些特定的状态下，我们还是可以使用样本分析法，但它已经不是分析数据的主要方式。在未来，我们会完全抛弃不再使用。"[1]统计抽样方法适用于技术受限的时期，是为解决一些特定问题而存在的。如今，技术环境已大大改善，在大数据时代进行抽样分析就好比在汽车时代骑马一样。

混杂性取代精确性。在小数据时代，为了保证质量，人们往往把减少错误作为最基本、最重要的要求。那是因为收集的信息是有限的，细微的错误会因数据量小而被放大，甚至会影响整个结果的准确性。在当今的信息时代，我们已经从依赖清晰、准确的领域脱身，能够容忍模糊和不确定性的出现。只要一个事物有一个更完整的概念，我们就能接受模糊和不确定性。好比印象派的画风，近看画中每一笔都感觉很乱，但后退一步就能发现这幅作品的伟大，因为整幅画的整体思路在后退一步的时候就能显现出来。也就是说，当视野局限在可以分析的数据和能够确定的数据上时，我们对世界的整体理解可能会发生错误和偏差，不但会丧失尽力收集数据的动力，而且会失去从不同角度观察事物的权利。"大数据要求我们必须能够接受混乱和不确定性。一旦我们承认甚至拥护这个事实的话，离真相就又近了一步。"[2]

---

[1] 维克托·迈尔–舍恩伯格，肯尼思·库克耶.大数据时代［M］.盛杨燕，周涛，译.杭州：浙江人民出版社，2013：43.

[2] 维克托·迈尔–舍恩伯格，肯尼思·库克耶.大数据时代［M］.盛杨燕，周涛，译.杭州：浙江人民出版社，2013：66.

相关关系取代因果关系。在小数据时代，因为数据很少且收集数据费时费力，所以相关关系的应用也很少。但在大数据背景下，我们能够更便捷、更容易和更清楚地分析事物，能够量化两个数据之间的数理关系，因此可以更好地运用数据的相关关系。比如谷歌预测的流感趋势是通过人们在谷歌搜索的流感词条确定的，搜索多的特定地区被认为有更多的人患了流感。相反，个人鞋码与幸福指数根本扯不上任何关系。"在大数据时代，我们只需要知道'是什么'，不需要知道'为什么'。不必寻求现象背后的原因。"[1]这个时代要释放出的巨大价值是通往未来的必然改变，使我们选择大数据的理念和方法不再是一种权衡。大数据的趋势就是越来越多的事物都以数据的形式存在。

综合各方对大数据时代的分析，我们认为大数据时代具有以下5个典型特征。第一个特征是数据量大。大数据的起始计量单位至少是PB、EB或者ZB。第二个特征是数据类型多样化。大数据时代的数据类型和表现形式多样，包括调查数据、网络日志、音频、视频、图片和地理位置信息等，数据与数据之间的联系被数据的多样性冲淡，多种类型的数据对数据的处理能力提出了更高的要求。第三个特征是数据价值密度相对较低。随着物联网的广泛应用，信息感知无处不在，信息海量，但价值密度较低。如何通过强大的机器算法更迅速地完成数据的价值"提纯"，是大数据时代亟待解决的难题。第四个特征是处理速度快。在数据收集

---

[1] 张兰廷.大数据的社会价值与战略选择[D].北京：中共中央党校，2014.

速度加快的同时，数据寿命明显缩短，对数据挖掘的时效性要求日益提高。这是大数据区分于传统数据挖掘最显著的特征。第五个特征是关键数据仍是稀缺"资源"。由于网络、视频、扫描等数据采集工具不断丰富，应用范围日益扩大，流量数据十分庞大，并且占据了大量的人力、物力和财力。数据量的增加，并没有满足人们对于数据质量的要求，对研究有用的关键数据依然稀缺。

（三）超数据时代

5G、物联网、人工智能、云计算等技术的快速发展，以及视频监控、智能终端、应用商店的快速普及，光学观测、光学监控、健康医护、传感器和数据服务公司及供应链系统等都产生了海量、复杂、多元的数据，对这些数据更恰当的描述应该是"无限"的数据，数据都是源源不断生成的，我们将这种数据称为"超数据"。超数据是大数据发展的后半场，是大数据时代全面采集、存储、积累的必然结果。随着时间的推移，超数据的数据体量还在不断膨胀，不论人类是否愿意，都将迈入超数据时代。

"各种经济时代的区别，不在于生产什么，而在于怎样生产，用什么劳动资料生产。劳动资料不仅是人类劳动力发展的测量器，而且是劳动借以进行的社会关系的指示器。"[1]马克思按照劳动资料或劳动工具的标准，把人类社会发展阶段分别称为石器时代、

---

[1] 马克思, 恩格斯.马克思恩格斯全集：第44卷[M].北京：人民出版社，2002：210.

青铜时代、铁器时代、大机器时代。马克思没有看到信息时代的到来，但当信息技术成为非常重要的生产资料或者生产工具的时候，我们还是依据马克思的理论，称这个时代为信息时代。如今超数据出现，作为新的生产资料，不断体现出其在生产活动中的巨大作用，我们自然而然地应该去思考超数据时代的到来。"从事物的本性可以得出，人的劳动能力的发展特别表现在劳动资料或者说生产工具的发展上。"[①]工具是生产力发展水平的重要标准，而生产力发展水平所决定的生产关系则是一个时代的本质特征。超数据是作为一种新的生产资料出现的，对生产力的发展有着直接的推动作用，这也是超数据时代会被称为一个时代的原因。超数据时代，人们的思维方式也发生了巨大的变革，总体呈现预测性趋势、模糊性趋势和复杂性趋势。

预测性趋势：用数据看未来。超数据时代带给我们巨量的数据和先进的数据分析技术，以及二者的结合带来的我们最为关心的一项能力——预测。大量的传感器将我们身边的一切物体纳入物联网，使一切事物的动态、变化都变成大量的数据流不断进入负责监控的计算机。基于云计算技术的强大数据分析能力则将对这些数据进行分析处理，得出的结果有助于人类把握事物现时的情况，同时预测其下一步的发展。超数据不但可以预测事物的发展状况，而且可以预测人类行为。艾伯特-拉斯洛·巴拉巴西教授

---

① 马克思，恩格斯.马克思恩格斯全集：第47卷［M］.北京：人民出版社，2002：57.

在《爆发》一书中表示，人类行为的93%是可以预测的。[①]超数据时代的数据监测可以将人们的行为转化为数据，然后通过人类行为预测模型对其进行处理，就可以对人们的行为进行预测。但是预测并非预言，超数据能做到的是对短期内影响因素较少的事物的发展进行预测，这种预测有着极大的限制，并非臆想中的无所不能、无所不知。尽管如此，超数据的预测能力还是为人们看向未来开了一扇窗。在超数据的帮助下，人们不再是摸着石头过河，而是可以站得高一些，稍稍看清前方的路了。这种转变对人类来说是非常重要且意义重大的。人们对于未来不再是彷徨无措、一无所知的，而是可以通过超数据的能力对未来进行推测，这是人类思维方式变革的一个大方向。

模糊性趋势：用概率来表达。当"精确"不能解决全部问题时，我们就需要换一个角度，考虑试试"模糊"这条道路行不行得通。1965年美国数学家扎德发表了论文《模糊集合》，一门叫作模糊数学的学科诞生，同经典数学不同，它是研究模糊现象的一门数学。经典数学以精确为准，面对许多不能精确定义的事物，经典数学很难对其进行研究，这就催生了模糊数学。模糊数学的产生说明世界上的许多事物是不能用精确来解决的，过去科技不发达，认为是不够精确，现在发现事物本身就存在模糊性，用精确的手段自然不能对其进行解释和处理。在超数据时代，我们发现了更多的模糊性事物，我们的思维方式也必须从过去的精确性

[①] 艾伯特-拉斯洛·巴拉巴西.爆发：大数据时代预见未来的新思维［M］.马慧，译.北京：中国人民大学出版社，2012：109.

思维方式向模糊性思维方式转变，学会用概率和数据说话，这样我们才能更好地适应和推动科技的进步与社会的发展。另外，数据的模糊性还来自数据的生长性，超数据时代大多数的数据不是静态的，而是不断生成、不断变化的动态数据，对于这种具备生长性的数据，很难做到精确地、简单地定性，所以需要我们用模糊的和概率的数据来表达。因此，超数据时代，接受了错误和混杂，认识到数据的动态变化，我们的思维方式必将展现出一种模糊性的变化趋势。

复杂性趋势：用数据来跨界。超数据时代的研究范式打破了传统的机械思维和还原方法论的统治，同复杂性科学研究方法类似，可以说超数据时代的研究方法本身就是一种复杂性科学，而这种复杂性科学也代表了超数据时代人类思维方式向复杂性发展的趋势。复杂性科学将一切对象都看作有生命、会演化的系统，几个最简单的要素通过非线性的相互作用，也有可能涌现出复杂的行为，我们不能根据简单的因果关系推导系统的行为。超数据时代的研究范式恰恰就是通过数据之间的关系研究事物之间非线性的相互作用。超数据时代对复杂性科学将起到巨大的推进作用，也会形成人类思维方式的复杂性变化趋势，人们眼中的世界将不再是简单的、可以被分割的一个个独立的个体，而是互相有联系的复杂的系统，而且这个复杂的系统是动态的，时刻都在变化。过去的数据是某个时间采集到的静态数据，这种数据是静态的、有时滞性的；超数据时代的数据都是不断变化的、随时随地都可以采集到的动态数据，可以直接反映当前的动态和行为。超数据时代的数据在采集、存储、传输、处理和使用中不断产生和获得最新数据，这种动态的技术手段对人们的思维方式也将产生巨大的影响。在人们的思维领域，"现在"的概念将被放大，"现在"就将是现在，不是一天前，不是一小时前，甚至不是一分钟前，而是说话的此时此刻。

超数据时代还会将事物的变化放大，使人们认识到世界上没有什么是一成不变的，要用动态的眼光看待世界。恩格斯指出："当我们深思熟虑地考察自然界或人类历史或我们自己的精神活动的时候，首先呈现在我们眼前的，是一幅由种种联系和相互作用无穷无尽地交织起来的画面。"[①]马克思和恩格斯认为这个世界的一切都是联系和发展的，而事物之间的联系则是通过"中介"进行的，那么在超数据时代，数据是不是世界联系的重要"中介"之一，一个容易被发现、容易被捕捉的"中介"，我们通过这个"中介"可以研究许多之前研究不了的事物间的关系？另外，数据的动态变化监测能力能够降低我们研究世界的发展变化的难度。从马克思的理论我们可以看出，超数据时代的研究正在朝着正确的方向进发，不断将这个世界清晰地还原到人脑之中。在超数据时代，复杂性的、动态的思维方式将被树立，人们的思维方式也将呈现复杂性的变化趋势。

---

① 马克思，恩格斯.马克思恩格斯选集：第3卷［M］.北京：人民出版社，1995：521.

第二节 奇点来临：数据大爆炸

（一）数据连接型社会：数据量化世界

超数据时代，5G、物联网、人工智能等新技术、新工具和新应用的不断发展与应用，知识和信息的制造、组织、发布与交流形式似乎每过一段时间就会被改写，私人生活和公共生活正在被重塑，一切皆可量化，万物皆为数据。数据驱动着人们的日常生活，改变着政治决策、公共舆论、政府监管和社会治理方式，数据连接型社会孕育而生。

普惠泛在的信息网络体系[1]是构建数据连接型社会的基础。继美国的"智慧地球"、日本的"U-Japan"[2]、韩国的"U-Korea"[3]、欧盟的"物联网行动计划"后，中国提出"感知中国"的信息技术发展战略。[4]"感知中国"战略的核心是抓住信息技术跃变的机遇，提升自主创新和可持续发展能力，使我国全面进入信息社会。信息成为中国经济和社会发展最重要的资源，中国社会信息化总体上接近发达国家。信息社会的发展可粗略地分为e社会和u社会，e社会是信息社会的初级阶段，u社会是信息社会的高级阶段（见

---

[1] 普惠泛在的信息网络体系，即U-INS体系（Universal, User-Oriented, Ubiquitous Information Network System）。Universal，全民普及、惠及全民；User-Oriented，面向用户和以用户为中心；Ubiquitous，网络通信和服务无处不在。

[2] U-Japan，是日本于2004年推出的基于物联网的国家信息化战略。这里的"U"代指英文单词"ubiquitous"。——编者注

[3] U-Korea，是韩国于2004年推出的基于物联网的国家信息化战略。——编者注

[4] 许金叶，袁树民.基于人机物三元世界成本信息系统的数字鸿沟［J］.会计之友，2012（2）：25.

表1-2）。2020年以前我国要为迈向信息社会奠定坚实的基础，称为e社会；2020年以后的目标是向u社会过渡。u社会也就是我们所畅想的数据连接型社会，其构建关键在于普惠泛在的信息网络体系的建设。普惠泛在的信息网络体系包含6个方面的内容：一是支撑网络、具有变革性的器件与系统，二是面向大众、普及全民的网络系统，三是安全可信、个性化的网络服务技术，四是支持产业升级和发展的数据知识产业，五是网络科学与新的信息科学，六是国家与社会信息网络安全体系。普惠泛在的信息网络体系实现了与空间、地面、接入等网络的全面融合，实现了人与人、机器与机器、人与机器之间任何时间、任何地点的通信联络，网络通信无所不在且有可靠的服务保证，通信成本极低，为构建数据连接型社会奠定了良好的网络基础（见表1-3）。

表1-2　信息社会的初级阶段（e社会）和高级阶段（u社会）

		2020年（e社会）	2050年（u社会）
技术普及度	电脑普及	电脑拥有量超过4亿台，电脑普及率达到28%	电脑拥有量超过8亿台，电脑普及率超过50%
	网络普及	网民数超过5亿（含手机上网），网络普及率超过35%	网民数超过12亿（含手机上网），网络普及率超过80%
	简便易用	很多人会用电脑	绝大多数人会用电脑

（续表）

		2020年（e社会）	2050年（u社会）
用户的自由度	选择自由	选择空间较大，可以切换供应商	选择空间较大，可随意切换供应商
	创造自由	遵循简单易用的标准，较少需要许可	信息消费者与生产者融合，可自由创造
通信能力	人人、人机、机机通信	无线通信技术迅速发展，通信地点基本不受限制，传感器网络开始出现	三个世界实现无缝、双向连接，物物通信量远远超过人人通信量
资源丰富程度	高效可信	可信度高，信息孤岛少，用户可见效率高	信息处理能力几乎不受限制，量子密码使信息系统可信
	功用灵活	易用的功用服务资源较丰富，互联网成为主要信息来源	机器理解语义，按语义搜索和机器翻译等智能技术流行，数据智能化成为巨大产业
公共型生态圈	公众参与	全民参与，电脑走下高科技神坛，开放标准开始流行	开放标准占主导地位，知识产权和专利保护不再是创新的障碍
	政府监管	电脑网受到政府监管，个人隐私开始受到重视	政府的监管和个人自由和谐平和，个人隐私受到高度保护

资料来源：中国科学院计算技术研究所

表 1–3　普惠泛在的信息网络体系的建设特征与目标

		2020 年前后	2035 年前后	2050 年前后
信息技术普及度	终端普及信息终端	电脑拥有量超过 4 亿台，新型终端普及率超过 50%	泛在信息终端普及率超过 80%	几乎人人都有信息终端，几乎所有需要联网的设备都是信息终端
	网络普及	网民数超过 6 亿，农村网民数达 3 亿	网民数超过 10 亿，传感网在城乡普及	信息网络像电力一样普及，数字鸿沟几乎消除
网络能力	有线网	局域网带宽将超过 100Gbps[①]，用户接入速率可达 1Gbps	建成超越 TCP/IP（传输控制协议/互联协议）的未来网络、城域量子保密通信系统	带宽各取所需，实现基于量子密码的全球实用安全通信网络
	无线网	用户传输带宽可达 100Mbps[②]，移动互联网蓬勃发展	实现空、天、地、水一体化通信融合	建成智能无线通信系统
	传感网	在物流、医疗监护、环保、防灾等领域普及传感网络	传感器终端达到数千亿个	传感"尘埃"无处不在
信息服务能力	服务端资源	域名达 8 500 万个，网站超过 1 400 万个，服务器超过 6 000 万台	泛在的网络专业服务，信息服务资源极为丰富	个性化、智能化信息服务成为主流
	网上信息内容	中国网页总数超过 3 300 亿	网上中文信息内容占全世界网上信息总量的 10%	人均 1TB 的个性化网上信息
	信息产业规模和质量	信息产业年收入超过 15 万亿元，自主创新能力明显增强	建立自主可控的信息技术平台，信息产业实现能耗和排放零增长	数据和知识产业成为支柱产业之一

资料来源：中国科学院计算技术研究所

① Gbps 是带宽单位，1Gbps 即每秒 1GB。——编者注
② Mbps 是带宽单位，1Mbps 即每秒 1MB。——编者注

数据连接型社会是人机物三元世界高度互联与深度融合的社会。目前使用的信息系统在很大程度上仍然根植于人机共生的思想，即人做直觉的、有意识的工作，计算机做确定的、机械的操作。人确定目标和动机；计算机处理琐碎的细节，执行预定流程。然而，今天的数字世界已经与一人一机组成的分工明确的人机共生系统不同，它是一个多人、多机、多物组成的动态开放、虚实结合的数据连接型社会，即由人类社会、信息空间、物理世界组成的三元世界。这是一种新的数字世界观，也是超数据时代的范式变革。在面向三元世界的计算中，计算过程不再局限于使用计算机和网络的硬件、软件和服务，而是综合利用物理世界、赛博空间[①]、人类社会的资源，通过人机物融合协作完成任务。人机物的融合已经出现一些科研、技术和应用实例。个人作坊利用信息系统和三维打印技术设计制造物理产品，欧盟"未来信息通信技术知识加速器"项目研究人类地球模拟器，都是典型的人机物融合计算的实例。"智慧城市""数字小镇"等建设也体现了人机物三元融合的趋势。超数据时代，人机物三元融合将使得数字科技沉浸式地渗透到实体经济和社会服务活动中，通过人机物闭环协作交互过程提升生产生活的智能化水平。

数据连接型社会一切都可被数据化，数据规模呈指数级上升，"地球村"步入超数据时代。人类的感知是通过眼睛、耳朵和皮肤等感觉器官受到刺激，以神经冲动的方式传导至大脑，通过大脑

---

① 赛博空间是哲学和计算机领域中的一个抽象概念，指在计算机及计算机网络里的虚拟现实。

的反应进行认识活动的。在数据连接型社会，人机物高度互联，摄像头成了观察世界的眼睛，话筒成了倾听世界的耳朵，各种各样的传感器则成了感知世界的皮肤，通过传感器检测到的电信号，进入电脑成为我们所需要的数据流。因此，对于之前许多人类不能或不方便感知、测量的事物，现在可以通过传感器技术将其准确地数据化。随着传感器技术的发展，几乎没有什么不能被其捕捉，大至气候的变化、海洋的气温和走向、室外空气质量等自然界悄无声息的变化，小至细胞、细菌和病毒的变化。生物传感器可以通过具有分子识别能力的生物活性物质感受目标的变化，再经由信号转换器转化为电信号，就可以将微观领域的细胞、细菌等的变化量化为数据进行分析研究。通过这种方法，可以检测人体的细微变化，不仅可以检测健康方面的变化，而且可以检测人的情绪变化，形成心情指数。在先进的传感器技术下，超数据时代的一切问题几乎都可以通过技术手段量化为数据，如图1-1所示。

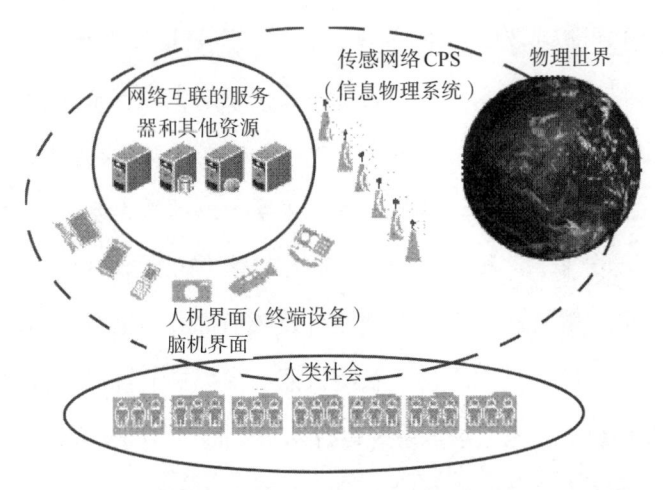

图1-1　人类社会、信息空间、物理世界组成的三元世界

（二）数据大爆炸：海量、复杂与失控

在万物互联的情境中，数据不再仅仅是人类思维独有的实体产物。超数据时代，人机物三元世界融合的背后，无时无刻不在制造海量的超数据，数据成为客观世界的映射。数据连接型社会"量化一切"的特性引发数据量的急剧膨胀，进而引发数据大爆炸，也使人类社会陷入被垃圾数据层层包裹的超载时代。

超数据时代，人类将面临难以计量的海量数据，而它们主要来自人、机、物。 国际数据公司预测，未来全球数据总量增长率将维持在50%左右，到2020年全球数据总量将达到40ZB。其中一部分来自"人"，即我们人类自身。据中国互联网络信息中心等机构的统计报告，我国手机用户数和网民数都居世界之首。手机已不仅仅是一个简单的通话工具，加速度传感器、陀螺仪传感器、温度传感器、地磁传感器、方向传感器、压力传感器等都嵌入了手机，由此产生的音频、视频、照片、地理信息、速度信息等每时每刻都可以成为记录的依据，随时可以发送出来与别人分享。人产生的超数据还来自健康管理，便携化的生理设备随着移动互联网的发展得到了普及，如果每个个体的健康信息都连入互联网，那么数量将不可估量，其将成为未来重要的超数据来源。超数据还有一部分来自"机"，即信息系统本身，如数据中心的运行日志、网络传输协议规定的各种非有效载荷部分、机器之间的内容拷贝、数据库的自动备份、系统快照、虚拟机的镜像文件等。这些数据客观真实地记录了系统运行的历史轨迹，同样在测试调试、

安全扫描、高可用性提升、计算机取证等领域具有重要的保存价值。超数据的更大一部分来自"物",即广阔的物理世界。超数据的产生基于今天无处不在的传感器和微处理器,以视频监控为例,一个720P[①]的摄像头一小时能产生3.6G数据,一座城市若安装几十万个交通和安防摄像头,每月产生的数据量将达几十PB。

超数据时代数据极具复杂性,包括数据复杂性、计算复杂性和系统复杂性。数据复杂性主要表现为数据类型和模式多样、关联关系繁杂、质量良莠不齐。其中,数据内在的复杂性包括复杂的类型、复杂的结构和复杂的模式,使得数据的感知、表达、理解和计算等多个环节面临前所未有的困难与挑战,导致以往全量数据计算模式下时空维度上计算复杂度的激增,以往的数据分析与挖掘任务,例如检索、主题发现、语义和情感分析等也变得异常困难。计算复杂性主要表现为数据检索速度慢、任务周期长、分析能力弱。超数据时代,持续激增的超数据多源异构、规模巨大、快速多变等特性导致以往的机器学习、数据检索、数据挖掘等计算方法不能有效支持超数据的处理、分析和计算。特别是超数据计算不像小样本数据集那样依赖对全局数据的统计分析和迭代计算,需要突破传统计算对数据的独立同分布和采样充分性的假设。系统复杂性主要表现为数据吞吐率高、并行处理能力强、作业单位能耗低。对于规模巨大、结构复杂、价值稀疏的超数据,

---

① 720P是美国电影电视工程师协会制定的高等级高清数字电视的格式标准。720P是一种在逐行扫描下达到1 280×720的分辨率的显示格式,是数字电影成像技术和计算机技术的融合。

其处理系统亦面临计算复杂度高、任务周期长、实时性要求高等难题。超数据及其处理的这些难点不仅对超数据处理系统的系统架构、计算框架、处理方法提出了新的挑战,而且对超数据处理系统的运行效率及单位能耗提出了苛刻的要求,要求超数据处理系统必须具备高效能。

人类对超数据的控制能力是有限的,超数据很大程度上对人类来说就是失控的。 超数据日复一日地变得更大、更复杂、更快,要把所有数据及所有数据的所有方面全部搞清楚,恐怕非常困难,很可能已经是人力不可及的事情。很直接的一个例子就是"数据湖",显然"数据湖"失去了传统数据库和数据仓库那种井井有条的规范美。"数据湖"基本上就是把所有可以收集到的数据堆放在一起,并没有进行规范的管理。并不是人们不想管理,而是在事实上做不到,只能向现实妥协。当然,这种妥协很大程度上可能是自发的而不是自觉的。可能很多人也认为"数据湖"只是一种过渡,我们还在等待更强大的数据管理和数据治理的技术、工具、平台与方法论出现。但是,人的智力和精力终归是有限的,如果我们期望能为所有数据都建立非常良好的文档和谱系来进行管理,并且能够及时维护更新文档和谱系,那么需要投入的人力可能是无法承受的。还有一个问题是,如何保证这些管理的质量?只做形式审查比较容易,但是无法真正保证管理文档的内容质量,而实质审查实际上又是不可能做到的。因此,很可能我们根本无法对超数据建立起传统意义上的管理体系。

（三）数据失真、数据依赖与数据安全

数据大爆炸导致数据过剩，数据量大大超出了人们的实际需求和计算处理能力，同时也面临种种数据风险。数据大爆炸产生于数据的收集、存储、分析和使用的全过程，形成了"数据失真""数据依赖"和"数据安全"等数据困惑现象。

数据失真。长期以来，人类利用局部、片面的数据来认识和改造世界，在无法获取实时数据时甚至会纯粹依赖主观经验和理论假设把握未知领域，因而其认识往往是肤浅的，甚至是错误和扭曲的。正如《连线》杂志前任主编克里斯·安德森所说："面对大规模数据，科学家'假设、模型、检验'的方法变得过时了。"其一，超数据来临使人类掌握了一种全新的技术，通过全面、完整和系统地掌控各种数据信息探索社会发展规律成为可能。其二，海量数据可能会带来数据失真甚至处处是假规律的现象。许多数据都是草率生成的、令人误解的、夸张的或者根本是错误的，成为不良数据。"数据量大并不意味着数据价值的增加，相反这往往意味着数据噪声的增多……意味着信息垃圾的泛滥"，"数据量的大幅增加会造成结果的不准确，一些错误的数据会混进数据库"。来源不同的各种信息混杂在一起会加剧超数据的混乱程度，导致出现"错误发现"的风险增加。斯坦福大学教授特雷弗·黑斯蒂用"在一堆稻草里面找一根针"来形象地比喻超数据时代的数据挖掘现象。问题是很多稻草和针长得几乎一样，"如何找到一根针"成为数据挖掘问题上面临的最大难题，海量数据带来显著性检验的问题，将使我们很难找到真正的关联。在超数据应用中，如果

挖掘分析的价值信息建立在失真数据的基础之上，就会做出错误判断和预测，甚至可能给数据应用者带来巨大的灾难。

数据依赖。超数据大大威胁到了人类的隐私和自由，这是超数据带来的新威胁。与此同时，它也加剧了一个旧威胁：过于依赖数据，而数据远远没有我们所想的那么可靠。数据依赖会导致数据崇拜和数据独裁。"我们比想象中更容易受数据的统治——让数据以良莠参半的方式统治我们。其威胁在于，我们可能会完全受限于我们的分析结果，即使这个结果理应受到质疑。或者说我们会形成一种对数据的执迷，因而仅仅为了收集数据而收集数据，或者赋予数据根本无权得到的信任。"过分痴迷数据，"认为掌握了数据，也就进一步接近了上帝"，"我们相信上帝，除了上帝，其他任何人都必须用数据说话"。现实生活中，数据正在发挥巨大的威力，在争分夺秒地迈向数字时代的过程中，城市经济、社会、文化乃至军事等行业对数字信息的依赖程度达到了极致。这一方面带来了精准与效率、更便捷的服务效果；另一方面，这种对数字技术的高度依赖性反而使其更容易遭受攻击和毁灭、更加脆弱。在超数据应用中，可能会出现两种数据依赖情形。一是过分迷信数据信息，对超越文化或常识的数据视而不见。例如，城市政府迷信某种宏观的经济数据，而将数据的平稳等同于经济平稳，忽略了潜在的经济安全威胁。当出现金融危机征兆时，会出现非理性地引入不当的宏观数据来掩盖危机的可能性。二是过分依赖历史数据。城市政府把昔日获取的数据当作未来政治、经济、文化教育决策的重要依据。当今世界变化速度之快早已让经验主义失去了生机和效力，过去和未来已经不可同日而语，即使是短时间内的重复，也可能产生完全不同的结果。过分依赖数据、崇拜数据，"无数据，不决策"，会带来巨大的风险。在超数据时代，一项决策万不能没有数据支撑，但仅仅依靠数据支撑来做决策又是万万不能的。

数据安全。数据安全问题是超数据时代数据异化风险的另一突出表现。数据风险和隐私保护成为数据应用亟待突破的重要问题，其紧迫性不容忽视。超数据安全是一场必要的斗争。无论是数据抽取与数据集成、数据隔离与数据存储，还是数据分析与数据解释，安全问题都贯穿于数据管理的始终。首先，超数据成为攻击的目标。攻击主要来自外部，不法分子、黑客入侵数据库并盗取想要的资料，使系统无法正常运行。超数据所蕴含的价值信息非常吸引黑客的注意和攻击，一个有力证据是近几年来互联网用户账号的失窃信息被非法转卖事件频频发生都与黑客有关。种种迹象表明，我国城市政府和重要企业网站都遭遇过境外黑客的攻击。其次，隐私泄露风险日益加大。以往所采用的对隐私的侵犯的物理的、强制性的侵入方式，已经被更加先进、更加微妙的新方式替代，由此引发隐私风险也将更大。如果说在互联网时代，人们的隐私会受到威胁，那么超数据时代则加剧了这种威胁。互联网的出现使监视变得更加容易，亚马逊监视我们的购物情况，百度监视我们的网页浏览习惯。最后，技术发展增加了安全风险。随着网络技术的发展，服务器、防火墙等网络设备和数据挖掘应用系统等技术的广泛使用，超数据自动收集和智能分析效率得以提高，安全风险也相应地增加了。一方面，数据技术本身的安全防护存在漏洞，在密钥生成、存储和管理方面的不足都可能造成数据泄露；另一方面，攻击的技术水平提高，攻击者也在利用这些数据技术进行攻击。一旦受到恶意攻击，系统不能正常运行甚至全部瘫痪，整个社会就可能陷入危机。

第三节　数据拥堵与数据治理

（一）数据拥堵的由来

经过农业革命、工业革命的"洗礼"之后，人类社会正在经历一场数字革命。当前，以数字技术为代表的新一轮科技革命正在深刻改变人们的生产生活方式，生产力实现了质的飞跃，引发生产关系重大变革，成为重塑国际经济、政治、文化、社会、生态、军事发展新格局的主导力量。数据拥堵可以说是人类社会数字化快速发展的反映，数据拥堵关系着人类社会的正常生活和工作，成为超数据时代最重要、最急需解决的数据治理难题。

数据"条""块"分割严重，重复采集、重复录入，不断做"条数据"的增量化，造成数据拥堵。条数据是传统人类研究范式的数据化体现，是对单独领域的深化，不同领域间彼此割裂、互不融通。类似目前人类的科学研究被划分为众多学科，对科学的研究只是在特定研究领域内不断地深化和推进，而学科之间彼此没有联系。自1946年世界上第一台电脑ENIAC在美国宾夕法尼亚大学面世以来，信息化建设过程基本就是以条数据呈现的，普遍存在条块分割和信息孤岛的现象。条数据化的建设产生了数据单一、数据封闭、数据垄断等问题，具体表现为不同行业之间的系统与数据几乎没有交集。同一行业、同一领域，如交通、社保系统内部等，也是按行政领域进行划分建设的，跨区域的信息交互和协同非常困难。严重的甚至在同一单位内，如一些医院的信息系统建设，病历管理、病床信息、药品管理等子系统都是分立建设的，没有实现信息共享和互通，进而导致同一数据多部门、多时间重复采集、重复录入，造成数据的海量式激增，同时也造成大量的人力资源、数据存储资源、网络资源浪费。

超数据时代现有数据库存储架构难以支撑海量数据来回调度，面临速度响应困境，造成数据拥堵。 关系型数据库管理系统一般采用集中式的存储和处理，没有分布式架构，在很多大型企业中的配置往往都是IBM服务器、Oracle（甲骨文）数据库、EMC（易安信）存储。在这种典型配置中，单台服务器的配置通常都很高，可以多达几十个CPU（中央处理器）核，内存也能达到上百GB。数据库的存储放在高速大容量的磁阵上，存储空间可达TB级。这种配置对传统的信息管理系统来说是可以满足需求的，但面对不断增长的数据量和动态数据使用场景，这种集中式的处理方式就日益成为瓶颈，尤其是在速度响应方面捉襟见肘。超数据时代，在面对海量数据的导入导出、统计分析、检索查询方面，由于依赖集中式的数据存储和索引，性能随着数据量的增长而急速下降，对于需要实时响应的统计及查询场景更是无能为力。比如在物联网中，传感器的数据可以达几十亿条，对这些数据需要进行实时入库、查询及分析，关系型数据库管理系统就不再适用。

超数据时代数据种类和格式复杂多样，现有数据存储模式难以应对不断变化的数据存储需求，造成数据拥堵。关系型数据库管理系统对于结构化、固定模式的数据，已经形成相当成熟的存储、查询、统计处理方式。超数据时代，物联网、互联网及移动通信网络飞速发展，数据的格式及种类在不断变化和发展。例如，在智能交通领域，所涉及的数据可能包含文本、日志、图片、视频、矢量地图等来自不同数据采集监控源的不同种类的数据。这些数据的格式通常都不是固定的，采用结构化的存储模式将很难应对不断变化的需求。因此，对于这些种类各异的多源异构数据，需要采用不同的数据处理和存储处理模式，结合结构化和非结构化数据存储。在整体的数据管理模式和架构上，也需要采用新型的分布式文件系统及分布式数据库架构，才能适应超数据时代海量数据及变化的结构。

（二）从生命周期视角思考数据拥堵

数据采集与数据拥堵。为了避免造成数据拥堵，超数据时代的数据采集应当结合数据使用战略和目标，制定数据采集策略。超数据时代，数据采集策略可以从两个方向展开。第一个方向是尽量多地采集与自身相关的数据，并整合到同一平台。该策略的实施一般需要两个条件：首先，需要较高的成本投入，内部数据的采集、外部数据的获取都需要较高的成本投入，同时将数据存储和整合到数据平台上也需要较大的IT（信息技术）设施投入；

其次，需要较强的数据专家团队，能够快速甄别数据并发现数据的价值，如果无法从数据中发现价值，较大的投入无法快速得到回报，就无法持续。第二个方向是以需求为导向的数据采集策略。在业务或管理提出数据需求之后，再进行数据采集并整合到数据平台。该策略能够有效避免第一种策略投入过大的问题，但是完全以需求为导向的数据采集往往无法从数据中发现"惊喜"，在目标既定的情况下，数据的采集和分析都容易出现思维限制。对于完全数字化的企业，如BAT（百度、阿里巴巴、腾讯）等互联网企业，建议采用第一种数据采集策略；对于目前尚处于数字化过程中，经费较少、数据能力成熟度较低的企业，建议采用第二种数据采集策略。

数据存储与数据拥堵。超数据时代，采用传统的统一技术存储和处理所有数据的方法将不再适用，而应针对不同热度的数据采用不同技术进行处理，以优化存储和处理成本并提升可用性。结合超数据的特征和属性，可以引入"数据热度"的概念，即根据数据的价值、使用频次、使用方式的不同，将数据划分为热数据、温数据和冷数据（见表1-4）。热数据是指价值密度高、使用频次高、支持实时化查询和展现的数据；冷数据是指价值密度低、使用频次低、用于数据筛选和检索的数据；温数据介于两者之间，主要用于数据分析。对不同热度的数据，应采用不同的存储策略。冷数据一般包含所有的结构化和非结构化数据，其价值密度低，存储容量较大，使用频次较低，一般采用低成本、低并发访问的存储技术，并要求能够支持存储容量的快速横向扩展。温数据一般包含结构化数据和将非结构化数据进行结构化处理后的数据，存储容量偏大，使用频次中等，一般用于业务分析。由于涉及业务分析，会涉及数据之间的关联计算，对计算性能和图形化展示性能的要求较高，但该类数据一般为可再生数据，即通过其他数据组合或计算后生成的数据，对数据获取实效性和备份要求不高。热数据一般要求采用支持性能高、高并发的平台，并通过高可用技术，实现高可靠性。对于温数据，建议采用较为可靠的支持高性能计算的技术，以及支持可视化分析工具的平台。对于冷数据，建议采用低成本、大容量、可扩展的技术。

表1-4 数据热度区分

	热数据	温数据	冷数据
数据价值密度	高	中	低
数据使用频度	高	中	低
数据使用方式	静态报表或查询	数据分析	数据筛选、检索
数据使用目的	基于数据进行决策	分析有意义的数据	寻找有意义的数据和数据的意义
数据存储量	低	中	高
数据使用工具	可视化展现工具	可视化分析工具	编程语言和技术工具
数据使用者	决策者、管理者	业务分析者	数据专家

数据分析与数据拥堵。超数据时代的数据分析与应用一般可以分为两个方向。第一个方向是以业务为驱动（即以业务需求为导向）的数据分析与应用。业务人员根据业务发展的要求提出数据分析与应用的需求，明确分析的目标；数据分析人员根据该目

标进行统计、分析、数学建模等工作，形成分析结果或数学模型；技术开发人员结合业务需求和数据分析结果开发应用类软件。第二个方向是以数据为驱动的数据分析与应用，即从数据出发，发现数据价值，推广到应用。数据分析人员对数据进行研究，发现数据间的关联关系，提出新发现的业务分析方向和应用方向，并提供给业务部门。在实际应用的过程中，往往两种方式相结合：数据分析人员在处理业务部门提出的需求时，往往会有更深一层的数据探索；业务部门基于数据分析的结果，往往会调整分析目标，并提出进一步分析的需求。

数据清理与数据拥堵。超数据时代数据清理的目的主要有两个：一是无关数据的清理，二是低质量数据的清理。通俗地说，就是清理垃圾数据。超数据环境中的数据清理与传统的数据清理有所区别。对传统数据而言，数据质量是一个很重要的特性，但对于超数据，数据可用性变得更为重要。传统意义的垃圾数据也可以"变废为宝"。对于不同的可用性数据，应建立不同的质量标准。应用于财务统计的数据和应用于分析的数据，在质量标准上应该有所不同。有些用途必须严格禁止垃圾数据进入；有些用途讲求数据的全面性，但对数据质量的要求不高；有些用途，如审计与风险控制，甚至需要专门关注垃圾数据，从一些不符合逻辑的数据中发现问题。因此，在超数据应用中不建议直接清理垃圾数据，而是要对数据质量进行分级。不同质量等级的数据满足不同层次的应用需求。

(三) 数据拥堵的治理范式

超数据时代的主要任务不是获取越来越多的数据，而是数据的去冗分类、去粗取精，从海量无序的数据中挖掘有价值的信息。小数据时代，人类基于自身的生活经验，创造出数、数字和数据并加以运用。大数据时代，人类做的事情是处理数据"从薄到厚"，把小数据变成大数据。超数据时代，人类要做的事情是处理数据"从厚到薄"，把大数据变成小数据，在不明显增加成本的前提下尽可能地提高数据的质量，创新数据治理思维，从数据科学、生命科学、社会科学、智能科学等角度探索治理数据拥堵新范式。

数据拥堵的数据科学治理范式。数据本身存在着从产生到消亡的生命周期，在数据的生命周期中，数据的价值会随着时间的推移而发生变化。数据的被采集粒度与实效性、存储方式、整合状况、呈现和展示的可视化程度、分析的深度，以及和应用衔接的程度，都会对数据价值的体现产生影响。超数据时代的数据拥堵治理可以结合数据生命周期各阶段的特点，采取不同的管理和控制手段。例如，结合超数据的基本特征，研究超数据下以数据为中心的计算模式，突破现阶段的数据围绕机器式计算，构建以数据为中心的推送式计算模式，探索基于块数据结构的系统架构模型及其计算理论，研究分布化、流式计算算法，形成通信、存储、计算融合优化的超数据计算框架。同时，从数据全生命周期

"倒序"的视角，探索预言性数据分析问题[①]，从"足够多"的数据到"刚刚好"的数据，再到"有价值"的数据的按需约简方法，研究基于自举[②]和采样的局部计算与近似方法，提出不依赖全量数据的新型算法理论基础。

数据拥堵的生命科学治理范式。遗忘特性是人脑的核心功能之一。遗忘是对人类记忆的筛选，对人类不断记忆和学习有着积极意义。研究表明，人脑记忆事物并不是一次性记住事物的整体，而是先通过神经元的计算分析将事物分为若干信息粒子，再根据各个信息粒子之间的关系记忆事物。同样，人脑对于事物的遗忘也并非一次性将事物整体遗忘，而是先遗忘组成事物的部分信息粒子及信息粒子之间的关联关系，进而遗忘事物整体。此外，人类的遗忘特性会随着时间的推移而减弱。那些出现时对人类刺激程度较大的事物将会变成人类的深层记忆，虽不曾被想起，但也不会被忘记，而对那些出现时对人类刺激程度较小的事物，人们在封存记忆或者完全忘记之前会出现一段记忆模糊的时间，即能够记得其曾发生或出现过，但对细节、内容的记忆十分模糊。在超数据时代，数据本身不具有"遗忘"特性，也不会自动删减，只会源源不断地被存储、被记录，进而导致大面积的存储浪费，

[①] 预言性数据分析问题，即建立一种理论，对求解一个问题达到某种满意程度需要多大规模的数据量给出理论上的判断。数据量少于这个判断值，问题解决不了；数据量达到这个判断值，就可以解决以前解决不了的大问题；数据量超过这个判断值，对解决问题也没有更多的帮助。

[②] 自举，指利用有限的样本资料经由多次重复抽样，重新建立起足以代表母体样本分布的新样本。

甚至存储瘫痪。块数据架构是一种相互关联的架构，只有把离散孤立的点数据和单维度不断激增的条数据放到块数据的架构上，才能知道哪些数据是无效数据、冗余数据，是可以做减量的数据，从而对这部分数据进行封存、"遗忘"，进而做到对数据的减量和对数据拥堵的治理。

数据拥堵的社会科学治理范式。相比小数据时代和大数据时代，超数据时代是一个更加开放、更加复杂的巨系统。超数据时代，人类积累数据的能力远远超过处理数据的能力。垃圾数据泛滥，数据识别难度加大，数据采集、存储和使用方式发生重大变化，加剧了社会的不确定性和不可预知性。解决超数据时代"数据病"的困扰，应回归到以人为原点的数据社会学的思维模式，而数据社会学的核心是以社会学为原点进行多维度数据分析。社会学是运用科学的方法研究社会与人类行为的综合性学科，它包括社会经济学、社会心理学、社会历史学、社会行为学，甚至包括法律、伦理、宗教、人文、政治等内容。社会学研究本身的综合性和研究对象的复杂性决定了其更多的相关性。基于数据社会学的数据分析方法，优先挖掘并使用那些强关联的数据，并对那些弱关联或者毫无关联的数据进行合理剔除与减量。

数据拥堵的智能科学治理范式。受到脑部工作理念启发，发展类脑智能现已成为人工智能学科及计算机应用相关领域研究的热点。类脑智能是超数据时代数据处理的重要方式。类脑智能是以计算建模为应用手段，受人体脑部神经机制调节和人机行为理念开发并依据软硬件共同运作实现的机器智能。因此，研究类脑智能数据挖掘，对发展具有协同多种不同认知能力的海量数据处理及非结构化复杂形式数据分析具有重要意义。在对类脑智能数据挖掘的过程中，先要完成对类脑智能数据的预处理，降低后续计算的复杂程度。由于类脑智能数据变量的变化具有模糊性，为保证变量能够尽可能地保留原有变量所表现的信息，依据马氏距离[1]来调整类脑智能数据变量之间的相关性，并通过关联规则找寻在某一类脑智能数据库中不同项目之间的关联，确定最小支持度和最小置信度后，对离散化的智能数据进行属性的约简，在此基础上通过对关联规则数据挖掘处理获得的集合进行交互，完成对类脑智能数据的挖掘。

---

[1] 马氏距离是由印度统计学家马哈拉诺比斯提出的，表示数据的协方差距离。它是一种计算两个未知样本集的相似度的有效方法。

第二章

激活数据学：基于块数据理论的解决方案

数据和信息在人类社会、物理空间与信息空间之间的交叉融合及相互作用，正在深刻地改变人类之间、人类与物理环境和社会之间的关系与互动模式，信息技术的进步和普及催生的数据的定义与收集方式的革命性变化，使数据呈现爆炸式增长的趋势。

面对数据的爆炸式增长，以及人类社会活动、工程技术和科学研究各个领域的高复杂性、不确定性与脆弱性问题，如何实现海量数据的有效积累，并将其转化为知识应用于人类多样化的场景，需要从根本上重新思考我们的方法。

激活数据学的提出，为更有效地运用人类智能与机器智能应对超数据危机提供了新的思路和重要的方法论，帮助我们更好地把握人类社会发展的规律，以科学的发展观理性地塑造更智能化的生存环境。

第一节 复杂理论与块数据

(一) 复杂性的涌现

长期以来,简单性原则一直是科学家考察世界的主要思维方式。在近代自然科学形成后的长达几个世纪里,世界被描绘成一部由各种做工精密的零部件组成的大机器。从牛顿到爱因斯坦,科学研究的一大突出特点是确立了"现实世界简单性"的观念,其中以还原论为代表。还原论认为整体是由个体的简单相加或机械组合形成的,即"整体等于个体之和",并认为世界上的所有东西都可以通过足够的细分变为简单的个体,例如把研究对象分解为各种简单的要素,诸如基本粒子、原子、分子等,只要将这些要素的基本属性研究清楚就能得出整体的特征规律。这种研究路线确实对近代科学做出了不可磨灭的巨大贡献。

基于现实世界的复杂性、不确定性、多变性、有误差性等因素,当我们将简单性原则推广到现实世界涌现的越来越多的复杂性现象中去的时候,似乎已经不太适用,越来越多的事实和科学发现不断冲击着"现实世界简单性"这一根深蒂固的观念。20世纪40年代以来,科学前沿出现了一种研究自然与社会现象的全新的方法论——复杂性方法。复杂性方法是系统地、综合地研究事物的新方法。复杂系统理论的提出为人们认识、了解、控制和管理复杂系统提供了新的思路与视角,对于认识与解释社会、生物等复杂系统具有特别的意义。[①]

自然界、人自身及人类社会普遍存在着无数的复杂性现象，例如生物体系统、人脑系统、地理系统、生态系统、社会系统、星系系统等。这些系统无论在结构、功能、行为还是演化方面都很复杂。直到今天，还有大量的问题，我们并不知道答案。如人脑系统，由于人脑的记忆、思维和推理功能及意识作用，它的输入—输出反应特性极为复杂。人脑可以利用过去的信息（记忆）和未来的信息（推理），以及当时的输入信息和环境作用，做出各种复杂反应。从时间角度看，这种反应可以是实时反应、滞后反应，甚至超前反应。从反应类型看，可能是真反应，也可能是假反应，甚至没有反应。所以，人的行为绝不是什么简单的"条件反射"，它的输入—输出特性随时间而变化。实际上，人脑有 10^{12} 个神经元，还有同样多的胶质细胞，它们之间的相互作用又远比一个电子开关复杂得多，所以美国IBM研究所的E.克莱门蒂曾说，人脑像由 10^{12} 台每秒运算 10 亿次的巨型计算机关联而成的大计算网络。

再上一个层次，就是以人为子系统主体而构成的系统，这类系统的子系统还包括由人制造出来的具有智能行为的各种机器。由于人的意识作用，子系统之间的关系不仅复杂而且具有极强的易变性。一个人本身就是一个复杂巨系统，人类又以大量的复杂巨系统为子系统组成一个巨系统——社会。人认识客观世界，不

[①] 潘沁.从复杂性系统理论视角看人工智能科学的发展[J].湖北社会科学，2010（1）：116–118.

单要靠实践，还要用人类过去创造出来的精神财富，知识的掌握与利用是十分重要的。什么知识都不用，那就退回到100多万年前我们祖先的水平了。人已经创造出巨大的高性能的计算机，还致力于研制有智能行为的机器，人与这些机器作为系统中的子系统互相配合，和谐地开展工作，这是迄今为止最复杂的系统了。①

随着超数据时代的来临，人类、机器人、众多智能体无缝嵌入庞大的互联网、物联网，行进于更开放的交互环境，共同形成了一个不断自我演化的复杂整体。人类社会活动各个领域的高复杂性、不确定性和脆弱性问题将进一步凸显。

从某种意义上说，大数据的价值只有在其能够被规范成为可供分析的形式之后才能最大限度地被挖掘出来。然而，在巨量的大数据面前，实际上可供规范分析的数据只有极少数，许多数据都停留在"碎片化"阶段而难以被真正挖掘和分析。当数据量急剧增长，数据垃圾越来越多时，人类或许会陷入某种程度上的认知障碍，难以系统认知复杂事物。

通过对复杂性的进一步探索，可以认为，超数据时代的社会是"科学问题+工程问题+社会问题"的复杂系统，靠传统的认知、观测很难了解它，需要在复杂性思维方法的指导下，将传统认知方式与新的认知方式结合在一起，才能对它进行新的改造。现在，用复杂性系统思维认识世界和改造世界之旅已经开始。

---

① 钱学森,于景元,戴汝为.一个科学新领域——开放的复杂巨系统及其方法论[J].自然杂志,1990（1）:3–10.

（二）块数据的数据观

摩尔定律驱动的信息技术的不断廉价化和互联网的普及，以及其延伸所带来的无处不在的信息技术应用，催生了大数据时代。过去10年，人类在互联网、云计算、大数据、物联网等领域取得了突飞猛进的进展，这些技术的进步成就了硅谷的苹果、谷歌和中国的BAT等一批互联网公司，大数据已经在经济领域、社会领域彻底颠覆人类自工业革命以来积累形成的经济模式、商业模式和治理模式。

大数据发展的核心动力源于人们测量、记录和分析世界的渴望，满足这些渴望需要数据、技术和思维三大要素。在计算技术、通信技术日益成熟的今天，在廉价、便捷的数字化存储普及的当下，数据无处不在，技术正以标准化、商品化的方式提供，事实上思维和方法论才是决定大数据成败的关键。但是目前看来，跨越学科与学科、学术与产业、技术与应用之间的鸿沟的方法论依然不完善，"块数据"的提出提供了一种全新的数据观。

块数据源于条数据。目前，人类形成的大数据更多的是以领域、行业为单位，彼此割裂、互不相通的条数据。概括来说，条数据有4个基本特征。第一，领域单一。由于产生于某一个特定行业领域，条数据信息量比较单一，更多的是就医疗谈医疗、就教育谈教育，局限在某一个小圈子里，视野相对不开阔。第二，数据封闭。条数据更多地被少数企业、行业或者部门独占，不共享、不开放，想获得数据的全貌比较困难。第三，数据垄断。数据本身构成了企业或者某个部门的核心竞争力，数据被视为私有的资源或者资产，为少数企业所垄断，资产价值难以发挥，这不仅浪费了数据资源，而且阻碍了商业、社会治理和服务民生等领域的创新。第四，源自事务流。由于条数据被视为私有的，它与企业的营销、生产等商业活动紧密关联，企业或者组织更加重视采集生产经营活动中的事务流数据，比如产品、客户、销售额等数据，往往忽视了与人关联的行为数据、人文数据和社会活动数据。条数据制约了数据价值的最大化，阻碍了数据资源的共享、开放及其价值发挥。基于条数据的预测分析，犹如"盲人摸象"，容易以偏概全，出现重大偏差。

《块数据》基于条数据提出了"块数据"这个新名词，块数据是一个物理空间或行政区域形成的涉及人、事、物的各类数据的总和。块数据有别于条数据的最大特征是具有共享性和可交易性，打破了各个行业、部门和领域之间的障碍。《块数据2.0》对块数据的定义进行了进一步深化，认为块数据是具有高度关联性的各类数据在特定平台上的持续聚合。《块数据3.0》从秩序互联网和主权区块链的角度对块数据理论进行深化研究，探讨了块数据的技术基础和法律规制问题，为建立新型网络秩序提供了一种可能。

块数据的数据观是"开放、共享、连接"。块数据就像一块计算机的主板，它建立起了一个开放、共享、连接的数据基地，而各个行业和部门的条数据就像一个个可插拔的板卡，它们只有融合和集成到主板上，才能发挥数据资产真正的功效。块数据具有5个典型特征。

第一，高度关联性。数据的关联度越高，信息量越大，价值也就越大。数据主体间的关联关系相对清晰，相互之间的关联性更强，世界将变得更加透明，人类对世界的认知水平和洞察力将大幅提升，认识世界和改造世界的能力也将上升到一个新的层次。

第二，立体性。从物理上看，由"条"到"块"本身就是一个维度增加的过程，这实际上就寓意着数据结构的变化。立体性表现在数据来源更广泛、数据模式更多元、数据主体更具时空性。首先，块数据的数据不仅来源于传统的政府部门、商贸物流、金融保险、工业企业，而且来源于社交网络、影视娱乐、设备传感器。其次，块数据的数据模式不仅包括传统的二维数据表、文字文档格式的结构化数据，而且包括互联网上的链接、微信息、音频、视频、图片等不同格式的非结构化数据。最后，块数据的数据主体更具时空性，其数据内容更丰富，既包括该区域内企业、人口、车辆等基本相对静态数据，又包括人员活动路线、消费记录、生活习性等动态数据，两者结合就形成了一个立体化实时更新的数据网络。

第三，活性。数据的活性是衡量数据价值尺度的重要指标，这里的活性就是指数据的更新率和鲜活度，与条数据更新更多发生在增量上有所不同，块数据的更新既发生在增量上，又发生在存量上，同时数据更新频率更快、鲜活程度更高，数据变化的响应速度更快。

第四，主体性。数据来源于社会又作用于社会。无论是可以数字化的数据还是不可数字化的数据，其比较、分析和归纳其实反映的都是人在符号层面上的一种互动。从社会学角度看，所有数据说到底都是有关人的符号。不同于条数据源自企业的产品或服务，块数据始终围绕人或物的活动产生，始终以人为原点，始终关注人在数据中的主体价值。

第五，开放性。块数据为不同企业、部门、个人之间建立交换与共享的桥梁和机制提供了基础。通过开放数据，数据的价值将通过在各个领域的融合应用实现最大限度的释放。

块数据凭借对条数据的关联融合，通过不同种类、领域数据的自由流动和开放共享，革新了我们的数据观、世界观、价值观和方法论。

（三）数据学与数据科学

数据学是关于数据的科学，是从数据中发现与提取知识的过程，是研究探索大数据领域奥秘的理论、方法和思想，并激发科学研究理论和方法的转化与飞跃。数据学研究的对象是数据，而不是信息，也不是知识。数据科学通过研究数据获取对自然、生命和行为的认识，进而获得信息和知识。数据科学主要以统计学、机器学习、数据可视化及某一领域知识为理论基础，主要研究内容包括数据科学基础理论、数据预处理、数据计算和数据管理。[1]

在小数据时代，因受采集数据、搜索信息手段的限制，一般人都处于数据或信息量的缺少状态（"营养不良"），眼界受限，知

---

[1] 朝乐门. 数据科学［M］.北京：清华大学出版社，2016：15–18.

识面和思维的开阔度不足,难免存在"井底之蛙"和"鼠目寸光"的局限。到了大数据时代,数据和信息短缺的状况得到了根本性的改观,电子或网络信息的可便捷获取使人类生活环境变为数据的海洋,过去的数据贫乏转变成了今天的数据爆炸,数据像潮水一样不停地向人们涌来,使人应接不暇。面对海量的数据,人们常常无从判别什么数据才是自己真正需要的,或者说有用而真正需要的数据在此时变得更难寻找。一个典型的事例就是比尔·盖茨为了在每天收到的400多万封电子邮件中找出十多封可能有价值的邮件,不得不组织一个专门的团队处理这些邮件。从事学术研究的学者也面临如何在数不胜数而又良莠不齐的电子信息资源中选取有效资料的难题。即使是普通人,也可能整天都在"读网",泡在数据和信息的海洋里,却感觉一无所获。此时人们就如同处在"绝对的光明"之中,同样什么也看不见。[1]

由此产生的悖论就是:数据到底是越多越好,还是越少越好?当数据爆炸式增长的时候,人很可能会逐渐丧失判断能力,最终沦为"数据洪流"的奴隶,"数据和信息丰富,但是思想贫乏"的奇特现象开始出现。数据悖论是人类的认识活动面临的新挑战、新困境甚至新危机,同时也是我们的认识获得新发展甚至新突破的新机遇。超数据时代将是一个更加开放、更加复杂的巨系统,如何从浩如烟海的数据中提炼出有用的信息,对不确定性和不可预知性实现更加精准的预测,是亟待突破的关键性问题。

---

[1] 肖峰.论信息技术时代的三大认识论悖论[J].创新,2016,10(1):47–54.

在新时代、新时期、新问题面前，对数据科学研究的思路与方法也应当做出相应的转变。**数据科学面临的首要问题是存储多少数据才够用**。原则上，在数据稀缺的时代是数据越多越好，在数据爆炸的时代则是数据越精越好、越有序越好。在脑科学研究专家和企业孵化专家杰弗里·斯蒂伯看来："解决问题的最好方法是具有大量准确的信息和精确的计算。但是，恰恰是根据有限信息的预测，让我们的大脑发挥思考的作用。"他引用德国管理大师歌德·吉仁泽的话说："当一个人不得不预测未来（或者一些现在未知的事情）的时候，当未来很难预见的时候，当一个人没有太多信息的时候，基于一条适当理由的直觉会是很准确的。"适当的理由可以使我们具有洞察力，所以最有利于做出判断和决策的情况是"有刚刚够用的信息，不多也不少"。有研究表明，如果减少信息量或适当拉开信息呈现的间隔，人们的决定就能够改变，在一定情况下甚至信息越少，人们越容易得出正确的答案。在数据和信息爆炸的今天，数据和信息过多，反而使得人们难以做出正确的判断和决策。

其次是不断扩大的数据规模带来的存储问题及数据资源共享带来的管理问题。传统数据库的规模不足，而且原有的检索与归档方法对知识发现是不合适的，数据科学关心的是，要提供对海量数据的快速存储、调用，对用户查询不规范的支撑，进而不断优化从浩瀚数据中发掘规律的能力。2012年美国国家癌症研究所向科研界提出面向21世纪的癌症及流行病学领域的8项建议，其中就包括整合数据科学在流行病学方面的应用，强调要制定系统的方法来管理、分析、显示及解释大量复杂的数据集，并支持可扩展和可持续的生物信息学数据存储。

最后，由科学研究、商业交易、社群交流和集成处理等产生的多样化的大数据，增加了数据集的复杂性，由此向数据科学提出了系统设计、数据深度处理等方面的挑战。数据采集、存储、管理与深度处理的最终目的是挖掘数据的价值，这也是数据科学兴起与发展的根本。将碎片化、多维异构的海量数据融合成用户所需的全局性或者创新性的知识，是数据科学发展的必然选择。[①]

基于块数据"开放、共享、连接"的数据观、复杂性的系统思维，以及人工智能的大时代背景，为超数据时代的数据科学带来了新的启发，开辟了一个全新的视角和研究方向，激活数据学正是在这样的背景下产生并得到不断的深化研究的。

第二节 激活数据学的提出

（一）激活数据学的由来

激活数据学是一种新的数据科学理论与方法，其目的在于解决超大规模数据的获取、筛选、融合、计算和分析问题。激活数据学的提出，为超数据时代日益凸显的数据悖论问题提供了科学的和现实可行的途径与方法。激活数据学以超大规模数据为研究

---

① 王曰芬，谢清楠，宋小康.国外数据科学研究的回顾与展望［J］.图书情报工作，2016，60（14）：5-14.

对象，以超大规模数据在块上集聚为基础，以实现超大规模数据的有效存储和精准利用为研究目标，以"协同感知、融合重构、深度学习、数据精炼、群智认知和智能服务"为原则，创建了一套基于复杂理论的以数据搜索、关联融合、自激活、热点减量化、群体智能为核心的数据处理框架。激活数据学的5个阶段在绪论中已有详细的介绍。

激活数据学的研究聚焦于5个问题：一是如何从海量数据中搜索、精准识别出与研究主体相关的全面、立体的数据；二是如何将海量无序、碎片化的数据整合成有序、融合化的数据；三是如何实现海量数据的高性能智能计算，将"无意义"的数据转换为"有用"的知识；四是如何实现海量数据的精炼和有效存储；五是如何基于海量数据实现对复杂问题的客观、精准、稳定的决策。

激活数据学是块数据理论的升级版，它以块数据为基础数据资源层，以"数据共享、互联互通、业务协同"为原则，汇聚海量跨行业、跨领域的数据并进行融合重构，构建自由流动、立体化的数据存储体系，并以深度神经网络和人机交互接口为决策分析层，模仿人脑思考方式和群体智能，进行数据挖掘、预测分析与智能决策，提升决策与分析的智能化和准确率。

（二）激活数据学的理论框架

德国著名物理学家普朗克认为："科学是内在的整体，它被分解为单独的整体不是取决于事物本身，而是取决于人类认识能力的局限性。实际上存在着从物理到化学，通过生物学和人类学到社会学的连续的链条，这是任何一处都不能被打断的链条。"自然界本是一个具有多样性的有机整体，人们为了研究方便，把它的某一方面从有机整体中割裂出来作为自己的研究对象，忽略其环境局限性。科学的研究方法是系统性的研究方法，激活数据学是集合多领域、跨学科的系统科学。激活数据学的理论框架如图2–1所示。

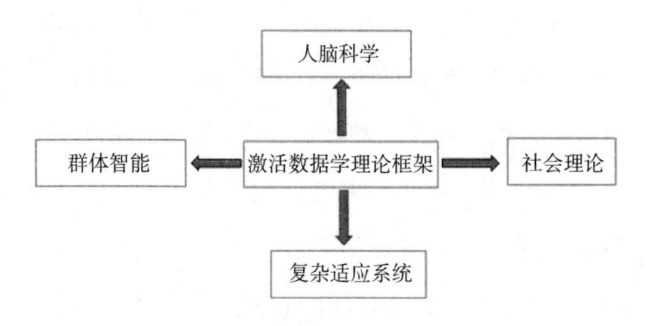

图 2–1 激活数据学的理论框架

人脑科学。大数据技术的目的是进行海量数据的收集、存储和处理，并在此基础上进行规律判断和趋势预测。当前，大数据的存储与分析面临诸多困难，如海量数据的安全廉价存储、快速访问、高效处理等，这些都要求研究者探寻新的数据处理模式。人类大脑是目前已知的信息密度最大、结构化程度最高且自我组织最完整的东西。如此强大的大脑运行时的功率仅为 20 瓦，一台性能同样强大的计算机则需要 2 400 万瓦的功率才能启动。研究大脑的主要目的是实现机器对人脑的模拟，使机器像人一样高度智能，具备高效率、低能耗的信息处理能力。脑科学为数据科学提供了新的方法论，催生着对深度神经元网络、脉冲神经网络、类脑计算芯片等新型高性能计算方法和平台的研究。人工智能和人工神经元网络领域就是对人脑智能模拟的一种尝试。人工神经元网络即通过建立网络连接模拟的人脑神经元网络，实现某些人脑的智能和计算能力。

在思考机器智能的时候，我们可以将人类智能作为参照，甚至作为最重要的参照，但要意识到，模拟智能的目的并不是完全实现人类认知行为能力的完全复制，而是超越人类智能，如在思考速度、记忆容量、感知能力、系统复杂度、可复制性等诸多方面实现对人类智能的超越。神经元是以每秒1 000次的速度工作的，而硅基芯片则以每秒100亿次的速度工作，它们的差别是1 000万倍，这意味着理论上如果芯片具备了思考能力，它的思考速度是人类的1 000万倍，这将给我们的生活带来很多不可思议的变化。所以，类脑计算的目标不会停留在复现大脑智能计算能力，而应该是实现按照大脑方式进行计算、诸多方面性能又优于人脑的计算体系。

以人脑的工作原理指导未来计算技术的发展，让计算机模拟人脑的运行机制，超级计算机及其他大功率设备的能耗问题将有望在未来得到解决。脑科学与高性能计算技术的结合将成为探索数据处理高效能的有效途径。超级计算机的运算速度能够达到每秒千万亿次，但是其智能水平极为低下，若能将计算机的高性能与人的高智能相结合，那么在大数据时代借助这样的"机器脑"

有望大幅提升数据挖掘的效率。[1]

群体智能。群体是人类应对自然和社会挑战、推动社会发展和进步唯一的制胜选择，而群体智能则发挥着至关重要的作用。群体智能是群体所具有的优于个体或个体总和的智慧与能力，是"简单智能的主体通过合作表现出复杂智能行为的特性"，是受自然界生物群体所表现出的智能现象的启发而提出的一种人工智能模式。群体智能表现在其获取信息的能力，以及在解决问题方面的优越性、稳定性和高效率上。该智能模式需要以相当数目的智能体来实现对某类问题的求解功能。[2]

基于互联网的群体智能理论和方法是新一代人工智能的核心研究领域之一，对人工智能的其他研究领域具有基础性和支撑性的作用。钱学森在20世纪90年代曾提出综合集成研讨厅体系，强调专家群体以人机结合的方式进行协同研讨，共同研究复杂巨系统的挑战性问题。《新一代人工智能发展规划》明确提出群体智能的研究方向，实质上正是综合集成研讨厅在人工智能新时代的拓展和深化。它的研究内涵不单是关注精英专家团体，而是通过互联网组织结构和大数据驱动的人工智能系统吸引、汇聚和管理大规模参与者，以竞争和合作等多种自主协同方式共同应对挑战性任务，特别是开放环境中的复杂系统决策任务，涌现出来的超

---

[1] 刘亚东，胡德文.脑科学视角下的高性能计算［J］.计算机学报，2017，40（9）：2148-2166.

[2] 戴旸，周磊.国外"群体智能"研究述评［J］.图书情报知识，2014（2）：120-127.

越个体智能的智能形态。

在互联网环境中，海量的人类智能与机器智能相互赋能增效，形成人机物融合的群体智能空间，以充分展现群体智能。其本质上是互联网科技创新生态系统的智力内核，将辐射包括从技术研发到商业运营整个创新过程的所有组织及组织间关系网络。群体智能的研究不仅能推动人工智能的理论技术创新，而且能对整个信息社会的应用创新、体制创新、管理创新、商业创新等提供核心驱动力。

复杂适应系统。决策是一个极其复杂的命题，特别是随着经济的发展、科学技术的进步、全球一体化进程的加快和超数据时代的来临，各行各业面临的是一个日益复杂和不断变化的环境，决策问题变得越来越复杂。在复杂环境中决策是涉及众多因素的复杂系统，具有巨系统性、开放性、不确定性等特性，传统的决策分析方法往往无能为力。复杂决策环境在自然界、人类社会大量存在，因而研究复杂环境中的决策尤为重要。

复杂系统理论是系统科学的一个前沿方向，它是系统科学的延续和发展。复杂性科学被称为"21世纪的科学"，它的主要目的就是揭示复杂系统的一些难以用现有科学方法解释的动力学行为。我们把面对大型复杂问题的决策支持系统看作复杂适应系统，它由大量相对独立和平等的自适应决策主体组成。大量决策主体的决策结果构成了主体的决策环境，并对主体决策产生影响。自适应就是指决策主体能够根据环境采用不同的策略。复杂适应系统理论采用"自适应主体"这个概念，是为了强调它的主动性，强调它具有自己的目标、内部结构和生存动力。在复杂适应系统中，所有个体都处于一个共同的大环境中，但各自又根据自己周围的局部小环境并行地独立进行着自适应学习和演化，个体的这种自适应和学习能力是智能的一种表现形式，所以也有人把这种个体称为智能体。在环境中演化着的个体，为了生存的需要，不断调整自己的行为、修改自身的规则，以求更好地适应环境选择的需要，大量自适应个体在环境中的各种行为又反过来不断地影响和改变着环境，结合环境自身的变化规律，动态变化的环境则以一种"约束"的形式对个体的行为产生约束和影响，如此反复，个体和环境就处于一种永不停止的相互作用、相互影响、相互进化过程之中。

社会理论。社会学是一门系统研究人类社会的学问。日常社会生活，如我们的思想、行为、情感、决策、互动等，是社会力量与个人性格特点之间复杂的相互作用的产物。要想解释人们为什么会是他们所呈现的样子，为什么会相信他们所相信的，或者为什么会做他们所做的事，就必须理解他们生活于其中的人际网络、历史环境、文化环境、技术环境、组织环境和全球环境，不论是想了解个人还是社会，我们都必须同时理解这些要素。

互联网只是现实社会的延伸，大数据背后是社会大趋势，在现实生活中很多问题具有很强的社会性，只有把大数据和社会学结合起来，才能把人群刻画完整，才能准确地洞察趋势。现在获取数据的渠道足够多，但是如何用社会学变量从海量数据中过滤出有价值的信息，从而精确地预测行为和趋势，这是需要突破的。

在大数据和社会学的结合上,已经有一些成功的实用案例。比如堪称2016年最大的黑天鹅事件——特朗普在美国总统竞选中获胜,背后的功臣就是一家名为Cambridge Analytica(剑桥分析)的大数据分析公司。这家公司按照开放性、尽责性、外向性、随和性和情绪稳定性五大变量划分出32种人格,每种人格都有不同的社会价值取向、不同的风险承担能力、不同的政治价值观。通过有意识地触及并向其中一些人推送竞选信息,让他们在不知不觉中认同特朗普,最终,这些关键的少数人打破了原先的平衡,"改变"了大选结果。

(三)激活数据学的时代价值

当前,人工智能的发展超乎想象,正深刻改变着人们的生活,改变着整个世界。人工智能是一种引领诸多领域发生颠覆性变革的前沿技术,合理有效地利用人工智能,意味着能获得高水平价值创造和竞争优势。人工智能并不是一个独立、封闭和自我循环发展的智能科学体系,而是通过与其他科学领域的交叉结合融入人类社会发展的各个方面的。云计算、大数据、可穿戴设备、智能机器人等领域的重大需求不断推动人工智能理论与技术的发展。激活数据学的提出,对人工智能的发展与应用具有重要意义。

激活数据学推动人工智能突破"计算力"瓶颈。庞大的数据中心及芯片技术为人工智能提供基础计算环境,2012年6月"谷歌大脑"运用深度学习的研究成果,使用1 000台电脑创造出包含10亿个连接的"神经网络",使机器系统学会自动识别猫,成为国际深度学习领域广为人知的案例。谷歌的神经网络早前有报道称已经具备了112亿个参数，也就是说将有数万台服务器来支撑。就在2015年3月的人机大战中，谷歌也调用了上千台服务器资源。可想而知，计算平台这一门槛，将会使得人工智能变成巨头们的游戏。激活数据学对类脑计算领域的研究，将推动高效率、低能耗的高性能计算技术的发展，高性能计算技术将使人工智能的推广与应用迎来新一轮的春天。

激活数据学推动人工智能突破"数据"瓶颈。虽然人工智能战略围棋高手在不同版本的人机大战中获得了不容忽视的成就，但这更多的是一场科技秀，以此向外界展示自身人工智能技术实力。阿尔法狗（AlphaGo）让深思（DeepMind）公司红遍全球，但在推动人工智能技术实际应用中，目前还没有找到其他成熟的应用项目。早前有披露阿尔法狗的缔造者深思欲进入医疗领域，改善医疗，但缺乏数据、进展缓慢是不争的事实。据了解，深思曾与NHS（英国国家医疗服务体系）达成数据授权合作，以此获得了NHS约160万名患者的数据，利用该数据开发一个通用算法，旨在帮助医生和护士诊断急性肾脏损伤病例。当然，谷歌、Facebook（脸谱网）及国内的BAT等互联网巨头，其数据量拥有绝对的优势，利用其人工智能技术改善了现有众多服务。不可否认，正是由于他们在人工智能领域的创新，各项互联网服务和产品更加出色，但在提升和改善自身业务层面以外进展缓慢，其根本原因在于目前各行各业的数据仍然处于条数据领域，数据的不流通、不开放制约了技术的发展和应用。激活数据学基于块数据的数据观,为数据共享开放提供了新的现实路径,将引领人工智能理论指导向更广泛的领域释放价值。

激活数据学推动人工智能迈向人机一体的"强人工智能"。人类群体、大数据、物联网已经实现广泛和深度的互联,使得人类与机器群体智能在万物互联的信息环境中发挥的作用越来越重要,由此深刻地改变了人工智能领域,"互联网—人—机"一体化的群体智能已成为解决科学难题的新途径。人工智能迈入了新的发展阶段,新的研究方向和新范式已经逐步显现出来,从强调专家的个体智能模拟走向群体智能,智能的构造方法从逻辑和单调走向开放和涌现,智能系统开发方法从封闭和计划走向开放和竞争。[1] 我们必须依托良性的互联网科技创新生态环境实现跨时空地汇聚群体智能,高效率地重组群体智能,更广泛而精准地释放群体智能。激活数据学是一种群体智能的结构理论与组织方法,通过研究基于群体与环境数据分析的主动感知,突破群体智能数据关联融合汇聚为块数据技术,并研究在开放动态环境中群体与机器的协同强化、回环演进的问题,构建形成人机协同、交互驱动的演进式群体智能决策系统,实现开放环境中复杂问题求解和智能决策,支撑形成群体智能"数据—知识—决策自动化"的完整技术链条,对于解决群体智能组织的有效性、群体智能涌现的不确定性、群体智能汇聚的质量保障、群体智能交互的可计算性等科学问题具有重要价值。

---

[1] 李未,吴文峻.群体智能:新一代人工智能的重要方向[EB/OL].(2017-08-03). http://stdaily.com/index/kejixinwen/2017-08/03/content_564559.shtml.

第三节　激活数据学与数据激活机理

（一）数据搜索：智能感知

蒙住一个人的双眼，他就失去了视觉感知和大约85%的信息获取能力，因此会在行动的过程中跌跌跄跄、不辨方向、屡屡失误，显示出异乎寻常的"笨拙"。由此不难发现，一个系统是否具有对外界信息的感知与获取能力，是判断该系统智能与否的关键。

人类之所以比其他生物聪明，是因为人类善于"学习"。孩子在第一次站起来直立行走、第一次说出一个清晰的音节、第一次拿起勺子吃饭的时候，都完成了一次大脑的洗礼。我们是怎样学会这一切的呢？答案很简单：是在与环境交互作用的过程中，在个体大脑内部形成的。大脑通过感觉器官接收信息，在脑内进行数据加工，然后输出信息，产生反应，大脑通过一遍又一遍的重复积累，形成了个体当前所具备的能力和创造性。大脑的学习过程包括以下3个基本步骤或系统：信息输入、模式加工、动作输出。

从体内或体外接收信息是学习的第一步。这类信息是通过身体的信息输入系统传入的。这个信息输入系统由5种基本感觉（视觉、听觉、嗅觉、触觉、味觉）组成，还包括其他几种日常基本功能，如前庭系统、本体感觉系统等。实际上，人的思考、推理、记忆和理解能力都始于并且一开始就完全依赖这个信息输入系统。

数据搜索是数据激活的第一步,是激活数据学的基础数据准备阶段,为机器学习准备大量数据作为"燃料来源"和"助推器",突破传统传感器的感知盲区和智能局限,透彻感知、精确描述现实物理空间的多模态场景信息,实现复杂物理世界的数字化再现。数据搜索是解决数据数量和数据价值获取效率之间矛盾的唯一途径,在过去的几年里,我们生产的数据占全部人类文明史上所有数据总和的90%,每天产生很多没有价值的数据,大数据的难点在于快速识别出对你有价值的数据。面对网络上浩如烟海的数据,激活数据学的数据搜索通过对数据的主动搜索和自我的深度学习,实现对数据越来越全面的认识,构建越来越丰富的数据特征维度,以更快、更精准地搜索到目标主体。在数据获取方面,不漫无目的地追求大而全的数据,因为大数据追求的"$N=$所有"的全样本是无法实现的,而是以人为原点,重视筛选过的有价值的战略数据。通过精准有效的数据搜索,机器势必会成为学得最快、最好的学生。

(二)关联融合:智能聚合

在超数据时代,除了"4V"[①]特征之外,大数据还表现出了新的特征。**一是交织性(Hybrid)**。数据碎片化分布在信息空间、物理世界和人类社会三元空间中,客观事物在不同空间留下了碎片化、不完整的数字足迹。为了全面刻画事物全貌,需要充分发掘

---

① 4V指规模性(Volume)、多样性(Variety)、高速性(Velocity)和价值性(Value)。——编者注

和利用三元空间的交织性与互补性，对碎片化数据实现优质聚合。

二是超维性（Hyper）。数据片段之间的关联关系空前复杂多变。在三元空间中，单一空间中的数据只能反映事物某一方面的特征，只有融合三元空间的关联数据，对各类数据、信息实现高效的整合，才能解决人类科学与知识探索中"盲人摸象"的问题。

人的大脑是一个天然的多源信息融合系统。人和动物有不同的感官，他们用眼睛看、用耳朵听、用舌头尝，由此获得不同质的信息，如影像、声音、味道等。大脑会综合处理这些不同质的信息，以判定对象的属性、本质等，这就是自然界对异构信息的融合处理。①

如果说数据搜索能够让我们搜索到更丰富、更精准的数据，这些数据是通过不同质的传感器对各种对象进行信息获取的，那么激活数据学中的关联融合则是对这些多源异构信息进行融合处理，是激活数据学的数据预处理阶段。关联融合通过探究大脑信息融合的内在机制，采用融合重构的方法实现对多源异构数据的关联表达，探索数据的内在关联性，这是全面认知与理解数据的前提，让我们能够在海量、复杂、碎片化的三元空间中更清晰地刻画客观事物的全貌，构建人与人之间、人与事物之间、事物与事物之间的相互联系，为人人之间、人机之间的深度融合建立了一个通道。

---

① 王军.韩崇昭：仿生信息融合的开拓者［EB/OL］.（2014–10–28）.http://www.scichi.cn/content.php?id=1004.

（三）自激活：智能决策

拥有数据并不代表什么，如果数据不能转换为知识和决策，那么数据再多也是没有意义的。知识的生产、积累与应用，是人类智能的重要特征。人类通过对自然信息的感知上升到知识的高度，并在群体间分享、代代传承，确保了种群在竞争中的领先性，由此绵延数百万年，发展至今。

学习，是人类搭建从数据到知识的桥梁所采用的方法，是人类重要的智能行为之一。人类的智能之所以远超其他动物，不仅仅是因为我们感知、认知的范围和深度是后者无法比拟的，更是因为我们从感知、认知中通过学习总结出知识，将其转化为存储在大脑中的记忆并加以利用。

2011年谷歌的迪恩和斯坦福大学计算机系的吴恩达在未来技术实验中心联合发起了"谷歌大脑"研究计划，该计划通过模拟婴儿的大脑发育环境研究人脑的物体识别和语言认知等功能。他们利用谷歌的云计算平台搭建了一个配备16 000个CPU神经元和10亿个突触神经连接的谷歌大脑计算平台。为了收集有效的能够表征人类生活环境的数据，他们从视频网站谷歌YouTube上随机选取了1 000万个视频，从每个视频里随机获取一个200×200像素的截屏，相当于模拟婴儿用眼睛不断观察到的周围环境。数据收集完成后，他们用辛顿2006年提出的深度学习分层训练模型和自我编码解码校验方式自动对这1 000万张图片进行特征抽取与分析。这一项目的目标之一是查看该模型的分层抽象特征提取方式能否最终产生一批高度异化的"祖母神经元"。结果该实验不但发现了模拟状态的祖母神经元的存在，而且发现在抽象最高层形成物体判断的神经元中居然有一个对应猫的面部图像，也就是说，通过深度学习，该人工大脑形成了对猫的印象。深度学习也在很多领域证明了其模拟人脑的有效性。

虽然深度学习取得了阶段性的成果，但是与人脑比起来，机器智能仍然存在很大的差距。从计算机的计算能力来看，根据目前对人脑的最新认识，人的大脑皮质共有大约860亿个神经元，能够以每秒200MB的速度进行并行运算。新生婴儿大脑皮质的每个神经元有大约2 500个突触，两三岁时增加到15 000个，达到峰值。成年后每个神经元的突触数量大约为7 500个。相比之下，2012年设计的谷歌大脑总共有16 000个CPU神经元和10亿个突触神经连接，复杂度远不及人脑。事实上，就算把谷歌计算平台所拥有的全部服务器（总数量为几百万台）用于大脑认知模拟，也难以达到一个普通人脑的神经元的数量和关联度。生命现象本身为机器智能树立了榜样和标杆，但机器智能要想追赶人类的脚步，仍然有很长的路要走。

经过数据搜索和关联融合过程后，激活数据学仍然停留在"数据"的阶段。激活数据学利用多智能体技术构建复杂系统来模拟人脑智能产生的过程，对复杂性问题进行建模。自激活是激活数据学的核心环节，具有自主性的智能体采用深度神经网络学习的方法将数据转换为知识和决策，这是激活数据学从"数据"到"知识"的跃迁。每个智能体即一个独立的"大脑"，用"激活"来形象地说明智能体的学习过程，智能体通过学习"激活"个体智能，类似人通过学习掌握解决某一问题的能力。智能体能根据外界环境的变化自动调整自己的行为和状态，而不是仅仅被动接收外界的刺激，具有自我管理、自我调节的能力，不同的智能体可根据各自的意图与其他智能体交互，能积累或学习经验和知识，并修改自己的行为以适应新环境。

（四）热点减量化：智能筛选

记忆是人脑对过去经历过的事物的反映。并不是所有经验都能保存在记忆中，许多信息在短时记忆中就被遗忘了。在人的大脑中，海马体是短时记忆的重要生理基础，杏仁体是长时记忆的重要生理基础。海马体在学习过程中发挥着信息筛选的作用，选择有必要记忆的信息送进杏仁体形成长时记忆，短时记忆则在保持约30秒后逐渐衰退、遗忘和丧失。当大脑皮质再次接收同样信息的刺激时，就会从长时记忆中提取出若干已存储的信息与再次接收到的单元融合，形成新的记忆单元，这就完成了知识的重构，进而完成知识创造。

大脑的筛选机制带给我们的启示是，在人脑智能产生的过程中，大脑并不会记取所有外界刺激产生的反应，而是只留下最有价值的部分，这为我们处理海量信息提供了一个思路。机器模拟人类产生智能是一个数据量和计算量非常庞大的工程，如何用最少的资源最好、最快地达到学习的目标和效果，是推动人工智能快速发展和大范围应用的重要研究内容。

激活数据学的热点减量化从这一原理出发，基于多层次的筛选机制，将有限的计算和存储资源分配给最具价值的数据单元，实现资源的最优配置，提高数据处理的效率，为下一阶段更好、更快地产生群体智能提供了环境支撑和资源保障。减量化的思维是超数据时代有效的数据处理路径之一，能够动态过滤掉大量无效的、会对预判结果产生干扰的数据，实现在有限成本约束条件下数据价值挖掘的最大化。

（五）群体智能：智能碰撞

生物群体的群集行为，以及所表现出的远远超过个体智能的群体智能引发了科学家对群体的研究，群体智能甚至比最专业的个体表现还要好，科学家做了各种实验和尝试来证明这一结论。

2007年哥伦比亚大学商学院做了猜测糖果数据的实验，在玻璃罐中放满糖果，然后请一群人来猜糖果的数量，记录每个人的答案、答案的平均数及其与正确答案之间的关系。糖果的实际数目为1 116颗，73个人参加实验，平均数为1 115颗！73个人的个人答案其实有天壤之别，离正确数字相差很远，但是最后群体得出的答案几乎接近正确答案。[①]

2016年，社交工具UNUM也开始了一项特别的尝试，通过发挥其"电子媒介的黏合剂"作用，将人们黏合在一起，产生群体智能。这种群体智能可以回答问题、进行决策、想出点子，甚至可以表达观点。这个人工群体尝试着解决一些众所周知的问题：预测美国职业橄榄球联盟季后赛、电影金球奖及奥斯卡奖的结果。

---

① 九州.如何在互联网时代激发群体智能［J］.中外管理，2016（4）：88–89.

在所有情况下,群体智能的表现都远远将个人甩在了身后。①

激活数据学最终的目的是将数据转换为解决具体问题的决策,这是激活数据学的价值所在,在自激活阶段智能个体产生了个体决策,相当于群体中所表现出的个体智能,为了提升决策的准确性和稳定性,在智能碰撞这一阶段,将引入人的作用,形成人和机共同组成的一个智能群体,通过人类与机器协同强化涌现出的超越个体智能的群体智能,针对复杂问题做出高效、精准的决策。一方面,人机结合是提高我们在不确定性环境中做预测和判断的能力的主要方式。综合利用机器智能和人类智能,突破各自的局限和在某种程度上达到协同作用,对于解决复杂问题是一个新的途径。另一方面,群体在做出更好的判断和决策上,比群体内的任何个体都要好,利用高度组织化的智能实现判断和预测力的提升。

---

① 林思恩.1+1>2 =群体智能:10 个有关群体智能的启示 [EB/OL].(2015–12–08). https://www.jianshu.com/p/08e9b5bc3417.

第三章

数据搜索：智能感知

在科技发展日新月异的今天，大数据、人工智能、物联网、智能传感等高新技术逐渐渗透到我们的生活、工作中，为人类经济的发展、生活的便利带来了巨大的进步。从发展脉络看，人工智能一直处于技术创新的前沿，近年来更是呈现集中爆发态势，在智能搜索、人机交互、可穿戴设备等领域受到了前所未有的重视，成为产业界争夺的前沿领域。

如果将人工智能比作人类的大脑，那互联网则是人体头部的血管，一个抵达各部位的网状系统，而数据和信息便是最重要的能够为大脑活动提供能量的血液，它们也是机器进行深度学习所必需的输入量和研究基础。然而，随着人工智能时代的来临，是否拥有数据已经不再重要，重要的是如何快速找到所需的数据。搜索引擎的出现解决了数据数量和价值获取效率之间的矛盾，让数据分析挖掘和增值利用产生了更加明显的效果。

数据搜索是激活数据学中的准备阶段，其延续了传统数据搜索的原理和各种技术,同时具有自身独特的优势,它的搜索范围更全面,智能程度达到了"走一步,想十步",能在分析前期关联的基础上,预见性地进行自主搜索,发现所有关联的数据,为更精准的预判搜集全面的数据资源。可以说,基于激活数据学的数据搜索推动人工智能更好地理解人类和感知世界实现质的飞跃。

第一节 智能感知与交互

(一)生物感知

大千世界,不少动植物体内的"时钟"比人类对于时间的感觉更加自觉、更加准确。候鸟能准确地知道自己的出发日期及时刻,昆虫和某些植物也有类似的感知能力。在田野里到处飞翔、采集花蜜的蜜蜂体内就有十分准确的时钟,知道什么花在上午可采到花蜜,什么花在下午可采到花蜜。地震前,植物能感知到地震即将爆发,并随着不同的时间相应地产生变化和反应。

一般而言,"感"是信息获取的过程,通过感知方法、机制和设备获取自身、其他对象与物理环境的各种物理信息;而"知"则更多的是利用"感"获取的信息进行识别、推理、判断与决策。[1]有些东西是我们用眼睛看不到的,如黑暗中的物体,但我们可以凭借手和身体感知它们的存在。有些东西是我们无法用手和身体触摸到的,如远处的物体或者风景,但我们可以用眼睛感知

---

[1] 百度百科.感知[EB/OL].(2017–09–16).https://baike.baidu.com/item/%E6%84%9F%E7%9F%A5/10752910?fr=aladdin#reference-[1]-623842-wrap.

它们的存在。有些东西我们无法用眼睛看到，也无法用手和身体碰触到，如歌声、音乐、话语等，但我们可以用耳朵感知它们的存在。还有一些东西是我们的感官无法直接感觉到的，如紫外线、红外线、细胞、粒子与电磁波等，我们可以制造各种仪器，借助工具感知它们的存在。

还有一种情况，通过眼、耳、鼻、舌、身、意获取外面的信息，反馈给心神，瞬间得到答案或相应的缘起缘灭等信息。这是一种特殊的修者的境界或状态。人类用心念来诠释自己器官所接收的信号，称为感知。为什么我们能够感知到呢？因为人体的每个器官（包括感觉、生殖与内脏器官）都是外在世界信号的"接收器"，只要是它范围内的信号，经过某种刺激，器官就能将其接收，并转换成感觉信号，再经由自身的神经网络传输到我们心念思维的中心——"头脑"中，进行情感格式化的处理，之后就产生了我们的感知。

感知的意义范围很广，主要意思是客观事物通过感觉器官在人脑中的直接反映。感知能力则是通过感觉器官感觉某样不可视或者肉眼无法直接观察的物体，并能通过感觉描绘出其具体形状或者运动状态的一种超能力。这种能力不是人人皆有的，但是通过后天大量的刻苦练习，人可以获得一定程度的这种能力，比如可以感觉出背后某物体的形状、颜色、运动状态。其实质是物体向外辐射的红外线被人体向外辐射的脑电波擒获，在脑部形成对该物体一定的判断。

所有生物都具备感知能力，都有感与知的关系。感和知是生物具备的本能，感知能力在不同物种、不同个体间各不相同，感和知都是在本能作用和存在环境里自然形成的。作为蝙蝠饵食的褐色蛾、尺蛾或叶卷蛾等昆虫，听到蝙蝠发出的超声波，就知道为保护自己而进行防御。只要蝙蝠飞进30米防线，蛾就马上合上翅膀，从空中急速掉落地面。当蝙蝠不在附近时，蛾会再次飞起。蛾也许有能听到蝙蝠发出的超声波的耳朵吧？科学家对蛾的听觉部位做了研究，认为在其胸部和躯干之间，也就是在腰部两旁，好像有一对能感知超声波的器官，构造非常简单，功能却十分优越。这对器官有感觉神经细胞，能放大超声波的振动，并把信号传到大脑而决定其行动。

当蝙蝠飞来时，无论从哪个侧面向蛾逼近，蛾的神经细胞都会产生较强的信号，于是蛾为防止被捕捉而做锯齿形或复杂形式的飞行，以此逃避。当蝙蝠飞至约6米距离时，蛾的感觉细胞就产生更强的脉冲，频率急剧加快，这样，蛾只好停止飞行，迅速掉落到地面上。蛾诱骗蝙蝠的这个行动，实际上早在蝙蝠意料之中。先前正飞向蛾的蝙蝠突然改变方向估算出蛾落下时的轨迹路线，在蛾掉落地面之前逮住它，蛾成为蝙蝠口中之物。

感知力在人和高级动物的个体生存过程中发挥着超越应激反应的积极作用，是与环境互动，发生知觉反应的根本原因。人类拥有高级的语言能力、思维能力、学习能力，很多人认为人类不能和其他动物相提并论，但是为什么在很多灾难到来之前，动物都会有一些预感并躲避灾难，而人类这种最高级的动物却完全没有意识到，只能坐以待毙。人们研究认为，过去的人类也具有类似动物的感知能力,现在却由于某种原因削弱了这种能力。直觉是所有动物的本能,人类也是凭借直觉得以生存延续至今的。人类的祖先一定也拥有优于其他动物的本能,才能在大自然中完美进化。从某种意义上说,人类文明是一个人类对世界和自己不断认知的过程,所谓认知就是对有用的数据——信息进行采集过滤、加工处理、预测输出、调整反馈的全过程。

(二)机器感知

人的感知通过计算机离散化处理方式可被记录、被量化、被计算。通常来说,机器感知就是借助各种传感器识别周边环境,这些传感器相当于人的眼、耳、鼻、皮肤等。比如视觉感知,类比人类的视觉系统,用摄影头代替人眼对目标进行识别、跟踪和测量等。当前,服务机器的计算机视觉已经相当完善了,如人脸识别、图像识别、定位测距等。可以说,在为人类提供服务时,"看得见东西"的机器比"盲人"机器有用得多。再如声音感知,语音是人机交互最常用、最便捷的方式,由此,对服务机器而言,语音识别是必备的重要功能之一。

计算机将人的感知活动合理地"分割"或"碎片化",把对感知的"整体性"、连续性分析转化为"个体性"的离散化处理。这种离散化处理就是对人的感知的整体进行解构,展示为相互关联的独立特征,然后通过汇总特征达到对人的感知的整体把握。这样的过程是基于离散的角度解构与重构感知活动,在现实和虚拟的离散空间中完成的。计算机通过对抽象化数据的信息加工,即编码、存储、提取、遗忘，实现对人的数据的可识别、可感知。人工智能和计算机模拟作为侧重于关注实际应用的认知信息加工理论中最具代表性的独特的研究方法，大多通过对人脑心理过程的模拟对人的内部信息加工过程进行逻辑分析。

人工智能的本质是对人类思维的信息过程的模拟，是人类智能的物化。机器思维（即人工智能）表明，思维形式在思维活动中对于思维内容具有相对独立性，它可从人脑中分化出来，物化为机械、物理的运动形式，部分地代替人的思维活动。机器与人脑的本质区别在于其本身是一种无意识的机械活动的过程，而人类的意识是长久以来文明社会长期进化发展的产物，是人类在生理基础上的心理过程，是人类由情感、直觉、想象等一系列的精神活动构成的精神世界。人类智能在执行任务和工作时会考虑主观与客观的因素来进行决策、行动，它是社会的产物，而机器智能则是被动地接受一种逻辑指令来开展工作。二者相比较，总是人脑思维优先于机器思维。

人类拥有"完形"认知的心理能力，能让我们把碎片信息编制完整。这是一种高度统合的能力，我们能把躯体五感统合起来，共同构成对世界的感觉。[1]同样，人从各个方面得到的碎片知识也有一种统合的能力，大脑会把碎片粘贴起来，把碎片之间的部分补齐，以期构成一个完整的知识世界，而机器缺少物理世界的生活经验，处理的是人类的二手信息，对于周围的物理世界缺乏真

---

[1] 郝景芳.人工智能正是人类自我认知的试金石［EB/OL］.（2017–11–11）. http://culture.ifeng.com/a/20171111/53158691_0.shtml.

实接触。虽然目前人工智能已经可以精细识别人类的表情，能够读懂人的情绪，但是其缺乏对于他人心理的常识系统，仍然难以"理解"人类日常的语言。因此，人工智能和人类智能最大的差异或许是：真实世界与抽象符号之间的关联性。人工智能处理的是符号与符号之间的关系，而人类头脑处理的是真实世界到符号的投影。[①]

认知科学的自主感知和人类对自身及所处环境的自主感知一样，首先通过视觉、听觉和触觉等类似的传感器获取庞大的自身及外界环境中的各种信息。毫无疑问，这些信息是海量的，如果不经处理便直接交给处理能力有限的大脑，就会导致系统过载。海量信息中只有一小部分对系统的某一认知行为起主导作用，所以没必要进行信息筛选，这样能提高系统的认知效率。因此，基于认知科学的智能加工机器的感知机理也需要能够选择与智能机器自主感知相关的特征。基于认知科学的感知内容主要包括信息获取、学习经验知识、推理决策等方面。

感知是连接主体（智能机器）与客体的桥梁，虽然研究中常常把感知问题如计算机视觉、语音识别等孤立出来进行研究，但很多问题是和主体环境密不可分的，对于这类问题如自动驾驶、机器人导航等，必须与主体相结合。这种结合为感知系统和作为主体的智能机器提供了很好的互补信息，典型的情形如主体的运动可以为视觉系统提供从不同角度观察环境的能力，从而弥补了

---

① 郝景芳.人工智能正是人类自我认知的试金石［EB/OL］.（2017-11-11）. http://culture.ifeng.com/a/20171111/53158691_0.shtml.

视觉系统基线长度受限,以及成像光照和姿态的问题,同时可以提供从对象已知视角学习未知视角表示的能力,变化头部位置与朝向同样为听觉系统提供了更加准确地辨认声源的能力。同时,不同感知器官间相互补充,可以提供对客体的更加完整的表达与理解。一旦感知系统随主体进入真实环境,就不可避免地需要面对开集问题,以往闭集条件下的一些假设如解的存在性就不再能够得以保障,因而问题的难度将大大增加。与此同时,与主体结合的感知一旦出错,付出的代价也会大大增加。

(三)交互识别

不管是人类还是机器,感知都是最基层的,而认知则是往上再进一步的升华。在认知的基础上,服务机器才能理解人类的各个方面,才能与人类更自然地交互。感知为智能机器提供了被动的信息获取能力,相对于感知而言,交互可以提供一定程度上的主动能力,这种交互能力为感知增加了从多维度主动获取信息的能力,如同所有动物的感知系统,脱离交互的感知其获取信息的能力是非常有限的。从孤立问题进行研究的角度,感知和交互看似是相互独立的,实际上却常常是紧密相关的。感知为交互的探索提供了关于交互对象、交互强度、交互效果的信息;与此同时,交互则为感知提供了多维度的感知能力。以前我们是以机器为中心进行交互的,未来在万物互联浪潮下,会以人为中心进行交互,人根据语音的控制、视觉的控制,配合手的操作完成交互。

从作为计算机载体的其他设备/装置的角度来看,计算机也不再是单一呆板的控制台形象。小到手表，大到各种航行器，计算机在其中扮演着不可或缺的重要角色。因此，除了需要和人类用户交互之外，计算机还需要和自然环境交互，因而其感知和交互的对象不仅仅是人类，还有各种真实世界。例如，对机器而言，需要与其拥有者及之外的其他人和环境进行交互。当今的大型飞机更像一台会飞行的计算机，其在自动飞行及盲降过程中都需要和环境进行有效的交互，这就要求计算系统具备感知外界的能力，实现类似人类的感知功能。近年来，人工智能也已经进入新一轮的快速发展期，有一点是明确的，感知和交互除了是智能行为自身最好的体现外，还是智能发育的基础和支撑。

人类得以在自然界中长期生存，一个重要的原因就是拥有迅速认识并理解其所处环境的能力，而这其中的关键环节是利用人类视觉系统完成对目标的定位与识别，同时实现对视觉场景的理解与描述。如果计算机能够实现自动的图像识别，必将进一步丰富与方便人类生活，这促使图像识别技术成为当前人工智能领域重要的研究方向之一。图像识别是指利用计算机视觉、模式识别、机器学习等技术方法，自动识别图像中存在的一个或多个语义概念，广义的图像识别还包括对识别的概念进行图像区域定位等。图像识别技术可以满足用户在不同场景下的视觉应用需求，主要包括面向互联网的图像检索与挖掘、面向移动设备和机器人等智能终端的人机对话与信息服务等。

视觉识别技术在机器人的领域也扮演着举足轻重的角色。作为机器人感知外界环境信息的一个重要输入渠道，其对于机器人理解周围场景和辅助完成特定任务具有至关重要的作用。目前视觉识别技术在机器人领域的应用主要有环境理解、自学习物体识别和智能交互、导航与避障等。面向机器人的视觉识别技术不同于其他单纯的视觉识别方法,其具有一定的交互能力(语言、动作等)和多感知能力(深度信息感应器、定位装置等),对于机器人的视觉能力可以起到一定的辅助作用。图像识别技术同时识别人脸和物体,可以帮助关联理解用户意图和兴趣爱好。目前受到广泛关注的图像描述和问答技术也会很快和机器人的视觉交互应用相结合,产生新的研究内容和应用场景,从而进一步促进视觉识别技术的发展和进步。

随着大数据、机器学习、云计算、人工智能等技术的发展,语音识别在一步步解放用户的双手,语音输入框也大有取代鼠标、键盘之势。伴随着智能移动设备的普及,语音交互作为一种新型的人机交互方式,正越来越引起整个IT业界的重视。如何让智能语音从"听到"进化到"听懂",实现语音服务的通用化,更多地服务于现实生活场景,更好地普惠于移动互联网用户,尽管仍有障碍亟待逾越,但这必将是规模工业化的重点突破方向。在智能语音专家看来,剥离了诸多衍生服务、仅集中于语音技术的时代已经过去,未来的规模工业化发展趋势已然显现,下一阶段的变革之旅正在开启。

新兴的万物互联时代需要新的交互方式,人们已开始从智能手机的触摸模式转向智能家居所必需的远场语音交互,这样的交互离不开智能语音和语言技术的支撑。甚至有人认为,语音交互将会成为数据智能的第一个爆发点，下一轮的入口之争将再次出现。从互联网诞生之日起，搜索框便成为人们进入互联网的重要入口，但语音识别一经出现，搜索框的地位就被动摇，在未来或将逐步被取代。目前语音识别技术遇到的瓶颈是对口音、噪声、远场的识别。其中，基于深度学习的个性化识别，是未来语音识别技术全面普及与应用的重大挑战。在真实的应用场景下，说话者、环境、设备三个因素叠加在一起，使语音识别的应用场景更加复杂。如何处理这些不确定性，成为摆在研发人员面前的一项重大挑战。

第二节　搜索引擎：连接人与信息

（一）从"寻物"到"搜数"

宇宙间万事万物的变化其实都是"数"的变化[①]，世界的本源即是数据。在一切皆可量化的社会中，数据搜索发挥着越来越重要的作用。人类大脑根据搜索目标的相关特征，构建目标画像，并逐步学习积累更多相关特征，使画像进一步清晰，最终精准地找到目标。事实上，计算机有着和人脑一样的工作方式，深度学习更接近人类的学习方式。

人和计算机一样都要存储信息，也因此必然具有使这种存储成为可能的结构和加工过程，人脑也常常需要对信息进行重

---

① 黎斌.《易经》"数相"与"大数据"［EB/OL］.（2016-03-18）.http://www.cbdio.com/BigData/2016-03/content_4701005.htm.

新编码，即改变信息被记录和呈现的方式，还必须操作这些信息——以某种方式改变其形式，如重新排列、增减信息、从中进行推演等。一切都是数据，视觉、听觉、嗅觉等所有感官信息进入大脑后都会变成数据。如同计算机处理二进制数据一样，人类大脑也有自己的数据格式，并且会把外界的感知都转换成符合自己格式的数据。知觉的信息加工理论认为，外部刺激或信息经由感觉器官进入人的大脑，大脑根据感觉材料的性质及存储在记忆中的原有知识和经验对这些材料进行加工，然后形成印象或知觉。

自下而上的加工过程，或称数据—驱动加工过程，指的是知觉者从环境中细小的信息开始，将它们以各种不同的方式加以组合以形成知觉。[1]自上而下或概念驱动加工是指由当时的情境、过去的经验或两者共同产生的期望所引导的加工过程。[2]例如，有人告诉你此时你所在的房间里有只苍蝇，你会往哪儿看？想象如果你要找的是只蜘蛛或蟑螂，又会往哪儿看？对这些生物的过去经验会引导你首先朝什么地方看，是墙壁、地面还是天花板？你可以将这一寻找不同昆虫的知觉加工看作自上而下式的，你的期望和经验引导着你搜寻的方向。

当然，自上而下的加工必须和自下而上的加工共同作用，否则你将永远不可能知觉到未曾预期的事物。我们遇到并期望从中

---

[1] 刘茜.面孔认知中自上而下和自下而上加工的作用研究[D].杭州：浙江理工大学，2015.

[2] 凯瑟琳·加洛蒂.认知心理学：认知科学与你的生活[M].吴国宏，等译.北京：机械工业出版社，2015.

获得意义的每个物体、事件或其他刺激,都会与先前已经存储的模式或模板进行比较。因此,知觉的过程包括将输入信息与已经存储的模板进行比较,并从中找出一种匹配的模板。如果有几个模板都与之匹配或接近,我们就需要通过进一步的加工区分出哪个模板最为合适。请注意,这一模型意味着在我们的知识库中已经存储了数以百万计的不同模板,即每个我们可以辨认的不同物体或模式都有一个与之匹配的模板存在。

人脑中所有被知觉的数据都具有高度的关联性,这就是为什么我们看到一幅画面会联想起很多相关的东西。看着自己养的一条狗,不仅能认出它,而且能辨认它的每个部位:耳朵、鼻子、尾巴、背部、爪子、胸部和眼睛等。与将刺激作为一个整体进行加工不同,我们也可能将刺激分解为不同的成分,根据我们对部分的认识推断出整体代表的是什么。这些被搜寻和辨认的部分称为特征。因此,在这个模型中,对整个物体的认识依赖对其特征的辨识。特定的探测器[①]会对输入的模式进行扫描,以寻找一种特定的特征。如果该特征存在,探测器就会迅速做出反应;如果该特征不存在,探测器就不会有强烈的反应。每种探测器显然只负责探测一种特征的存在。

在介绍数据搜索之前,我们需要首先讨论搜索的本质性问题:在数据时代,我们搜索的到底是什么?这就引出一个基本问题:

---

① 在关于青蛙视网膜的研究中,科学家将微电极植入视网膜的单个细胞中,莱特文等人发现,特定的刺激能更频繁地激活这些细胞。一些对明暗交界反应强烈的特定细胞被称为"边界探测器"。

数据、信息和知识这三个基本概念有什么本质区别？事实上，在单纯的表示形式上，是很难区分数据、信息和知识的，任何东西在计算机中都表示成数据符号，如ASCII（美国信息交换标准代码）[1]字符等。只有通过关系，这些数据符号才有可能进一步区分为信息和知识。从石器时代到信息时代，人类的发展离不开知识与信息，通过不断地学习新知识，收集各种各样的信息，社会得到了发展和进步。通常，信息的外延十分宽泛，知识是有序化的部分信息，是同类信息的积聚。搜索信息本身并不是目的，因为信息的很大一部分是无用的信息垃圾。相反，人们在搜索某些信息时总带着某些目的，希望搜索到的信息能够帮助他们达到这些目的。信息加上用户的目的，实际上才构成知识。因此，数据搜索的是知识，而不是信息。

信息时代，实际上经历了一个从"人找信息"到"信息找人"的过程。在"人找信息"的时代，比如，我们最初的广播模式——听收音机或看电视，是信息推送给我们的，但信息并不知道我们是谁。随着互联网技术的发展、搜索引擎的出现，我们知道如何快速找到需要的信息。未来，拥有海量数据的万物互联时代，搜索引擎要求"信息找人"更主动、更全面，而且快捷、高效地提供所需的信息，从而使得事物之间的联结不断向着智能化的方向发展，最终让机器代表人去挖掘信息、获取知识、发现规律。因此，让机器更懂人，这是人工智能真正成功的标志。从各

---

[1] ASCII使用指定的7位或8位二进制数组合来表示128种或256种可能的字符。

种各样的数据中快速获取有价值信息的能力，对于认知科学的发展至关重要，同时也意味着人类大数据思维范式的真正形成。

（二）谷歌搜索：让流动的信息产生智能

早在 2001 年，谷歌创始人拉里·佩奇对谷歌的定位就是人工智能。2011 年，为了深入研究人工智能，知名的谷歌 X 实验室创建了内部代号为谷歌大脑的人工智能项目。随着搜索技术的不断发展，谷歌正朝一个崭新的技术前沿大步迈进，谷歌能真正理解你提出的问题，并且给出相应的答案，不仅仅是展示简单匹配关键字的搜索结果，还能够提供现实世界中的知识解答——将来的某天甚至能够达到智慧搜索引擎的程度。

制造与人类思维匹配的智能。谷歌搜索的最大创新是引入新算法 Page Rank（网页排名）。首先，谷歌机器人获取每个可访问网站的内容。这些数据将被分解成一个索引（通过文字进行组织，就像书本的目录），这样就可以根据内容找到任何页面。每当用户键入一个查询，谷歌就会在索引中搜寻相关页面，然后返回一个包含多达数百万个页面的列表。最复杂的是对列表进行排序，也就是决定哪些页面应该出现在最上面。此时，上下文便有了用武之地。所有搜索引擎都会引入上下文，但没有一个像谷歌那样引入得那样多、应用得那样自如。Page Rank 本身也是一个信号，同时也是页面的一个属性（指其相对于其他网页的重要性），该属性可以帮助确定其与查询内容的相关性，其中的一些信号在现在看来是显而易见的。

谷歌在对查询结果进行过滤处理时，对于通常的查询，会把相关的专题性垂直搜索结果（如新闻、购物、视频、书籍、地图等）也加到返回的查询结果中。在个性化方面，用户访问过的网站在查询结果列表中会更靠上。大量使用锚点的网站有可能被从查询结果中删除。谷歌的搜索结果具有聚簇性：如果网页被其他Page Rank靠前的网站引用，则网页的重要性会大大提高。与此同时，对搜索流量暴增或有大量新闻的搜索关键词，谷歌会在新的查询结果中增加额外的Page Rank权值，以作为趋势分析。谷歌经过初步查询，结果的排序、剔除、过滤，最终返回给浏览器端用户的，是一个人性化的、布局良好的、查询结果和广告泾渭分明的有机查询结果页面。

构造知识图谱数据。2012年，谷歌推出了知识图谱，所谓知识图谱，简而言之就是深度挖掘搜索词潜在的知识关系，以呈现更结构化的搜索结果。从杂乱无章的网页到结构化的实体知识，搜索引擎可以通过知识图谱为用户提供更具条理的信息，甚至顺着知识图谱可以探索更深入、广泛和完整的知识体系，让用户发现他们意想不到的知识。谷歌知识图谱是在知识管理过程中，为应对海量知识检索挑战，由谷歌公司提出并构建的基于语义网络[①]的大规模知识库。基于本体和语义网技术，谷歌知识图谱通过描述现实世界中的各种实体及其复杂关系，将多种异构的知识库关联起来，并构建基于图的统一的结构化语义网络知识库，在此基

---

① 语义网络是一种用图来表示知识的结构化方式。在一个语义网络中，信息被表达为一组结点，结点通过一组带标记的有向直线彼此相连，用于表示结点间的关系。

础上实现智能检索和知识推理。

如果未来的搜索引擎是机器人的大脑,那么知识图谱则是这个大脑的知识库,任何决策都依赖此知识库。知识图谱是搜索引擎能够进行答案寻找、实时对话、信息预测的数据基础,它是一次从信息时代进入知识时代的革命性变化,知识图谱将成为未来智能机器的"智慧之库、机器之心"。[1]知识图谱是通过大数据提炼出的数据库,其构建让搜索引擎变得更加聪明。知识图谱用图的结构描述着真实世界中的万千实体与实体关系,是现代搜索引擎智能化程度的体现,它不仅仅是一次技术的更新,更是下一代搜索引擎的基础。知识图谱通过知识发现、知识推理、知识计算、知识聚类等将单一的知识串联为信息价值,不断完善知识图谱体系结构,实现知识图谱价值最大化,使得知识图谱最大限度地为不同人群服务。

谷歌让搜索引擎更加智能。几个世纪以前是数据为王的时代,如果你识字、可以阅读,如果你是那个知道事实最多的人,你在这个世界上就拥有巨大的优势。现在的世界已经改变,通晓多少事似乎不再重要,只要轻敲几下键盘,你就能得到想要了解的一切数据,但今天,还有比这更重要的事,那就是如何利用这些数据。如何将片段数据集中起来并转化成有用的信息?如何将有用的信息转化成知识,并最终转化成智慧?所谓的将数据转化成信息,指的是从原始数据的海洋中找到表面相关联的事实。谷歌搜

---

[1] 刘平凡.大数据搜索引擎原理分析及编程实现[M].北京:电子工业出版社,2016.

索已经这么做了——提取网页、视频、图像等原始数据，将它们整理成与你的查询相匹配的相关信息。

"接下来，我们希望能够提取信息，并使其更容易消化，便于你更加迅速地决定如何使用该信息。我们已经通过'快速回答'尝试这样做。如果你询问谷歌'帝国大厦有多高'之类的问题，谷歌将提供搜索结果页面上的最佳猜想答案，将你链接到该知识点。"谷歌科学家兼高级副总裁阿米特·辛格哈尔说。未来，你问谷歌一个问题，它会直接提供答案，而不只是给你相关的链接。然而，搜索还远达不到我们期待的发展水平。现有的搜索技术无法处理"带有防虫喷雾的蚊帐是不是比不带防虫喷雾的蚊帐更有效"这样的问题。如果从未有人问过一模一样的问题，那么就得不到理想的答案。因为这类问题的答案不仅要求编写这些信息，而且需要现实世界的"实体知识"，以及它们的相互关联性。谷歌搜索的未来是从数据到信息，到知识，再到智慧的发展过程，让搜索引擎变得更加聪明。

（三）搜索引擎的工作原理

"搜索"是一项奇妙的革命性技术，它不仅能帮助人们实现梦想，而且能调整人类的知识结构。[1]搜索引擎所做的事远不止为我们找到信息，我们在搜索的同时会发现许多从未见识过的东西。[2]

---

[1] 埃布尔森，莱丁，刘易斯.数字迷城：信息爆炸改变你的生活［M］.李卉，王思敏，张魏，译.北京：人民邮电出版社，2011.

[2] 埃布尔森，莱丁，刘易斯.数字迷城：信息爆炸改变你的生活［M］.李卉，王思敏，张魏，译.北京：人民邮电出版社，2011.

随着互联网的迅猛发展，搜索引擎已成为必不可少的工具。搜索引擎是指根据一定的策略，运用特定的计算机程序搜集互联网上的信息，在对信息进行组织和处理后，将处理后的信息显示给用户，为用户提供检索服务的系统。[①]搜索引擎的主要工作原理有 3 个环节（如图 3–1 所示）。首先，每个独立的搜索引擎都有自己的网页抓取程序（以下简称 Spider）。Spider 顺着网页中的超链接连续抓取网页。由于互联网中超链接的应用很普遍，理论上，从一定范围的网页出发，就能搜集到绝大多数的网页。其次，搜索引擎抓取到网页后，还要做大量的预处理工作，才能提供检索服务。其中，最重要的就是提取关键词，建立索引文件。最后，用户输入关键词进行检索，搜索引擎从索引数据库中找到匹配该关键词的网页。

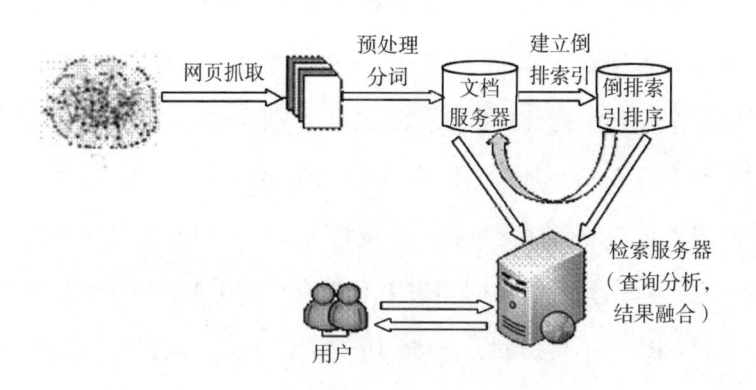

图 3–1　搜索引擎工作原理示意图

---

① 谭凯文.搜索引擎技术的原理与分类［J］.大科技，2016（35）.

网页抓取。我们得到搜索结果的过程始于Spider。这是一种在互联网上从一个链接跳到另一个链接，把它找到的网页打包，并把网页送回服务器中以备索引处理的专用软件。通过Spider可以在互联网中搜集指定的网页，并放入数据库，网页的搜集工作是在用户提交查询之前就已经预先完成的。Spider访问网页的过程类似普通用户使用浏览器访问其页面，即B/S（浏览器/服务器）模式。Spider先向页面提出访问请求，服务器接受其访问请求并返回HTML[①]代码后，把获取的HTML代码存入原始页面数据库。搜索引擎使用多个Spider分布爬行以加快爬行速度。搜索引擎的服务器遍布世界各地，每台服务器都会派出多个Spider同时抓取网页。那么，如何做到一个页面只访问一次，从而提高搜索引擎的工作效率呢？

在抓取网页时，搜索引擎会建立两张不同的表，一张表记录已经访问过的网站，另一张表记录没有访问过的网站。当Spider抓取某个外部链接页面URL[②]的时候，需把该网站的URL下载回来分析。在Spider全部分析完这个URL后，将这个URL存入相应的表中，这时当别的Spider从其他网站或页面又发现这个URL时，它会对比看看已访问列表中有没有，如果有，Spider会自动丢弃该URL，不再访问。Spider还要注意网页上能找到的每一个

[①] HTML，即超级文本标记语言，超级文本就是指页面内可以包含图片、链接、甚至音乐、程序等非文字元素。

[②] URL，即统一资源定位符，是对可以从互联网上得到的资源的位置和访问方法的简洁表示，是互联网上标准资源的地址。

链接，并把它们排列到请求文档中，然后发送更多的请求给这些新发现的链接，再通过这些链接找到更多的链接。这个过程周而复始。Spider是利用HTML文档之间的链接关系进行网页抓取的。以一个或若干个URL为入口地址，对网页中的超链接进行抓取，并将网页中的所有链接加入待访问的URL列表中，随后对已经抓取下来的网页进行内容提取、关键字处理等工作。

信息检索。为了便于用户在数万亿级别以上的原始网页数据库中快速便捷地找到搜索结果，搜索引擎必须对Spider抓取的原始网页做预处理。网页预处理的主要过程是先为网页建立全文索引，之后分析网页，最后建立倒排文件运行匹配。网页分析有以下步骤：判断网页类型，衡量其重要程度、丰富程度，对超链接进行分析、分词，把重复网页去掉。

经过搜索引擎分析处理后，网页已经不再是原始的网页页面，而是浓缩成能反映页面主题内容、以词为单位的文档。数据索引中结构最复杂的是建立索引库，索引又分为文档。每个网页唯一的文档号是由文档索引分配的，每个单词出现的次数、位置、大小格式都可以根据词的序列号在网页中检索出来，最终形成文档号的数据列表。倒排索引的形成过程是这样的：搜索引擎用分词系统将文档自动切分成单词序列，赋予每个单词唯一的单词编号，记录包含这个单词的文档。倒排索引是最简单的，实用的倒排索引还需记载更多的信息。在单词对应的倒排列表中，除了记录文档编号外，单词频率信息也被记录进去，便于以后计算查询和文档的相似度。

查询服务。在搜索引擎界面输入关键词，点击"搜索"按钮之后，搜索引擎程序首先对搜索词进行以下处理：分词处理，根据情况判断整合搜索是否需要启动，找出错别字和拼写中出现的错误，把停止词去掉。其次，搜索引擎程序便把包含搜索词的相关网页从索引数据库中找出，并且对网页进行排序，按照一定的格式返回到"搜索"页面。查询服务最核心的部分是搜索结果排序，其决定了搜索引擎的质量好坏及用户满意度。影响实际搜索结果排序的因素很多，最主要的因素之一是网页内容的相关度。

影响关键词相关性的主要因素包括如下 5 个方面。一是关键词常用程度。经过分词后的多个关键词，对整个搜索字符串的意义贡献并不相同。二是词频及密度。通常情况下，搜索词的密度和其在页面中出现的次数成正相关，次数越多，说明密度越大，页面与搜索词关系越密切。三是关键词位置及形式。关键词出现在越重要的位置，如标题标签、黑体等，说明页面与关键词越相关，在索引库的建立中提到的，页面关键词出现的格式和位置都被记录在索引库中。四是关键词距离。关键词被切分之后，如果匹配地出现，就说明其与搜索词相关程度较强。比如，"搜索引擎"在页面上连续完整地出现或者"搜索"和"引擎"出现的时候距离比较近，都被认为其与搜索词"搜索引擎"相关。五是链接分析及页面权重。页面之间的链接和权重关系也影响关键词的相关性，其中最重要的是锚文字，页面有越多以搜索词为锚文字的导入链接，说明页面的相关性越强。

第三节　搜索引擎到人工智能的终极演进

(一) 全局化范围搜索

数据搜索是激活数据学中的准备阶段，是块数据系统依据某种信号组织相关数据的一种行为。[①]数据搜索延续了传统搜索引擎的原理和各种技术，但是搜索范围更全面，强调的是对所有关联数据的搜索，描述的是从海量数据中通过搜索实现关联数据聚集的过程。此过程实现了从孤立数据到全局数据汇聚，为接下来激活数据学所强调的数据处理环节提供尽可能完整的数据资源基础，以确保处理结果的准确性，防止出现数据价值分析挖掘的盲点。

关联数据体系。关联数据，即由身份和行为数据聚合而产生的数据，反映和发现人与事、事与物之间的关联关系。[②]整个关联数据体系中包括强关联、关联、弱关联及潜在关联的数据，甚至还包含当前并不关联，但在未来可能会发生关联的数据。当然，关联数据体系中的数据并不是一成不变的，新的数据会不断加入，过时的数据需要修改或删除，数据之间的链接也应随之变化。数据激活需要通过数据搜索实现整个关联数据体系的建立，搜索的结果包括所有关联数据体系中的数据。因此，激活数据学所指的数据搜索结果更加全面。

目前的搜索引擎大多采用的是语法层级搜索，搜索匹配大多

[①] 大数据战略重点实验室.块数据 2.0：大数据时代的范式革命[M].北京：中信出版社，2016.

[②] 大数据战略重点实验室.块数据 2.0：大数据时代的范式革命[M].北京：中信出版社，2016.

是机械性的检索,这种搜索不仅需要提供用户需要的准确、有用的数据,而且常常需要多条类似的数据。因此,传统的搜索引擎越发难以满足人工智能时代的数据搜索需求。激活数据学中的数据搜索利用搜索关联策略搜集整理数据,基于关联数据体系进行搜索,这种搜索强化了针对某一关联数据的相关收录及更新,减少了搜索中涉及的大量无用数据,查询搜索的效率极高,能够快速整理出分类细致、准确、全面、具备时效性的搜索列表。这样就改善优化了相似的其他检索工具在数据搜索上的功能,具有先进的优势,其搜索操作具有一定的智能性,运行得出的数据结果不管是查准率还是覆盖面都非常出色。

从数据到数聚。传统搜索方式的混杂、无序、模糊等特点,导致搜索结果的数据质量堪忧。一旦搜索到的数据质量不高,就很容易导致错误的场景重现和错误的映像,出现错误的连接以致形成错误的决策。仅仅体量大,而不能使数据之间打破体系,互相流动验证,是不够的。孤立数据的价值远远小于全局的、广泛连接的数据价值。分散的数据孤岛,体系与体系间、映像与映像间都没有关联。这需要打破体系间的界限,让数据产生关联,从而导向更深度的洞察。全局数据是在大数据基础上的升级和自我进化。从理论上来说,大量数据的集成可以映射出客观世界的部分,形成一个个数据体系。体系中包含一个个映像,这是不同体系根据不同需求对客观世界的数据化抽象和沉积。[1]

---

[1] 朱琳,赵涵菁,王永坤,金耀辉.全局数据:大数据时代数据治理的新范式[J].电子政务,2016(1).

激活数据学中的数据搜索，实现了在关联数据体系的基础上从孤立的"数据"到全局数据的"汇聚"过程。在块数据中，流动数据占全样本数据的比例越大，从数据到数聚的过程就越有可能建立连接并发现价值。[①]同样，激活数据学中的数据搜索通过数据的流动找到关联数据。首先，数据搜索会对进入的源数据进行识别，初步确定数据的可用性；其次，数据搜索会确定关联数据集成转换的规则；最后，数据搜索可进行关联数据的质量评价。此外，搜索会受到经验关联的影响，经验关联可以理解为既往的数据流动路径。这个路径可以是系统预先设定的，也可以是数据流动过程中自发形成的。

精准匹配。信息的海量供给与人们的个性化信息需求之间的匹配始终是一大难题。过去，搜索引擎作为一种初级形态，需要人提供关键词，然后搜索引擎从数百亿个网页中找出相关的搜索结果示人。基于激活数据学的数据搜索不是漫无目的地追求大而全的数据（因为大数据追求的"$N=$所有"的全样本是无法实现的，同时大数据样本非但不能解决样本偏差问题，反而引发了大量的小数据问题），其所搜索到的数据更加重视筛选过的有价值的数据。本质上，激活数据学中的数据搜索是对人力最大化的替代，更高效地帮助查询者将"人脑智能"匹配到合适的信息。在这个意义上，基于激活数据学的数据搜索是人类命令的"执行者"，以高速的数据挖掘、分析能力辅佐人类完成理性决策。

[①] 大数据战略重点实验室.块数据2.0：大数据时代的范式革命［M］.北京：中信出版社，2016.

激活数据学中的数据搜索使人工智能不断修正对人们真实需求的判断，从而提升搜索的精准程度。按照人工智能的机器学习理论，通过大量的输入输出训练，让智能机器发现规律，掌握每个行动的结果，然后根据这些行动结果的排列组合，不断完善内部算法和数学模型，建立内部反馈机制。当智能机器接收到输入数据时，可以研判这个输入数据在当前条件下可能出现的结果和每个结果的优劣，然后根据智能机器内在的目的性追求，做出最适合的选择和决策。因此，从激活数据学理论看，更全面、更优质的关联数据不仅可以帮助人类更好地发挥主观能动性，制定更加精准、富有智慧的决策，挖掘数据背后的规律，而且可以驱动智能机器的自身进化和升级。

（二）智能化目标识别

传统的数据搜索是被动的，往往需求在前、搜索在后，这种搜索方式已无法满足万物互联时代从海量信息中快速搜索到用户所需数据。基于激活数据学的数据搜索结合新一代人工智能技术，摆脱了传统搜索引擎的局限性，更加智能化，更具主动性，提供多元化的搜索方式，为用户提供个性化定制服务，更好地满足用户的个性需求。激活数据学中的数据搜索是自发性的，智能程度达到了"走一步，想十步"，会在分析前期关联的基础上，预见性地进行自主搜索，为更为精准的预判搜集全面的数据资源。

主动关联。激活数据学强调，通过海量数据的相互碰撞，激发价值，以远超人脑运转速度的服务器时速，自动在信息之间、数据之间建构关联，带来人类脑力尚难企及的理性分析结果，提供预测、预警，帮助人类在生产生活中做出更明智的决策，开启人工智能新时代。搜索引擎的本质是嫁接人脑智能和单类信息的桥梁工具，故而必然依赖人类手动的输入，必然受限于人脑的思维。人类对大数据智能的需求、追求，远非传统搜索引擎可以满足。比如在节假日，我们想知道计划前往的景区是否人满为患，搜索引擎可以间接帮助我们，前提是需要有人事先发布过景区的图片、文字。我们得到的信息往往因滞后而失真，如果没有他人的分享，我们便无法实现经验的获取。

数据搜索需要面对的是网络中浩如烟海的数据，每天还有无数信息在不断注入。基于激活数据学的数据搜索可以将多个搜索的数据进行整合，作为一个整体存放到关联数据体系的数据库中，并进行融合和自我深度学习。机器对数据的认识越来越全面，数据的已知特征维度越来越丰富，有助于更快、更精准地搜索到目标主体。例如，在节假日，基于激活数据学的数据搜索可以通过关联数据体系中的数据碰撞，整合景区周边交通运行情况、车位使用情况、天气情况、门票出售情况等相互分散的数据，给予我们一个直接、明确、即时的答复。激活数据学的数据搜索能解析多种复杂搜索请求，准确判断用户真正的需求，提升智能设备等多端的搜索能力，对移动场景进行有机聚合，并结构化地呈现精准的信息内容。

自发搜索。机器学习与人类学习的最大差别在于，前者需要大量数据作为"助推器"。数据的输入源自机器对数据的主动搜索，在数据量不足以应对新的任务时，机器学习该如何应对呢？这就离不开机器的主动搜索。基于激活数据学的数据搜索能够更多地发挥主动搜索数据的作用，自发提高其对关联数据挖掘、推理和联想的精度，实现准确理解用户的属性、状态、兴趣、情感状态等信息。根据自然语言处理能力，解析多种复杂搜索请求，准确判断用户真正的需求，提升理解的准确度和效率。根据结果不断更新关联数据体系，运用大数据进行挖掘、抽取、清洗、融合、关联、推理，从信息碎片中深度挖掘数据关联，将无序数据转化为高效关联数据，为机器提供更准确、符合需求的关联数据。

基于激活数据学的数据搜索引擎呈现出智能化、个性化、场景化和交互便捷化的发展趋势。一是搜索请求的理解方式，从传统的文字识别向图像识别、音频识别、视频识别等多模态自然语言处理转变。二是主流搜索终端设备，从电脑端向移动终端（手机、平板电脑、可穿戴设备等）泛化。三是搜索方式，由传统的网页输入向基于位置的场景化自动感知拓展，使搜索服务无处不在，搜索引擎成为不可或缺的用户助手。四是搜索结果的呈现技术，从传统的网页排名技术向智能化感知用户需求的用户导向技术过渡，能够个性化、智能化、高效化地展示信息流。激活数据学的数据搜索能构建内容生态服务体系，从传统的"即搜即得、即搜即用"到现在的智能化感知用户需求的"不搜即得"和个性化的数据流。

智能识别。人们每天都在使用搜索引擎，得到的结果也与人工智能机器学习的能力相关。搜索的演进同样促进着人工智能的发展。从标题搜索到分词搜索，再到如今的知识图谱，搜索一直在试图从海量信息中筛选出最符合人们需求、最有价值的那部分信息。人们为机器建立了能模拟人脑进行分析、学习的神经网络，以模仿人脑的机制来解释图像、声音和文本等数据。人工智能的深度学习能力促使其不断修正对人们真实需求的判断，从而提升搜索的精准程度。[①] 在人工智能时代，基于激活数据学理论，智能机器的语音识别、图像识别等识别能力得到迅速提升，综合了语音、图像、自然语言处理等多种技术，能与人进行多轮智能交流，能针对移动场景对搜索数据进行有机聚合。

以人脸识别为例：每个人的相貌，用程序去描述非常困难，而采用深度学习的方法，在建立数学模型后，只要把人脸照片放进去，告诉智能机器这张照片对应的名字是什么，在大量数据的基础上，它就能自动提取特征，把复杂的物理图片抽象成机器智能能懂的特征。再如，在图像识别方面，对人们用手机随便拍摄的普通照片，人工智能不仅能说出照片中的颜色，而且能以"多轮交互"的方式像人一样基于之前的语境接受追问，进而快速识别照片是在哪里拍摄的。基于深度学习系统，智能机器学习了海量的带有地理位置标签的照片，可以基于记忆库进行位置识别。未来，在人工智能时代，运用激活数据学理论与搜索技术的结合，智能机器的识别能力一定会比人类好，人让机器更聪明，机器使人更高效。

---

① 张力平.人工智能给搜索带来质的飞跃［J］.电信快报，2016（9）.

（三）无界化协同感知

人类不仅仅有理性，还有感性，人类获取自由的关键，就是对感性的控制能力。毫无疑问，智能机器具有理性分析能力，在分析数据、构建规则方面的能力是很强的，但是在感性方面，智能机器还存在一定难度，大部分机器学习系统仍然容易被复杂的场景或物体迷惑。[1]基于激活数据学理论，智能机器能主动感知人体状态或环境信息，并积累一些感情触发动作或理性行为的逻辑，从而获得对人体行为和环境的准确预测与研判。此过程中，数据搜索真正实现了人机交互从有限到无界的转变。

人机智能融合。简单地说，人机智能融合就是充分利用人和机器的优势形成一种新的智能形式，[2]是人、机、环境系统相互作用而产生的新型人机融合智能系统。一般而言，任何智能都是从数据输入开始的，对人而言数据就是各种刺激（眼、耳、鼻、舌、身），对机器而言就是各种传感器采集到的各种数据。数据是相对客观的，而从中提炼出有价值的数据——信息却是相对主观的，信息已经开始带有人的价值观、偏好倾向和风俗习惯。随着万物互联时代的语音、语言交互，人类的智慧得以在后台进行碰撞、比对、相互启发、获得灵感，届时我们的群体智能会上一个巨大的台阶。要想使计算机走进人的世界，就必须赋予计算机人一样的心理认知能力，能够根据人的行为举止对其心理状态进行合理

---

[1] 许文媛.生物特征提取和智能感[D].杭州：浙江大学，2017.
[2] 刘伟.人机智能融合：人工智能发展的未来方向[J].人民论坛·学术前沿，2017（20）.

推断，理解人的行为和意图，从而保证高效、自然、和谐的人机交互。

电影《黑客帝国》和《阿凡达》中用意识来控制虚拟世界的"化身"，俄罗斯"2045未来世界大会"上未来学家预测科学家将于2020年通过脑机接口实现用意识控制机器人。"脑机接口"技术是一种研究如何用神经信号与外部机械直接交互的技术，采集大脑皮质神经系统活动产生的脑电信号，经过放大、滤波等方法，将其转化为可以被计算机识别的信号，从中辨别人的真实意图。[①]激活数据学理论中，结合人工智能技术，通过神经成像获取的人脑结构和功能成像数据，机器将会对人的思维意识进行实时准确识别，并对搜索到的人体信息进行深度学习与特征分析，揭示人类视觉、语音处理、图像识别、语言交流等其他技术难以发现的规律和现象。比如，通过脑机接口能使有运动残障及情态、行为和思维障碍的人得到治疗。脑机接口是连接人脑与现实世界的桥梁之一，一方面有助于电脑更加了解人脑活动特征，以指导电脑更好地模仿人脑，另一方面可以让电脑更好地与人协同工作。

人机交互多模态感知。随着人工智能的发展，人机交互的未来必然是人体各种感官的智能延伸工具与人体感官深度结合，智能硬件利用视觉、听觉、触觉、嗅觉等感知的数据或信息将最终实现人工智能的感应层形态，构建成人机多模态交互方式。多模

---

① "脑机接口"技术将为我们带来什么［EB/OL］.（2017-03-18）.http://wemedia.ifeng.com/10496889/wemedia.shtml.

态融合了视觉、听觉、触觉、嗅觉等交互方式,其表达效率和表达的信息完整度要优于传统单一的交互模式。[①]然而,传统的人机交互模式中,大多是单一单向的交互方式,尤其是多轮人机对话,涉及语音理解、语义分析、情感分析、动作捕捉等多个维度。例如,网上大多数图片、音频和视频是通过元数据搜索到的,即通过手动搜索关键词进行查找。因此,有必要开发能够像人一样自动识别图片、音频和视频的传感系统,让机器能够理解现实世界所发生的一切,并延伸至人类的感知功能。

进入人工智能时代,人机间无界交互能力为机器感知增加了从多维度主动获取关联数据的能力,如同所有动物的感知系统,脱离交互的感知,其获取信息的能力是非常有限的。所有智能的产生都与刺激和数据密切相关,所谓刺激,就是人感知到的外部的映射。这里的数据是机器接触到的外部的输入,并产生相应的融合、理解,进而进行相应的反应和规划。[②]数据搜索为机器自动、方便、快捷获取关联数据奠定了基础,智能感知的结果感觉更像与人类进行交流,不仅是搜索,而且可能带来深入交流,最终使人类与智能机器的界限不断模糊、融合,从而改变人类,强大智能机器,两者共同缔造一个全新的社会和世界。

三元空间协同感知。我们生活在一个信息日益活跃的人、机、

---

① 罗立波,刘芷君,代川,王珂.智能机器人系列报告三:技术的盛宴,服务机器人核心技术与模块解析[EB/OL].(2016–08–09).http://www.sohu.com/a/109809613_466878.

② 刘伟.人机交互与智能的起源、本质[EB/OL](2017–12–25).http://zhike.qianjia.com/article/detail/1694.

环境（自然、社会）系统中，指挥控制系统自然就是通过人、机、环境三者之间交互及其信息的输入、处理、输出、反馈来调节正在进行的主题活动，进而减少或消除结果不确定性的过程。人工智能时代，世界将变得越来越复杂，需要分析才能理解其复杂性。基于激活数据学理论，在人、机、环境系统相互作用而产生的新型人机融合智能系统中，机器能够拥有类似人眼和人耳等感官的功能，使得机器和人类之间、机器和环境之间的沟通能够像人和人及人和环境之间的沟通一样自然。作为人类体能、智能和感知的延伸，机器不再局限于一些简单的流水线任务或完全被动地受人类控制，而是能在一些复杂、非结构化甚至危险的环境中发挥主导作用。

随着人工智能的快速发展，在人工智能的愿景中，至少应该实现"类人服务、超人感知"的愿景，即以类人的方式服务人类自身，以超人的方式感知外部世界。从人类的视角看，未来人工智能理应在感官和思维上像人；从机器的视角看，未来人工智能应该能理解人的行为和情绪。传统社会是一个二元空间，人类社会和物理空间形成互训关系。在类人社会，人、机、物三者相互融合，形成一个三元空间。未来，人工智能可进行人、机、物信息的整合，以超越人类的精度和时空尺度，感知三元空间的信息关联性（如图 3–2 所示）。[1]通过激活数据学理论中的数据搜索，能让机器在三元空间中自主搜索、智能感知自身和外界环境信息，为机器做出更加精准的预判搜集全面、关联的数据资源。

---

[1] 杨小康. 未来人工智能：从 AlphaGo 到 BetaGo [J]. 科学, 2017, 69（3）: 6–8.

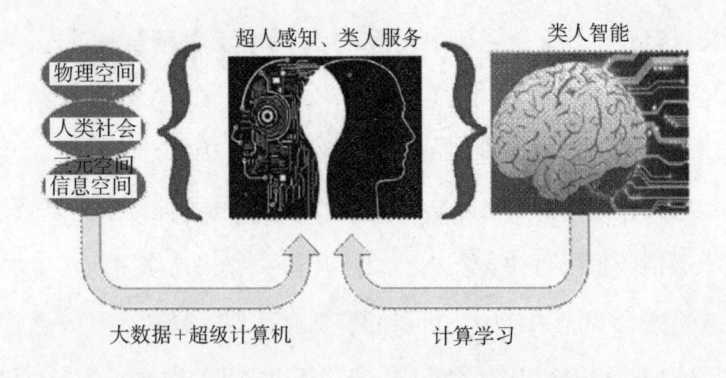

图 3-2 未来人工智能的发展愿景

第四章

关联融合：智能聚合

在智能搜索获得的数据集中，需要处理的数据可能来自不同数据域、不同数据源，同时还具有不同的数据形式。传统的数据关联融合处理的是单一数据域中的问题，在处理海量、多源、异构数据上还多有不足。人类思维本质上是信息加工工程。人脑是自然界中最复杂、最高效的信息处理系统。从人脑整合不同感官之间的信息模式出发，激活数据学提出一种新的方法体系——数据跨界关联融合。

关联融合是这一新方法体系中承接数据智能搜索之后的重要环节，它通过对搜索出来的模糊结果数据集进行降维去噪、关联识别、跨界重构，深度挖掘数据的显性价值与隐性价值，形成相对精确的结果数据集。如果说搜索获得的数据是茫茫大海中的孤岛，激活数据学中的关联融合要做的就是借力新思维、新技术的不断创新和开发，开辟海上新航道，在互不相连的岛屿之间建立新的联系，实现彼此的互联互通，从而进行价值的交换或者重构。

探寻多源数据之间的关联关系,运用跨界思维将同一主体的数据整理融合或许是未来智能数据处理的新思路和关键环节。

第一节 人脑信息的处理与融合

大脑是人和其他智能生命系统的基本器官,对多源信息进行整合并形成有效信息是其具备的基本功能,人类可以自发地将身体感官所感知到的信息结合大脑的记忆单元存储的相关信息进行融合处理,进而形成对表象世界精确的描述和表达。现实生活中,数不清的人类行为需要大脑整合和短期适时存储各种感觉信息才能完成,如思考数学题、视谱弹琴、在键盘上打字等都是需要人脑进行多个阶段过程信息的感知和整合才能完成的行为。人脑对信息的融合过程与"数据汇集和预处理"相似,在这个过程中提取多源信息的有用信息并对其进行融合,主要分为对象感知、情景关联和信息融合三个阶段。

(一)对象感知

人脑内部是一个极度复杂的系统,按照维度可以分为物理结构分区和功能结构分区。功能结构分区由三个基本机能联合区构成,这三个基本机能联合区完成了人脑对信息进行感知、关联及融合的过程。

人脑认知原理。人脑的三个基本机能联合区分别为第一基本机能联合区、第二基本机能联合区、第三基本机能联合区。每个机能联合分区具有三级皮质区:一级皮质区是外围冲动接收区,或者是冲动从这里出发去外围；二级皮质区负责对信息进行加工；三级皮质区是大脑两半球最后发展的器官，在这里进行许多皮质区域的复杂协同活动（如图4–1所示）。

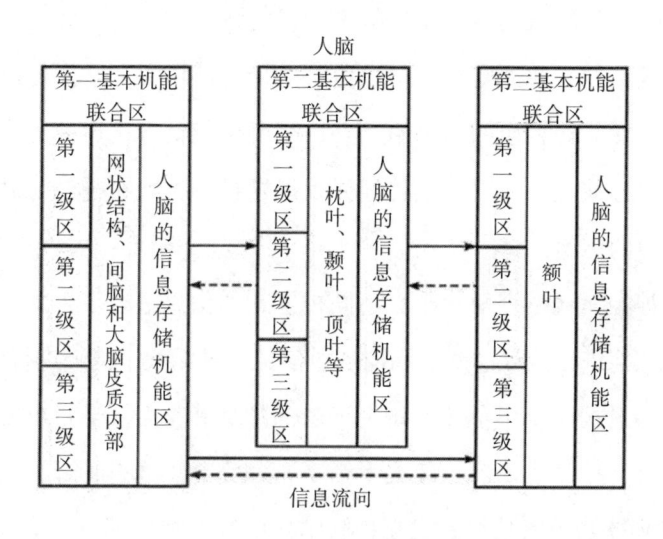

```
                              人脑
┌─────────────┐   ┌─────────────┐   ┌─────────────┐
│第一基本机能 │   │第二基本机能 │   │第三基本机能 │
│   联合区    │   │   联合区    │   │   联合区    │
├───┬───┬───┤   ├───┬───┬───┤   ├───┬───┬───┤
│第 │网 │人 │   │第 │枕 │人 │   │第 │   │人 │
│一 │状 │脑 │   │一 │叶 │脑 │   │一 │   │脑 │
│级 │结 │的 │   │级 │、 │的 │   │级 │   │的 │
│区 │构 │信 │   │区 │颞 │信 │   │区 │   │信 │
├───┤、 │息 │←→├───┤叶 │息 │←→├───┤额 │息 │
│第 │间 │存 │   │第 │、 │存 │   │第 │叶 │存 │
│二 │脑 │储 │   │二 │顶 │储 │   │二 │   │储 │
│级 │和 │机 │   │级 │叶 │机 │   │级 │   │机 │
│区 │大 │能 │   │区 │等 │能 │   │区 │   │能 │
├───┤脑 │区 │   ├───┤   │区 │   ├───┤   │区 │
│第 │皮 │   │   │第 │   │   │   │第 │   │   │
│三 │质 │   │   │三 │   │   │   │三 │   │   │
│级 │内 │   │   │级 │   │   │   │级 │   │   │
│区 │部 │   │   │区 │   │   │   │区 │   │   │
└───┴───┴───┘   └───┴───┴───┘   └───┴───┴───┘
      ↑                                    ↑
      └─────────── 信息流向 ──────────────┘
```

图4–1 人脑机能分区图

第一基本机能联合区包括网状结构、间脑和大脑皮质内部。在这一机能联合区调节紧张和觉醒状态，触发从各个感官通道输入的开关控制，对接收的外界刺激进行皮质调节。第二基本机能联合区位于大脑两半球后半部分，包括视觉区、听觉区和一般感觉区及相应的皮质下组织。在这一机能联合区对外来的信息进行加工和存储，主要以一级皮质区为基础，在二级皮质区处理信息加工和编码，在三级皮质区完成高级抽象和经验保存。第三基本机能联合区的特点与第二基本机能联合区类似，只是神经信息在层次结构上的传播方向相反。

情景感知。人脑通过身体感官获取外界信息，经过大脑内部的整合处理最后形成对外界的认知，这一阶段形成的信息存储在第一基本机能联合区。神经元是人脑感知外界信息最主要的途径，神经元之间的联结主要由突触实现，突触是神经元之间信息转换的关键结构。在人脑获取信息信号之后，由树突和胞体接收输入信号，并传送相应的信号给轴突，突触接触信号之后便触发释放出化学递质，传入下一个神经元，以这样的方式在神经元之间完成信息的传递。

神经元通过突触将来自不同神经元的信息进行汇聚加工再传递，从而进行传导、调节和控制。信息通过无数个突触进行传递，在传递过程中也不免接受每个突触的加工和整合，通过反复不断的处理，信息的内容也随之不断丰富和完善。通过神经元与神经元或非神经元以某种方式互相联结成的复杂神经网络，形成具有复杂的线性和非线性的反馈联结关系，以完成对真实世界的表达。例如，味觉器官获取事物的味道，视觉器官反映事物的色彩、轮廓，触觉器官反映事物的状态，等等，人脑在获取这些信息之后对其进行整合处理，从而恢复对客观世界的真实表达。

（二）情景关联

在"情景关联"层次，大脑对多通道的特征进行汇聚，对目标对象进行绑定、冗余特征的剔除等处理。当大脑获取的信息量到一定程度的时候，大脑中心会从数量转向质量，对系统中最弱的连接进行定期清理，同时去除存在缺陷的神经元。它用质量来交换数量，并对挑选出来的有效信息进行一定的关联，在无须扩大容量的情况下，使我们拥有的信息更有价值。

主体通过主动获取客体的信息并对其信息进行加工，最终形成对客体的客观认识。因此，通过大脑对信息的处理，原来互相孤立、隔离的信息建立起了一定的关联关系，甚至还可以感知到如时间和空间等无法为感觉所感知的东西，提取了更为有效的价值信息。同时，人们还借助抽象的思维方式，在收集整理大量基础性资料的基础上，发现事物发展的本质、内部联系及规律性等。通过对信息的关联分析，透过现象看到了事物的本质，破解了感官获取信息的局限性，属于认识过程的质的飞跃。

在对信息进行情景关联处理时，人脑将获取的感官信息通过第一基本机能联合区继续传播至第二基本机能联合区，第二基本机能联合区对应脑区大多属于感觉联合皮质。根据大脑皮质的三级分层结构，感觉器官获得的信息首先到达第一级区，在经由具备高度特异性神经元选择之后，信息传递至第二级区。

第二级区的神经元模式特异性较弱，联系神经元占优势，在这一部分对某一特定感觉器官的信息进行整合，提取了冗余和缺乏关联的特征后，这些特征通过不同的渠道传递至第三级区，在此皮质区域，特征会进行融合和统一表达，或者称为特征的"配准关联"。将经过配准关联的特定感官信息作为标准对相应的第一基本机能联合区中包含的特定目标信息进行检测，检测到目标之后，在注意机制相关脑区的协助下向感觉器官发出特定指令，对目标进行跟踪。需要强调的是，这种在第二基本机能联合区和注意机制相关脑区进行的目标跟踪是不需要人的主观意识的。

在第三级区，这些信息经过多模式神经元的合成处理形成特定的感觉景象，并将感官信息的投射转变为大脑皮质内部的组织活动。经过第三级区的处理，获取的特征集变得更加精准简约，各特征之间的关联关系也得以进一步加强。

（三）信息融合

额叶是人脑第三基本机能联合区特殊而重要的一个部分，是人脑对信息进行关联融合的关键。在大脑的进化史上，额叶是最后出现的部分，构造也最为复杂，它的面积几乎占了大脑皮质的1/2。其对信息的整合传播过程除了具有人脑第二基本机能联合区描述的普遍特性外，还有自己更重要的功能。

第三基本机能联合区最大的特点是不仅与人脑的下部和网状组织相联系，与大脑皮质的所有其他外表部分都有联系，而且与第二基本机能联合区信息传递方向反向而行，其信息传递方向是从高级到低级、从上到下的。第三基本机能联合区与大脑皮质所有的外表部分都有联系，由此，其可以与多个感官的大脑皮质投影区进行互动，将接收的单感官信息综合形成多感官信息，在这里完成多源异质信息融合过程。

人脑是并行工作的。处理同一个任务的神经元可能有很多个，如视觉画面由数百万个神经元同时处理，每个神经元只负责处理一个地方的一种颜色信息，所有视神经合在一起处理一幅彩色的图像。同一个任务所涉及的信息可以从一个处理场所同时传输到另一个处理场所，有点儿像计算机中的并行传输，只是并行规模比计算机中的要大得多。担任相同任务或目的地相邻的传输神经纤维常常合并在一起组成粗大的神经束，也就是神经解剖中的白质，神经束到目的地后再分散到达各自的目标，从而形成规模巨大、有规律的信息传输通道。这种工作特点和点对点直接传导的特性使脑中信息的表示方法与计算机中的不一样，在计算机中一根线路可以传递不同的信息，所以相同类型但内容不一样的信息用不同的数字表示；在人脑中相同类型的信息可以用同一种神经冲动发放模式表示，而用不同的传输来源区别。

  人脑信息融合是实时动态发生的。同步放电机制认为，信息融合不是由特定的神经元表征的，而主要是由神经元冲动发放过程中的时间关系表征的。在没有信息融合的状态下，不同的神经元都是独立活动的。当不同的神经元活动过程时间一致的时候，即为需要进行信息融合的时候，这种活动过程中的时间一致性可以作为信息融合的表征。源信息发生变化时，融合形成的信息也随之发生相应变化，因此，这种信息的融合是动态的。例如，选购住房是一个人的大脑对多方信息进行采集、筛选、关联、融合之后形成决策的过程，如果用人工智能来实现这个决策过程，分析过程是对之前输入的信息根据重要程度的不同赋予不同的权重，进而进行数据融合分析，最后输出的可能是一个完全基于理性思考得出的答案。但人在选购住房的过程中，人脑在反复进行信息融合和决策这个过程，通过不断融合演化的数据信息及不断地修正错误决策，最终做出最大限度地符合用户需求的实时、动态的决定。相比人工智能在特定时间根据特定输入信息得到的决策，人脑体现了信息处理的更高级的形态。

第二节 智能数据处理

大数据时代，数据爆发增长、海量集聚，数据类型和模式多样、关联关系繁杂，数据呈现出大规模、多源异构、跨领域、跨行业、跨语言、实时联动等特征，数据之间的关系变得千丝万缕，数据间相互杂乱、无序的关联、交叉和融合给数据存储、分析与处理带来极大的挑战。大数据乃至超数据时代，如何将海量数据间杂乱、无序的关联、交叉和融合智能聚合，形成有序化、结构化的块数据，是激活数据的前提，也是释放数据价值的关键。

（一）大数据融合处理模式

数据融合是一种针对多个来源的数据综合分析处理的技术。[①]在多源数据融合系统中，通过模仿人脑处理复杂信息过程，各类数据源提供的多源信息与数据可能具有各不相同的特征，而这些特征也是多样的，可能是相互支持或互补的、确定或者模糊的，还有可能是冲突矛盾的，具有差异性。在获取数据源后，通过有效筛选，把它在时空上互补和冗余的数据按照某种组合规则进行优化处理，多方位、多层次的数据化处理后获得对监测目标的理解、认知及更多有价值的信息，并且获得比它的各个部分所构成

---

① 王海颖.多源数据关联与融合算法研究［D］.无锡：江南大学，2016：6–11.

的系统更高质量的性能,作为最后协同作用的结果。多源数据融合技术能够在多层次上综合处理不同类型的信息和数据,处理的对象可以是属性、数据、证据等。按照数据抽象程度,可以分为数据级融合、特征级融合和决策级融合三种模式。

数据级融合。数据级融合属于数据融合的第一层,该层在探测到的量测或经过简单预处理后直接进行融合(如图4-2所示)。这种融合的好处是可以提供现场原始信息,也是其他两种层次融合无法实现的,但其局限性也很明显。例如,由于处理的数据量大,计算处理时间长,系统的实时性和抗干扰能力不强;由于原始数据不完全和不稳定,需有良好的纠错能力,且各数据源数据类型需来源于同质类型以达到其校准精读与配准关系。通常用于多源图像复合和基于卡尔曼滤波①的多源数据融合方法等方面。

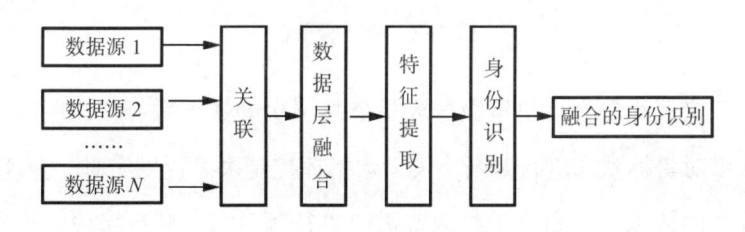

图 4-2 数据级融合

特征级融合。特征级融合是第二层数据融合。这一层需要先对数据做提取特征处理,再对数据进行综合分析与融合(如图

---

① 卡尔曼滤波,是指一种利用线性系统状态方程,通过系统输入输出观测数据,对系统状态进行最优估计的算法。由于观测数据中包括系统中的噪声和干扰的影响,最优估计也可被看作滤波过程。

4-3所示）。一般情况下，把像素信息的充分统计量作为提取要求的特征数据，接着按照该统计量对多源数据做处理，包括分类、聚集与综合。其优点在于有助于增强处理的实时性，融合结果中包含的特征数据对决策判断具有重要作用。由其不同源分成特性与状态融合两种，前者为特征层次联合识别，具体方法主要有k阶最近邻分类算法[①]、特征压缩聚类法与神经网络等，属于模式识别范畴；后者主要使用的算法或理论有交互式多模型法、多假设法、联合概率数据关联和序贯处理理论等，较多体现在目标跟踪领域上。

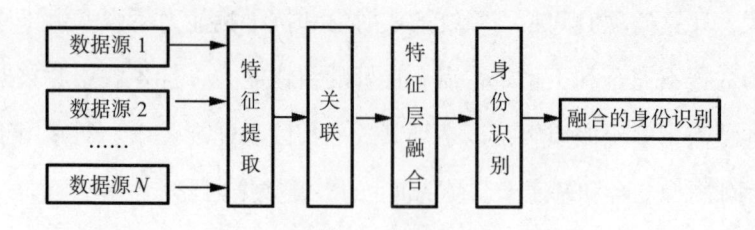

图4-3 特征级融合

决策级融合。决策级融合是最高层次的数据融合，该层所得结果对目标状态进行判断决策，为指挥控制决策提供实时、合理、有效的依据。对每个数据源都需要进行预处理、特征提取、识别与判决等具体步骤，形成对量测目标的初步判断，接着进行决策级融合判断，获得综合判断结果（如图4-4所示）。该结果作为三级融合结果，直接影响决策水平。因此，决策级融合是以具体决

---

① k阶最近邻分类算法，是一种理论上比较成熟的方法，也是最简单的机器学习算法之一。该方法的思路是：如果一个样本在特征空间中的k个最相似（即特征空间中最邻近）的样本中的大多数属于某一个类别，则该样本也属于这个类别。

策需求为出发点,在选用合适融合技术的同时有效结合上一级提供的各量测特征数据,呈现关于目标的简明直观结果的过程。决策级融合的优点和缺点恰好与数据级融合相反。主要缺点是传感器在局部完成的预处理代价高,数据信息处理效果比较依赖预处理阶段的性能。主要优点是融合中心处理代价低;数据交互量小,有较强的抗干扰能力;容错性能好,当有传感器出现异常情况时,选用适当融合算法,可将影响降到最小。决策级融合常采用的方法有 D–S 证据理论[①]、模糊推理理论和专家系统等。

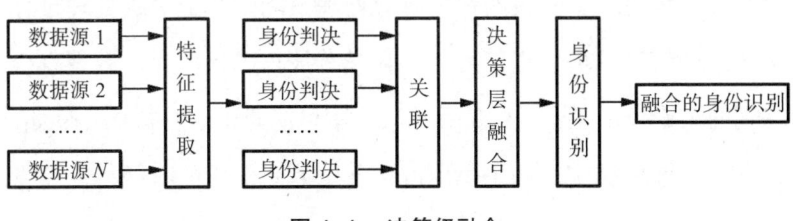

图 4–4 决策级融合

(二)数据融合处理局限

数据融合充分利用多数据源的优势,通过对不同数据有效关联和融合,把不同数据源在空间或时间上的冗余或互补信息,依据某种准则进行组合,以获得被测对象的一致性解释和描述,增强了数据分析的有效性和高价值性,能有效消除单个数据源的局限性。但是,多源数据融合的应用仍然存在一定的局限性。

---

① D–S 证据理论是登普斯特于 1967 年首先提出,由他的学生谢弗于 1976 年进一步发展起来的一种不精确推理理论,也称为证据理论,属于人工智能范畴,最早应用于专家系统中,具有处理不确定信息的能力。

多源数据融合结果并不能代替单一高精度数据源测量结果。尽管多数据源的组合可以增强块数据系统的健壮性，但这些数据源并不一定能检测到系统所感兴趣的理想特征值。例如，列车运行过程中，列车的载重情况、运行速度、振动特性等数据为列车轮系工作状态的诊断提供了极为重要的参考信息，但这些数据无法直接给出轴瓦的工作温度，采用一个温度传感器直接测量温度反而要简单易行得多。

多源数据融合处理不可能修正预处理或单数据源处理时的错误。也就是说，下一级的数据融合处理不能弥补上一级处理过程中造成的信息损失。当信号的特征没有被正确提取时，数据融合得到的结论肯定是错误的，数据融合不可能修正这些特征。例如，在管道泄漏检测中，如果负压波信号中泄漏发生的时间特征点没有准确获得，泄漏定位的准确性就无法得到保证，其他的技术措施如时间对准、流量平衡等都不可能改变这种结果。

多源数据融合模型的不准确将导致融合结果错误，这种错误在后续处理中是无法修复的。例如，利用光吸收机理测量粉尘时，无法建立粒子尺寸、构成、浓度等与光吸收特性关系的数学模型，而是利用现场标定的方法确定光吸收程度与粉尘浓度之间的关系，这种相对关系用任何融合技术都无法改变。实际上，对处于复杂观测环境（如复杂噪声环境）的传感器数据，用模型来准确融合和描述传感器数据是非常困难的。

多源数据融合算法的选择和设计缺乏统一规范，使数据融合系统的设计带有一定的盲目性。由于数据来源不同，一种单一的融合算法可能难以实现预期的融合效果，往往需要综合各门学科的多种技术，如信号处理、图像处理、模式识别、统计估计、自动推理理论和人工智能等，但数据融合至今并未形成基本的理论框架和有效的广义融合模型及算法，绝大部分工作都是围绕特定应用领域内的具体问题展开的。也就是说，目前对数据融合问题的研究都是根据问题的种类，各自建立直观融合准则，并在此基础上形成所谓的最佳融合方案，充分反映数据融合技术所固有的面向对象的特点，难以构建完整的理论体系。对于给定的数据如何选择和设计合适算法来进行有效的信息融合是数据融合技术发展所面临的挑战。

（三）基于人脑模式的数据关联融合

人脑是最好的块数据分解结构和融合结构。人脑对于信息的关联融合是具有系统性和层次性的，人脑首先会将信息整合成知识，其次将相关知识融合成一张张知识图谱，最后形成一个巨大的知识网络。基于人脑模式的数据关联融合是以实现海量数据的深层次开发和利用为目标，综合运用数据科学、计算机科学、知识科学等多学科的理论方法，拟从知识组织的角度架构探索大数据关联融合框架模型，提出对多源、分散重复、被淹没的数据资源进行数据关联融合的理论框架与解决方案。

知识融合流程。解决复杂问题的最佳方法是将问题分解为多个较简单的问题，然后利用简单知识解决简单问题，进而综合全面地认识事物并解决复杂问题。[①]基于知识的角度，人脑模式的数据关联融合过程同样是一个解决问题的过程，涉及数据到知识的转化、知识到再生知识的增值过程，这些过程需要通过信息净化、知识关联和推理完成，以此实现数据知识化、知识有序化和知识服务化的目标。以政府数据为例，政府网站信息资源知识融合流程主要包括知识源采集与加工、知识抽取与表示、知识融合与进化及知识服务与应用等流程（如图4-5所示）。

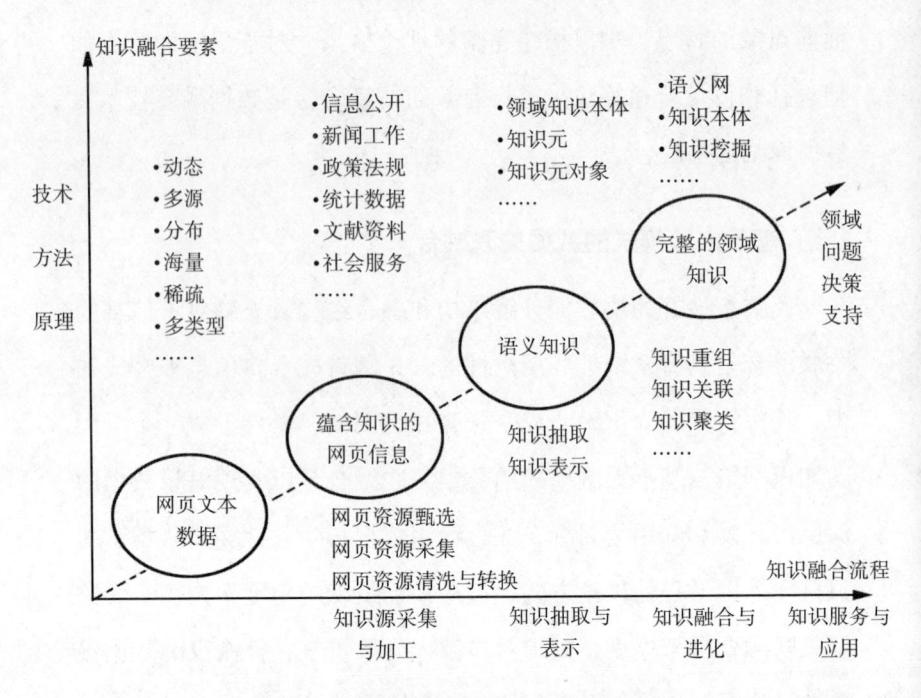

图 4-5 政府网站信息资源知识融合流程

知识融合原理、方法和技术。基于知识融合的需求和流程分

[①] 黄新平.政府网站信息资源多维语义知识融合研究[D].吉林：吉林大学，2017：59-62.

析，以面向领域决策的知识服务为目标，知识融合需要多项关键技术和方法作为支撑，以为知识融合框架构建提供相关原理、方法和技术支撑。首先，为解决知识融合的体系结构规划与设计的问题，会涉及知识空间理论、知识组织与知识服务相关理论和方法等；其次，为解决知识融合的实现方法的问题，会涉及语义、领域知识本体等相关方法和技术，大数据相关方法和技术，文本挖掘与知识发现理论和技术，可视化与人机交互理论和方法等（如表4-1所示）。

表4-1 知识融合原理、方法和技术

原理、方法和技术	对知识融合框架构建的支撑	解决问题
知识空间理论	主要涉及知识空间多维度的知识分类与知识管理，为框架构建提供目标导向和理论依据	知识融合的体系结构规划与设计
知识组织与知识服务相关理论和方法	从知识组织和知识服务层面为框架构建提供理论依据和方法来源	
语义、领域知识本体等相关方法和技术	实现领域知识融合所需的关键技术，如知识抽取、知识推理、语义匹配等，都是以知识本体和语义规则为基础而展开的	知识融合的实现方法
大数据相关方法和技术	旨在从大数据的知识挖掘与知识可视化分析等层面理解面向知识融合的基础技术问题	
文本挖掘与知识发现理论和技术	对知识融合所需要实现的知识表示、知识重组、知识关联、知识聚类等过程提供底层实现途径	
可视化与人机交互理论和方法	旨在从知识表现层面解决面向领域决策的知识融合可视化技术问题	

知识融合体系结构。多源数据知识融合不仅涉及多方面、多层次的领域知识分析和处理，而且是一个粗、细粒度知识不断迭代和转换的过程。例如，从网页数据中获取知识是粗粒度知识向细粒度知识的转化，对知识进行重组、关联、聚类分析后形成新的知识是细粒度知识向粗粒度知识的转化。为了提高知识融合过程中这些转化操作的自适应性，有必要设定数据知识融合流程规划与设计相应的知识融合体系结构，明确从知识资源到知识服务的知识增值和知识流动的知识融合过程。多源数据知识融合体系结构是一个三层组织结构，包括知识资源层、知识组织层和知识服务层。其中，知识资源层对各类数据进行有序化处理，为数据资源的知识融合做好数据准备；知识组织层对数据资源进行知识化组织和知识融合处理，形成领域决策所需的知识；知识服务层根据用户的知识需求对知识组织层进行挖掘，最后将知识融合的结果以可视化形式提供给用户（如图4-6所示）。

知识资源层是整个知识融合体系结构的基础，通过各类数据的有序化过程形成粗粒度知识，为知识组织层粗粒度知识细化提供数据来源，是实现知识融合的底层数据。该层的主要任务是完成数据采集，并依据一些用于数据资源描述的元数据标准对多源海量数据进行有序化组织，使之有序和可用。此层数据包罗万象，主要是待关联融合的数据。政府网站信息资源知识融合中，该层数据主要包括从政府门户网站采集获取的信息公开、新闻工作、政策法规、统计数据、文献资料、社会服务等栏目中不同主题的网页文本等，这些网页文本多是半结构化的HTML格式源码数据，除了网页文本正文外,还包含一些噪声数据,需要对网页内容进行去噪处理。

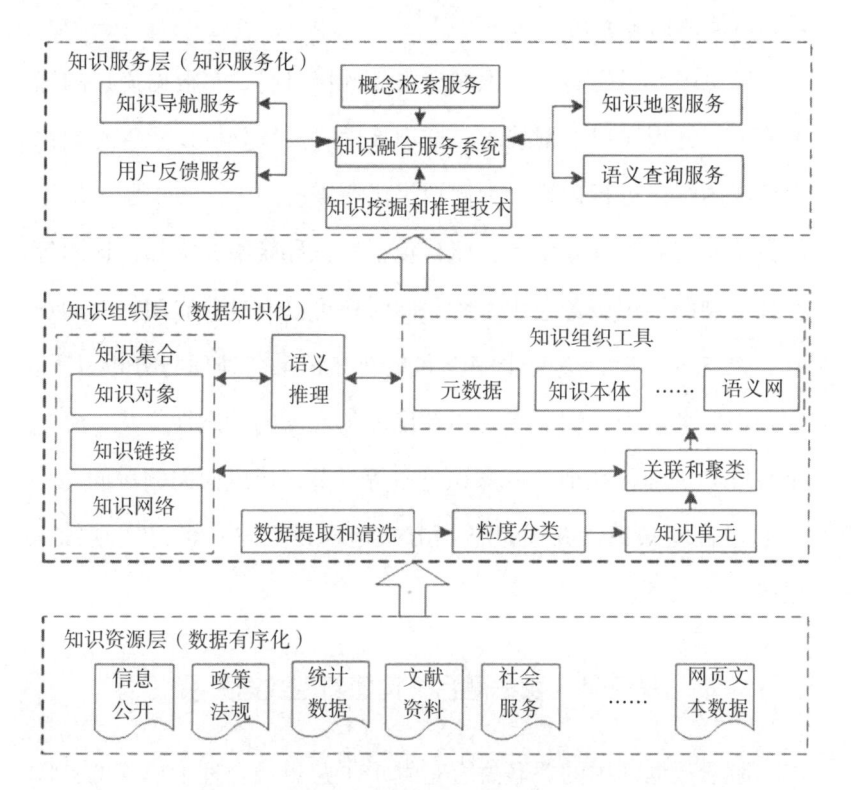

图 4-6 数据知识融合流程

知识组织层主要通过完成知识资源层的数据关联,将数据资源升格为知识资源,实现数据资源内容的知识化和知识再生。在知识组织层将利用一些知识组织方法和技术,如语义网、知识本体等,建立知识间的语义关系,形成面向特定主题的知识集合。这些知识集合是经知识融合再组织的知识产品,是实现知识服务的重要保证。建立知识集合首先需要将知识分解为细粒度的知识单元，通过粒度关联和聚类，将若干个知识单元融合形成粒度较粗的知识对象，再将多个不同类型知识对象相互关联形成知识网络，以便知识服务化。

知识服务层是实现知识融合服务的接口层，它根据用户的知识需求，运用知识挖掘技术、推理技术、关联分析技术等对知识组织层的资源进行运算，为用户提供所需的知识。知识服务层不仅包括原有数据资源服务，而且包括知识导航服务、知识地图等各种类型的知识服务应用系统，同时还可以通过获取用户对知识服务系统的反馈，进一步完善和更新知识融合处理与分析过程。在知识服务层中，知识呈现粗粒度和细粒度的动态性变化，经过粗粒度知识细化和细粒度知识重组等环节，形成面向领域问题决策的粗粒度知识，并通过适当方式呈现给用户，最终实现知识服务。

第三节 数据融合：构建新型数据关系

激活数据学中的关联融合是继承了跨界融合理论模式的具体表现，主张数据的多源、动态、跨界融合。关联融合处于激活数据学中数据处理的第二个阶段，该阶段输出的数据质量直接决定了自激活阶段和群体智能阶段的效率与质量。在激活数据学中的关联融合对搜索出来的模糊结果数据集进行降维去噪、关联识别、融合重构等处理之后，数据与数据之间已然构建了一种新型数据关系。这种新型数据关系有别于传统的数据关系，它融合了数据的动态演化，统一了数据的不确定性，使数据的特征属性更明显，数据之间的关联度更高，数据价值凸显，为激活数据学强调的自激活阶段输入了高精度的数据集，降低数据处理成本，提高数据处理效率。

（一）降维去噪

降维去噪是关联融合过程的第一步，是决定数据分析结果的关键步骤。在进行数据分析的时候，我们经常会遇到多个变量，而且在多数情况下，多个变量之间常常存在一定的相关性，当变量个数较多且变量之间存在复杂关系时，会显著增强分析问题的复杂性，这时就需要寻找一种方法将多个变量综合为少数几个代表性变量，使这些变量既能够代表原始变量的绝大多数信息又互不相关，便于数据的建模与分析处理。降维去噪即根据数据分析的需求、数据量、计算机处理能力、对时间的要求等多方面的因素，对数据进行分级降维去噪，甄选出有效数据，保证数据分析的精确度。

数据降维。数据激活中的降维去噪包含数据降维和数据去噪两个部分，数据降维是第一步。总的来说，降维分析算法的共同特点是将模型中较多的维度通过映射的方法变成较少的维度，从而达到减少计算量或改善变量间关系的目的。数据降维的问题可以按照其原因分为四大类，分别为降低学习（建模）成本、提高学习（建模）性能、不相关维度约简和冗余维度约简（如图4-7所示）。

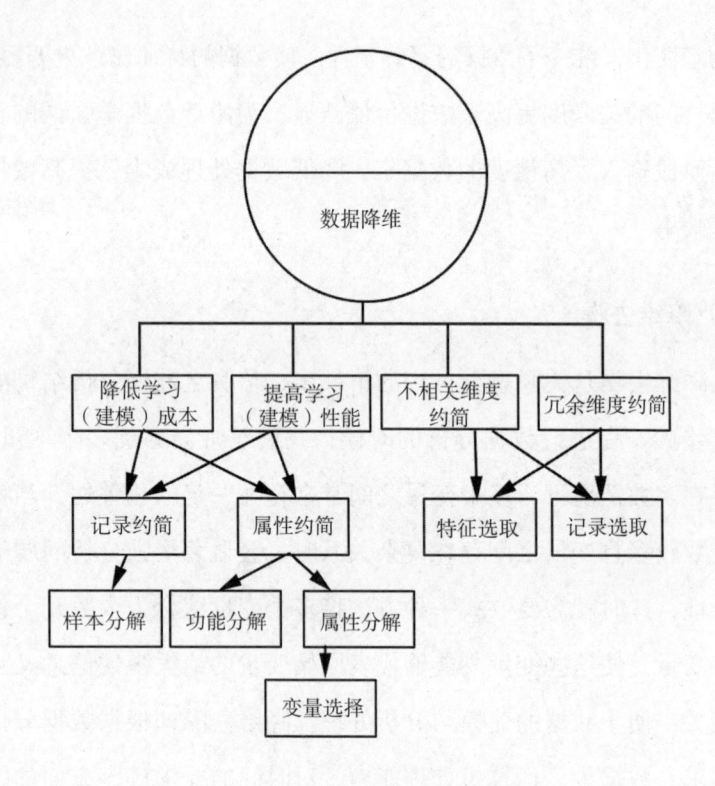

```
                    ┌─────────┐
                    │ 数据降维 │
                    └─────────┘
         ┌────────┬──────┴──────┬────────┐
    降低学习   提高学习    不相关维度   冗余维度约简
   (建模)成本 (建模)性能     约简
       ↓  ╲   ╱  ↓            ↓  ╲   ╱  ↓
      记录约简  属性约简      特征选取  记录选取
         ↓    ╱ ↓ ╲
      样本分解 功能分解 属性分解
                      ↓
                   变量选择
```

图 4–7　数据降维问题的分类

降低学习（建模）成本和提高学习（建模）性能可以进一步分为记录约简和属性约简两个子问题，其中记录约简在更多的情况下被具体化为样本分解；属性约简则包含功能分解和属性分解两个方面。不相关维度约简和冗余维度约简可以进一步分为特征选取和记录选取两个子问题。特征选取的目的是选取重要特征。记录选取过程相对简单，但正如数据集中有些属性比其他属性重要一样，正确的选取对后续的数据挖掘结果更有帮助。在了解了数据降维问题类别之后，需要根据实际需求选择恰当的降维算法对其进行分析处理，目前，数据降维方法可以分为线性方法和非线性方法两类。

当数据集中，各个变量间是独立无关的，或者数据为非线性时可在一定程度上用线性结构近似表达的时候，可以运用线性方法对数据进行降维。多维尺度法是一种将多维空间的研究对象（样本或变量）简化到低维空间进行定位、分析和归类，同时又保留对象间原始关系的数据分析方法。主成分分析法与多维尺度法类似，是将多个变量通过线性变换以选出较少个数重要变量的一种多元统计分析方法。线性判别分析法与主成分分析法类似，是将高维的模式样本投影到最佳鉴别矢量空间，投影后保证模式样本在新的子空间有最大的类间距离和最小的类内距离，以达到抽取分类信息和压缩特征空间维数效果的数据分析方法。独立成分分析法通常被用来提取独立统计成分，同时最大化非高斯特性的测量，如峰度和偏度，或者将交互信息减到最少。

当数据为高度非线性或强属性相关时，运用线性方法对数据集进行降维处理的效果并不是很理想，在这种情况下，需要用非线性方法对数据集进行降维。数据降维的非线性方法有3种。一是局部线性嵌入算法。该方法基于简单的几何直观，将数据集的每个点都线性嵌入流形[①]的一个局部线性贴片中构造低维空间，例如保存原始数据的局部线性关系。二是拉普拉斯特征映射法。

---

① 流形是局部具有欧几里得空间性质的空间，在数学中用于描述几何形体。物理上，经典力学的相空间和构造广义相对论的时空模型的四维伪黎曼流形都是流形的实例。

该方法基于无监督学习流形的想法，首先在数据图形中构建一个算法，其次从与这个算法相一致的几个最小特征值的特征向量中得出降维后的低维数据集。三是扩散映射法。该方法将每个数据集嵌入欧几里得空间①使得空间的欧几里得式距离等于数据的扩散距离。由扩散映射引起的各种各样的扩散距离都可以描述为数据的多尺度几何结构。

数据去噪。数据经过降维处理之后形成了特征鲜明、维数较低的数据集，但因为数据处理过程中，不同维度的数据相互碰撞之后也许会产生部分冗余的噪声数据，所以还需要不断地对数据进行去噪处理。数据去噪的原理是通过分析干扰数据的产生原因及存在形式，对数据流的过程进行考察、分析，并总结出一些方法，将干扰数据转化成满足数据质量要求的数据，以达到提高数据质量的目的。

数据去噪的方法主要包括分箱法、人机结合法和简单规则库法。分箱法通过利用属性值周围的值平滑属性值，这种方法主要应用于数字类型的数据，对于中文文本中的噪声数据等并不十分适用；人机结合法是最简单有效的方法，计算机和人工相结合检查，通过计算机检测出可疑数据，然后人工干预并修正数据，但是这种方法的效率较低，并且对于计算机检测遗漏的可疑数据很难修正；简单规则库法通过规则约束数据，达到检测并修正数据的效果，但是这种方法需要建立规则库，并且对于规律性不强的

---

① 欧几里得空间，是指四维或 N 维的理论无穷大的空间。

数据不太适用。

除此之外，还有侧重于数据本身的表现形式的处理方法，主要包括属性值的干扰数据检测、重复数据检测和孤立点检测三个方面。属性值的干扰数据检测主要针对属性错误值和空值两个方面。属性错误值检测主要采用统计法、聚类法及关联规则法，这些方法都是以统计和总结规律的方式计算并查找错误值，进而修正错误数据的；空值检测主要采用人工填写空缺值法手工检测并填写属性值。在有些特殊情况下，也可以使用属性的平均值、中间值、最大值、最小值或更为复杂的概率统计函数值填充空缺值法。[①]

在现实生活中，常常需要通过对数据处理进而分析出消费者倾向的评估报告，在调查消费者倾向时，我们关心的问题包括：哪种产品卖得好？产品之间哪些比较相似？哪些顾客更倾向于购买哪些产品？哪些市场已经趋于饱和？哪些市场还有可供开发的空白？这些问题涉及多个自变量，如消费者的年龄、消费者的收入、产品原产地、产品分布、产品价格等，这些变量大多是分类变量，而且不服从正太分布。因此，简单的相关分析和回归分析不适用于探索这些变量之间的关系。降维去噪处理可以在去除数据噪声的基础上，将这些变量通过特定的降维算法降至二维水平，并在二维平面上使用图形来表现变量间的关系，用于分析消费者的购买行为与消费者类型的内在联系，预测市场产品变化对消费

---

① 毕达天，邱长波，张晗.数据降维技术研究现状及其进展［J］.情报理论与实践，2013（2）：125–127.

者的影响，指导新产品的开发。

这是直接运用数据降维去噪结果的案例，在激活数据学中，降维去噪的结果可以根据实际需求直接运用，也可以和其他处理步骤配合互补，通过降维和去噪两个步骤对数据进行初步筛选与处理，为得到最准确的结果集提供保障。

（二）关联识别

云脑时代，数据呈现多样性和关联性，在实体识别中体现为识别目标包含多类型的数据对象，数据对象之间存在语义关系，比如引文数据集（涉及文章、作者、会议等）、电影数据集（涉及电影、演员、导演、电影公司等）等。这些数据被称为关联的数据，使用传统的实体识别方法对其进行处理，其准确性将会受到限制，因为传统方法无法发掘对象关系，具有明显的局限性。在全球范围内庞大的数据集群中，大数据的关联至关重要。激活数据学所研究的关联识别正是通过一系列的分析为数据建立关系，从而发现规律，辅助决策。

数据关联是数据库中存在的一类重要的可被发现的知识。若两个或多个变量的取值之间存在某种规律性，就成为关联。众所周知，沃尔玛"啤酒与尿布"的故事是典型的关联关系，通过对交易信息进行关联挖掘，两件看起来毫无关系的商品产生了联系。激活数据学中的关联分析主要包括特征提取、特征关联两个部分。

特征提取。用于数据关联分析的数据可能包含数以百计的属性，其中大部分属性与分析任务不相关，是冗余的。尽管领域专家可以挑选出有用的属性，但这可能是一项困难而费时的任务，特别是当数据的行为不清楚的时候。遗漏相关属性或留下不相关属性是有害的，可能会减缓分析进程，因此，需要先对数据进行特征提取，提取数据中的有效特征，降低数据处理成本，提高数据分析效率。

特征提取是通过映射的方法，将高维的属性空间压缩为低维的属性空间，得到最小的属性集，使得数据类的概念分布尽可能地接近使用所有属性的原分布，得到的数据挖掘结果与所有特征参加的数据挖掘结果相近或完全一致。对于d个属性来说，有2^d个可能的子集。通过穷举搜索找出属性的最佳子集可能是不现实的，尤其是当d和数据类的数目增加时，因此，特征提取通常使用压缩搜索空间的启发式算法。

特征提取的基本启发式算法包括4种。一是逐步向前选择。该过程以空属性集起始，确定原属性集中最好的属性，并将它加入其中。在其后的每一次迭代，将剩下的原属性集中最好的属性添加到该集合中。二是逐步向后删除。该过程由整个属性集开始，在每一步中删除尚在属性集中最差的属性。三是逐步向前选择和逐步向后删除的组合。可以将逐步向前选择和逐步向后删除方法结合在一起，每一步选择一个最好的属性，并在剩余属性中删除一个最差的属性。四是决策树归纳。决策树归纳构造一个类似流程图的结构，其中每个内部结点表示一个属性上的测试，每个分枝对应测试的一个结果，每个外部结点表示一个类预测。在每个结点上，算法选择"最好"的属性，将数据划分成类。当决策树用于属性子集选择时，由给定的数据构造决策树。不出现在树中的所有属性假定是不相关的，出现在树中的属性形成归约后的属性子集。

这些方法的结束条件可以不同。该过程可以使用一个度量阈值来决定何时停止属性选择过程。在某些情况下，我们可能基于其他属性创造一些新属性。这种属性构造可以帮助提高准确度和对高维数据结构的理解，例如根据属性高度和宽度增加属性面积。通过组合属性，属性构造可以发现关于数据属性间联系的缺失信息，这对知识发现是有用的。

特征关联。特征提取之后的数据单元的价值得到了最大化的凸显，而数据间价值的激活还需要对其进行进一步的关联识别。关联可以分为简单关联、时序关联、因果关联。关联分析的目的是找出数据之间隐藏的关联网。有时并不知道数据库中数据的关联关系，即使知道也是不确定的，关联分析就是要发现数据中项集之间存在的关联关系或相关关系，因此关联分析生成的规则带有可信度，以可信度描述这种关系的确定程度。数据单元的关联程度用关联度来表示。关联度是指对数据之间关联关系通过相应的算法进行计算得出的值进行衡量，得出的值越接近 1，说明关联度越高。对于主体表象相似但实质不同的数据关联程度的判断有以下两种方法。

一是属性关联度度量方法。目前出现了许多准确而高效的相似度计算方法，这些方法又可以分为基于字符的方法、基于标记的方法、基于发音的方法等。根据每个主体表象的属性，假设存在一个基本的关联度度量函数，其输入为两个表象的属性值，输出为一个介于0~1之间的值以表示其关联度，关联度值越高表示两者越相似。根据不同的属性值类型，可以选择相应的关联度度量方法。然后，对于不同的属性可以根据先验知识为其赋予一定的权值，从而通过计算各属性相似度值的加权平均得到最终的主体表象关联度。

二是关系关联度度量方法。在该方法应用的场景中，主体表象之间存在紧密的联系。比如，在文献领域，有相同研究兴趣的学者之间可能存在合作关系；在社会关系网中，人们总是与志趣相投的朋友交从甚密。这种主体表象之间的同现关系，可以通过观察和统计得到，而主体表象之间的紧密联系则暗示了团体的存在，这些信息有助于我们判断主体表象的共指关系。比如，当两个作者表象具有较高的属性时，如果他们又同处一个联系紧密的团体中，则我们基本可以判断这两个作者是同一个作者。因此，通过度量潜在团体的连接紧密程度，有助于主体统一，这里将这种紧密程度作为主体表象关系关联度的度量标准。

关联识别在现实生活中的应用十分广泛，各个行业、各个领域都可以运用激活数据学中的关联识别挖掘出多向的数据价值，从而做出更符合社会发展规律、推动社会进步的决策。以我们熟悉的银行业的客户管理为例，在获取客户阶段，整合客户的多方数据集成相应的用户数据库，通过探索性的特征识别方法，找出客户数据库中的有效特征，再分析、预测和优化客户的服务收入、风险、成本等相关特征的关联，找到新的可赢利的目标客户。在客户保留阶段，分析多维、海量的用户数据，发现流失客户的特征后，银行可以在具有相似特征的客户未流失之前，采取额外增值服务、特殊待遇和激励忠诚度等措施保留客户。通过特征识别，可以预判哪些客户将停止使用银行的信用卡，转用竞争对手的卡，银行进而采取某些措施维持这些客户的信任。特征识别和关联分析可以对大量的客户资料进行分析，建立数据模型，确定客户的交易习惯、交易额度和交易频率，分析客户对某个产品的忠诚度、持久性等。银行可以据此为他们提供个性化的服务，以增强用户黏性，优化银行客户管理模式，促进银行业快速而稳定地发展。

激活数据学中的关联识别是一种跨界、高阶的关联，它所处理的数据集突破了领域、维度的界限，形成了更有深度、更具内涵的分析数据集，充分挖掘了数据的显性价值和隐性价值，为辅助决策提供了更为精准的信息。

（三）融合重构

融合重构是激活数据学中关联融合的最后一个步骤，是最大限度地发挥激发数据集价值的关键一步。每种数据来源都有一定的局限性和片面性，事物的本质和规律往往隐藏在各种原始数据的相互关联之中，只有融合各种来源的原始数据才能反映事物的全貌，而借助知识计算可以将碎片化的多源数据整合成反映事物全貌的完整数据，从而提高数据挖掘的深度。激活数据学中的融合重构即建立数据间、信息间、知识片段间多维度、多粒度的关联关系，实现更多层面的知识交互，从而聚敛出数据湖中一个个维系我们社会的"水波纹"。它突破了常规的数据融合界限，实现了跨时间、跨领域、跨空间的数据关联融合，为深度挖掘数据价值、最大化数据使用效率提供了可能和方法。

大数据时代丰富的数据为人们提供了更大的利用价值，但是数据的海量产生和新的特征也使人们面临的问题空前复杂——割裂的多源异构数据。目前需要处理的数据从来源角度看是多源异构的，而且这些数据被物理地存放在不同的系统中，割裂的多源异构数据形成了各种数据孤岛，给大数据分析处理带来了非常大的挑战，需要被整合到统一的系统中。首先，是数据规模与数据价值之间的矛盾。数据越来越丰富，提供了更多有价值的信息，但数据的规模也越来越大，对已有的数据存储和处理方法提出了挑战，需要控制融合的规模。其次，是实体和关系的动态演化。数据是动态变化的，实体和关系也会随时间不断演化，这就提高了实体和关系的判别难度，容易造成数据不一致。最后，是知识的隐含性。数据除了显式知识还有隐式知识，隐式知识比显式知识更重要。比如生物领域，鱼类中的掠食者在食物富集时运动轨迹呈布朗运动，这种隐含的关系对知识的理解和数据的融合都有很大帮助。

激活数据学中的融合重构是解决上述困境的有效方法，是最大限度地发挥大数据价值的一种手段，推动人类对世界的探索和认识向新的深度与广度拓展，它需要跨度更大、层次更深和综合性更强的研究方法。传统的数据融合方法处理的对象是来源相同、结构类似、维度单一的数据单元，但在人工智能时代，我们面对的是多源、异构、海量、多维的数据单元,传统的流水线式融合模式已经不再能满足现有融合需求。激活数据学中的数据融合用动态的方式统一不同的数据源,将数据转化为知识资源,弥补了传统数据融合方法的不足。根据融合需求,数据融合的实现主要分为以下几个步骤:实体统一,提高融合效率;识别相同实体,链接关联实体;甄别真伪,合并冲突数据,并将处理结果反馈给实体识别阶段,提高识别效率;对实体识别和冲突解决过程溯源,跟踪数据的演化(如图4-8所示)。

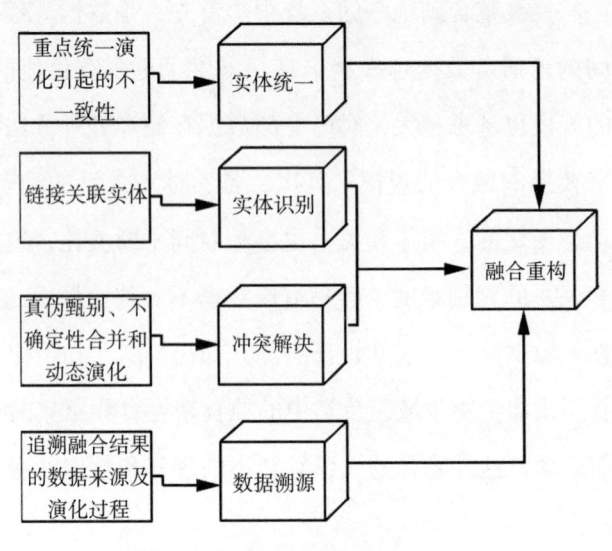

图 4-8　数据融合重构

实体统一。实体统一是数据融合的辅助步骤,用于提高融合效率,重点统一演化引起的不一致性。实体统一包括模式统一和本体统一两个部分。模式统一主要解决两个模式元素之间的不一致问题,利用属性名称、类型、值的相似性及属性之间的邻接关系寻找源模式与中介模式的对应关系。本体是针对特定领域中的概念而言的，用于弥合词汇异构性和语义歧义的间隙，本体统一主要解决本体不一致问题，需要识别本体演化。本体演化分为原子变化、混合变化和复杂变化。

实体识别。实体识别是数据融合的基础，大数据环境中的实体识别与传统实体识别的区别在于：实体之间的语义关联性较强，并且存在演化性。实体的属性特征及所在的语境信息、冲突实体的解决结果和共指识别结果都可能对实体识别产生影响，所以，识别实体应该是实体识别、冲突解决、共指识别三者迭代优化、逐步求精的过程。实体识别主要是识别相似实体和消除实体歧义，相似指多个命名实体表象可对应一个真实实体（或称概念），歧义指一个实体表象可对应多个真实实体。根据数据类型的不同，实体识别方法分为面向非结构化文本的命名实体识别与消歧、面向结构化数据的记录链接，以及两种数据类型之间的复杂数据实体关联方法。

冲突解决。冲突解决是数据融合的必要条件，它的第一要务是消歧。大数据的真实性和演化性是引发冲突的导火线，如数据本身的新鲜度和贡献给特定查询的价值量等，引发了新鲜度和价值量不同的多真值问题，需要评估信息质量，合并不确定性信息。此外，知识融合中推演出的关系也可能对其起到启发作用，所以要将这种新知识动态地引入冲突解决过程，并保持这种知识的演化。冲突解决的步骤，即真伪甄别、不确定性合并和动态演化。冲突分为模式冲突、标示符冲突和数据冲突，其中模式冲突由数据源的模式异构引起，比如属性名、语义等不同的情况；标示符冲突主要指异名同义现象；数据冲突主要指同一属性具有多种不同的值。冲突的解决一般是在实体或属性级别，采用识别函数进行的。

数据溯源。数据溯源是传统数据融合不具备的，用于建立数据融合的可回溯机制，追溯融合结果的数据来源及演化过程，及时发现和更正错误。它的关键是对数据起源的表示及数据演化中间过程的跟踪。其中，中间过程包括实体识别和冲突解决过程，所以，需要建立实体识别溯源机制，用于跟踪融合结果是由哪些待统一实体产生的；建立冲突解决溯源机制，用于处理融合结果元组中的每个值来自哪些记录的哪个属性值及通过何种冲突解决方法得来。[1]

融合是一个将数据拆散重组的过程，其具体价值体现在数据重构上。《块数据2.0》提出了全息化重构的概念，指对数据元进行多维度、多方位、多类型的重组。在对数据进行融合的基础上，全息化重构的基本运行原理如下：数据经过关联融合之后形成一个数据集，数据处理黑盒根据指令需求，挑选出数据集中具有需求特征的数据形成子集，进而对子集里的数据进行资源重组、价值重构，如此循环往复，直至数据使用价值被最大限度地发挥出来。

从内在层面看，数据重构的过程就是不断化解数据冲突、传

---

[1] 周英，卓金武，卞月青.大数据挖掘：系统方法与实例分析[M].北京：机械工业出版社，2016：9.

递数据价值、促进数据共识、实现数据价值最大化的过程。价值重构可以通过数据融合、数据互补、存异求同、综合创新等路径实现。数据融合即多源数据经过特定通用规则转换为可以彼此交互的数据，破除数据壁垒，在此基础上进行数据价值重构；数据互补指将关联识别后的数据通过维度互补、属性互补等，最大限度地补充完善数据信息，使其数据特征充分显现，进而对其进行数据重构；存异求同指保持数据集中的数据多样性，通过对多样数据进行价值重构，找到其平衡点，实现多源数据内部的动态平衡；综合创新指在上述三种方式以外，对数据价值重构的全过程进行突破创新，例如构建全球统一的数据结构体系，破解数据困境，实现任意接口数据的自由交互，降低数据处理成本，实现帕累托最优。

众所周知，公共安全领域的数据数量庞大且多维，单一的数据单元并不能产生价值，要激活数据价值，则需要对数据进行融合重构，包括结构化数据和非结构化数据。其中，结构化数据包括人员信息（如人员户籍库、重点人员库等）、人员行为轨迹数据（如飞机、火车出行数据等）、车辆信息（如车辆购买信息、违章信息等）、电信数据（如通话记录）等，非结构化数据包括网页、卡口图片、重点区域的视频监控录像等。公共安全领域数据的主要应用场景是为公安办案提供线索。这种数据比较复杂，规模较大，如中国某省会城市一小部分数据构建成图，其顶点的数量和边的数量分别达到了十亿和百亿的规模。对其进行融合重构采取的方案是基于超大规模复杂关联数据的管理理论建立超大规模的实体关联。首先对数据进行实体统一，把物理上相互隔离的多源异构数据通过数据治理整合到同一数据平台，保证数据一致性；其次对数据进行实体识别，这个过程需要自动构建实体之间的显式关系和隐式关系，并存储在数据库，隐式关系的构建借助规则或机器学习；最后是冲突解决，经过冲突解决的数据彼此间实现了互联互通，为融合重构奠定了基础。融合之后的数据再由系统提供的强大的可视化交互工具分析，帮助用户在超大规模图上做各种分析、关系推演和比对，最终实现了数据价值的深度呈现与运用。

激活数据学强调的融合重构破除了数据壁垒，消除了数据孤岛，实现了多源、异构、海量、多维数据之间的关联融合分析，进而对其进行价值重构，真正意义上凸显了大数据作为第四种生产要素的现实意义，必将推动社会的发展和进步。

第五章

自激活：智能决策

自激活是激活数据学研究的核心环节，是数据价值释放的临界点。在前期数据搜索和关联融合的数据输入下，数据仍然是一个潜在价值的状态，如何发挥其价值，将其变成相应的数据知识进行自主决策输出是自激活自主决策过程中，甚至整个激活数据学系统中最关键之处。数据搜索和关联融合为自激活提供了数据资源基础，在已有的数据基础上，选择有助于目标任务执行的数据，让机器得以自主学习优化，从而输出个体决策。可以说，自激活是所有智能决策系统的关键环节。

自主决策的输出依赖学习后所获得的数据知识在外界信息的刺激下自主对信息处理进行决策输出的过程。无论是学习还是决策，都离不开对人脑神经网络的研究，因此，本章在对人脑神经网络的构成及机器学习理论进行研究的基础上，探讨自激活的决策输出过程。在当今数据膨胀的环境中，自激活将对数据运用进行更优化、更有效的提升。科技在发展，技术在进步，自激活阶段的运行过程会不断更新,而随着人们对人脑的了解越来越深,自激活的输出将会实现更大的价值,使人工智能更"增智"。

第一节 脑认知与类脑计算

(一)神经元与神经网络

在我们已知的宇宙万物中,人脑是最复杂的物体之一。这种复杂性使人类无法在现实中使用简单明了的计算模型来完美诠释人脑的工作原理。就目前的研究成果来看,科学家只是在客观直接地观察人脑和模拟人脑,人脑纷繁复杂的工作机理还待进一步深度挖掘。人脑拥有数十亿个相互作用的神经元,这种相互作用每时每刻都在发生改变,因此弄清由分布在许多脑区的大量神经元发出的信号及其信号之间的连接交流情况,无疑是神经科学研究中要面临的巨大挑战。

基于人脑的复杂性,人脑的工作原理是什么?人脑的思维过程是怎样的?这些问题成为当代最具挑战性的科学研究之一。著名神经生理学家巴洛曾提出:"思维是由神经元产生的,神经元的活动就是思维。"[1]人脑拥有许多不同的细胞组织,其中对人的感知、思维、情感、意识等重要的脑部活动起决定性作用的细胞组织当属神经元,人脑神经元是组成人脑最基本的单元,绝大多数脑科学家都认为神经元的活动及神经元群的连接模式决定人类宏

---

[1] 郭爱克,陆惠民.脑的复杂性和神经动力学[J].科技导报,1994(4):22-24.

观的大脑活动。因而，要了解这个复杂大脑的运行机理，了解人类的思维过程，最恰当的方式应该是研究神经元之间相互作用背后的生理原则。人脑的神经元大约有 2.5×10^{10} 个，其中单个神经元是一个完整的细胞组织，该细胞可以接收和发射脉冲信号，接收脉冲信号的称为树突，而发射脉冲信号的称为轴突。其中部的细胞体能对树突接收到的信息进行加工处理，由轴突将处理后的脉冲信号输出传递给其他神经元。连接一个神经元的轴突与另一个神经元的树突之间的部分称为突触，它决定了神经元间连接的强度与性质，是神经元之间脉冲信号兴奋或抑制状态的关键节点。这种兴奋或抑制状态可解释为神经元在突触的连接点接收脉冲信号时，脉冲信号在突触上的接收侧沿树突被传入细胞体的过程中，有的信号起刺激作用，有的信号起抑制作用。当细胞体中接收信号的累加作用超过一个阈值时，细胞体被激发，这时它开始加工运作，最终将处理后的信号通过轴突传向其他神经元。如此看来，一个神经元在收发信号的过程中可以看作一个单元个体，这个单元个体对信号的处理呈现出系统性和完整性。当下的仿生学派认为认知的基本元素就是神经元，认知的过程是大量单元个体神经元之间相互连接的过程，树突与轴突一一对接，把众多神经元连成一个神经网络。

神经元有多项功能，按其最基础、最重要的功能归纳起来分为三种类型：第一种类型是感觉神经元，又称传入神经元，主要用于接收外来信号的刺激，将这种刺激信号传至人的脊髓和大脑；第二种类型是运动神经元，又称传出神经元，主要用于大脑给出的指令所引发的肌肉活动,或产生的对策行为;第三种类型是联络神经元,又称中间神经元,它介于上述两类神经元之间,起着神经元之间机能联系的媒介作用,将上述两类神经元连接起来组成一个复杂的神经网络。单一的神经元是大脑的基本解剖结构,也是信息处理的单元,但它无法产生行为,最终也无法产生思想,因此,人脑神经系统真正能发挥其功能的是由神经元组成的神经群体或神经网络。例如,对于火的认知,神经元是这样工作的:首先,眼睛捕捉到相应的火的信号后将信号传递给视神经,即感觉神经元,视神经作为一种神经元,接收到的是外界刺激,这个刺激就是来自自然界的反射和散射的光线,由视神经传递给脑神经,即联络神经元,多次看到之后,其中一个神经元将火的形象存储下来。其次,皮肤(感觉神经元)感觉到热,将这个信号传递给脑神经,并且和刚才的视觉形象建立了联系;当手离火太近感到很热时,脑神经就会发出指令,人就会将手缩回来(运动神经元)。由此可以看出,负责产生某种行为所需信息的不是单一的神经元,而是多个神经元集群所构成的神经网络。

人脑神经元之间相互连接的工作机理是一个信息加工处理的过程,人脑各个脑区形态功能间的相互配合也可以看作一种信息的加工处理,这是人有别于其他生物发挥其聪明才智的具体体现。从宏观的角度来看,大脑具有联想、比较、判断、抽象、概括、想象、做梦、语言、创造发明、解决问题等功能,这些功能的具体体现是人脑中复杂神经网络对相应信号进行加工处理的结果。从微观的角度来看,可以把这个过程概括为一种"刺激—反应"的人脑信息加工模式。首先，外界信息通过各种感觉器官转化为神经冲动，神经冲动传到大脑皮质转化为神经联系，这种神经联系保持信息由外界输入大脑的状态。其次，大脑中进行加工处理的神经元在接收到传来的神经冲动后，变得兴奋或抑制，根据输入信号的强弱做出对应的反应。最后，在相应的知识和信息的扩充下，大量的神经元组织在一起后，大脑才表现出识别、联想、比较、判断、推理、抽象、概括等复杂的功能，才能体现出大脑对外界的刺激（知觉）做出对应的反应（动作）。因此，根据这个信息加工处理模型原理，把人脑看作静态记忆和动态控制策略之上的刺激——反应装置，便可建立人脑模型，完成复杂的设计、创新活动。这就是构造人脑模型的基础。[①]

（二）从学习到决策

人脑具有复杂性和动态性，在进化发展的过程中，其结构和功能逐渐成熟。从感知到学习，从知识的获取到行为的决策，大脑受学习、训练及经验等因素的影响，随着时间的推移，逐渐完善大脑的认知行为，改变大脑皮质结构，重组大脑的认知功能。从宏观层面来说，大脑认知行为发展的变化也会体现在大脑结构的改变上，其中发生变化的有大脑的重量、皮质厚度、不同脑区沟回面积等；从微观层面来说，大脑认知行为发展将会增加树突的长度，改变树突棘的密度、神经元数量及大脑皮质新陈代谢等。

---

① 梁民,孙仲康.人工神经元网络的研究现状与展望[J].系统工程与电子技术,1990（11）：1-19.

在重组大脑的认知功能上,认知功能的认知内容将更加丰富。人的认知是人们获取知识或学习过程的心理活动,其中包括意识、判断等。可以说,认知的基本功能是知识的学习与记忆。大脑认知行为的发展将直接反映在人所获取的知识信息上,也将体现在人类的记忆状态中,进而反映在人的行为决策上,同时这些决策后的结果体验也将影响人们进一步的学习和记忆,影响下一次决策行为,如此人的认知行为呈现循环递进的态势,不断丰富,不断增智。因此,我们在研究大脑认知行为时,将重点关注人是如何学习的,人又是如何做出决策的。

人所具有的技能几乎都不是与生俱来的,哪怕是简单的识别和认知,连抓、拿、放、举等简单动作都是婴儿后天学习的成果。一个人从出生开始并不会由基因来提供各种技能信息,不会通过遗传进行编程传递,因此,人生来只拥有能够学习各种技能的物质载体,而如何将这些载体串联起来发挥其学习功用,就需要人脑这个总指挥家的精心掌控和管理。从生理学、脑神经学、认知心理学的角度来看,人类每次学习的过程都可以解释为大脑内一系列神经纤维传递脉冲信号的组合,从接触一个新的知识到学习并理解至少需要经历以下4个环节。

第一环节,通过五官初识信息。我们学习的任何知识都是以信息的形式呈现的,每个新信息出现后都需要通过五类感官获取。这五类感官是人的视觉器官、听觉器官、味觉器官、嗅觉器官和触觉器官,被称为人的外部感官,对应的就是人的眼、耳、口、鼻和遍布全身的触觉神经。通过这些身体的窗口,我们人类可以感知世界、获取知识信息。由于知识信息的多元性，人将从形象、声音、味道、气味、动作等多维度去了解和学习。

第二环节，通过神经系统传递获取到的信息。在我们的五类感官获取到外界的信息后，这些信息就会传递给我们的大脑，负责对这些外界信息进行传递的是我们的神经系统，而连接感官和大脑皮质的神经束将组成传递信息的通道，集中分布在脑干和丘脑等部位。其中，脑干主要负责将通过五类感官获取的信息不加分类地传给丘脑，而丘脑主要负责对信息进行再分类，依据信息来源和类型的不同，分别将不同来源的信息传递给不同的皮质，例如将光线信息传递给视觉皮质，将味道信息传递给味觉皮质，将气味信息传递给嗅觉皮质，将声音信息传递给听觉皮质，将触感信息传递给触觉皮质。

第三环节，大脑皮质过滤传递进来的信息，经过比较、分析并形成新的神经连接。在人的大脑皮质中有着对应处理外部五类感官信息的大脑皮质，即视觉皮质、听觉皮质、味觉皮质、嗅觉皮质和触觉皮质，它们被称作人脑内部感官。内部感官和外部感官的主要功能区别是：外部感官负责从外部世界获取信息，内部感官则主要负责识别这些信息。在上一个环节中丘脑将外部感官获取的信息分门别类地传递给相应的大脑皮质以后，每个内部感官开始识别这些信息，这种识别过程的原理是基于大脑内部存储的原有的信息，大脑首先对存储的原有的同类信息进行检索，试图找到与新的信息尽可能匹配的相关信息，其次与新信息进行比较，也就是用大脑中原有的信息解释新信息，从而完成对新信息的识别，并在大脑中建立新的神经连接，信息和知识在大脑内部是以神经连接的形式存在的。值得注意的是，人的大脑利用自己已经存储的信息经过逻辑推理，对新信息如果能够认识和理解，就加以接纳，建立新的神经连接，而不能被认识和理解的信息则被过滤掉了，即被遗忘。①

第四环节，过滤后的新信息形成感觉及瞬间记忆。在这个环节中，一部分信息被内部感官接纳并通过赋予意义的方式保留下来，这些被赋予意义的信息形成了各种感觉和瞬间记忆。瞬间记忆的信息经过一定条件的转化形成工作记忆，即大脑的意识激活状态。工作记忆的信息经过深加工形成有效学习的最终结果——长时记忆，大脑将深加工后的信息结果存储在大脑中，供以后应用的时候有效提取。工作记忆的信息转换为长时记忆，是学习的重要环节，也是决定学习效果的关键环节。工作记忆转化为长时记忆一般需要通过以下3种方式：一是不断重复、强化；二是对知识进行精加工，即对知识进行分类与归类，弄清知识之间的区别与联系，特别是新旧知识之间的关联；三是对知识进行迁移与应用，这有助于在大脑中建立更加丰富的神经连接，便于以后信息的提取。②随着时间的流逝，当新关联的信息作为人的长时记忆封存在大脑中时，当信息出现时，对大脑的刺激较大的将变成人类的深层记忆，这些记忆虽然想不起来，但不会忘记，等

---

① 李林.基于人脑学习原理的课堂教学思考［J］.宁波教育学院学报，2015，17（2）：1–3.

② 李静波.大脑学习的原理［J］.科技创新与应用，2013（7）：280–281.

到未来的某个时间节点，人脑在某种信息源的刺激下再一次将其开封提取，为人脑做出决策提供支撑。

人们在拥有了学习能力之后，会根据学习后产生的知识结果对所面对的事物或情形做出相应的回应，这种为了解决某种问题而产生对应行动方案的过程，就是人脑做出决策的过程。决策是人脑的主要活动之一，是人类的高级认知功能，它涉及大量的信息接收、传递、存储、提取、加工处理及输出等。目前，人类的决策行为是神经经济学关注的核心，其研究领域涉及经济学、心理学、神经生物学等多个学科。从综合的诸多学科来看，经济学试图用一种单一的、逻辑上统一的形式来整体描述所有的决策选择行为；心理学则考察价值在主观估计和客观估计之间存在的差异方式，并提出种种心理模型来解释观察到的决策行为偏好；神经生物学着眼于最简单的可能存在的神经回路来解释最简单的可测量的决策行为元素。由此看来，从不同的学科角度着手，对人类决策行为的认知解释就不同。因此，神经经济学不仅仅旨在研究大脑如何进行复杂决策，还通过借鉴各门学科的研究成果来探索一种更加合理完善的决策模型。

决策模型的基本结构根据时间和功能的不同，可粗略地划分为以下4个阶段：一是确定问题；二是评估目标标准；三是做出执行目标的选择，并根据选择完成与执行有关的一系列加工处理，如选择不同行动的先后顺序、禁止其他的竞争行为及选取适宜的行动时间等；四是做出决策的输出，体验决策的结果。体验主要源自预期和实际结果之间的差异，这种差异对调整下一轮决策选项的赋值具有重要意义。由此可见，决策是一个反复的过程，当前阶段的决策不仅受先前阶段的影响，而且受后期体验阶段的影响。

确定问题。在大脑的系统组织中，各种神经元信息并非总是处于和谐状态，而是以矛盾的形式在运动的。当我们遇到问题时，人脑需要调动存储在大脑记忆中的这些潜在运动的知识信息，这些知识信息通过前期的学习获取，封存在大脑中，在问题出现后，大脑需要立刻根据所封存的知识信息认识和确定问题。例如，如果我们脑海中在前期学习过程中已保存了"火"的图像和文字信息，当我们看到火时，大脑将立刻给出"火"的信息指示，让我们明白自己遇到了火，确定当前所遇到的问题。

评估目标标准。在问题发生后，我们将预测所要解决问题的决策目标。决策的目标是整个决策过程的总纲，它引领着决策过程的发展，影响其始终。评估目标标准就是大脑在分析征候的基础上分清需要解决的问题是什么，通过问题发生的主客观条件，根据解决问题的需要和可能确定需要达到什么样的解决状态，如此形成预期评估的决策标准。目标标准的评估影响着决策方案的选择，问题信息受诸多因素影响，随着各种客观维度发生变化，不同的维度可能使特定的神经回路编码受不同的神经化学系统调节。因此，在决策目标标准评估时会考虑到问题解决的概率和确定性、决策方案的选项编辑，以及所定目标方案的决策效用和目标评估的影响因素。

执行目标的选择。通过评估的目标标准，我们将先选择决策行为的行动方案，再执行产生的选择行动。在选择方案时，值得一提的是，根据目标标准产生的选择行为方案往往不止一种，因为实现目标的具体决策不止一种，我们需要根据客观环境和主观条件在所提出的各种备选决策方案中选择最为理想的那个。我们的最终执行方案是能考虑到所有因素和条件的、设计最合理的、价值最高的、能最好地实现决策目标的方案。选择好最终方案后，我们将执行由评估目标而产生的选择行动。从认知角度看，该阶段必须抑制其他相互竞争的动作以实现动作连贯性、监控次级子目标的完成、矫正以前所发生的错误、计划动作执行时间等。

决策的输出和体验。执行完选择行动后就会产生最终决策的输出结果。根据前期预测的目标标准产生决策结果是一个自然的输出过程，然而在决策输出后的结果体验将在决策过程中起到重要的作用，会影响大脑对决策价值的评估。许多因素影响实际结果的体验，最主要的是预期与实际价值的差异和结果本身的效价。预期与实际价值的差异作为一种学习信号，将调节随后再循环的学习和决策行动，从而促成知识的产生并积累再生，由此形成一种循环再生的前进发展态势，也是人越来越聪明的具体实践过程。

（三）人脑智能决策对机器学习的启示

在了解人如何进行增智的过程后，我们会考虑如何将这些优势运用到机器服务中去。既然人脑的思维模型如此精巧神奇，那么我们就需要不断模拟人脑，以期让机器能像人一样思考，为人类提供服务。在这个模拟过程中，我们清楚地感知到人脑在几千年的进化过程中每时每刻都在发挥的可塑性作用，这种可塑性学习影响着神经网络节点之间的权重。因此，机器学习的不断升级有待人们开发出类似人脑层次化加工结构的深度学习算法。

在人的认知行为过程中，识别物体是最基本的认知过程，从人如何识别物体来看，面孔是人类生活中常见的物体，它携带有丰富的信息，从复杂的场景中识别、检测面孔及辨别面孔的个体信息等具有重要的意义，因此面孔识别的相关认知机制及面孔加工的特异性始终受到大量学者的关注。以面孔为代表的视觉物体信息经过视网膜、外膝体之后，大致经过初级和高级视觉皮质逐级的表征和加工，这一过程受到注意环路的调节和控制，从而引导我们发现任务需要我们提前注意的特征和物体自身醒目的特征，完成感知、区分和识别的过程，先后完成判断"是面孔，还是桌子"和"是我认识的人吗，他叫什么，在哪儿工作"等过程，随后还启动了记忆系统来完成再认和回忆（是否认识或若干年前在某处见过他）、语义判断（他的名字等语义信息）、情绪加工（他看起来不高兴，让我不舒服）等有关的高级加工。

这是一个非常抽象的加工模型，有助于解释面孔和复杂物体的加工。我们首先可以看出信息加工是层次化的，逐级加工从简单到复杂的特征，每个层级都对视觉信息有各自的表征，提取从线段朝向、简单特征组合到复杂特征等不同的特征，感知、识别等认知加工也是伴随着每个层级的表征进行的。这些表征和加工都是通过多个层级的神经元群体的同步活动实现的。单个神经元负责表征极为简单的信息，但是通过群体组合在一起就能表达复杂的功能。从信息科学的角度看，整个加工过程的实现可以理解为复杂的多次特征提取过程，提取的特征从简单到复杂，多次组合，连"概念"这种十分抽象的特征也可以被提取。由此我们不难看出现在机器视觉领域物体识别算法的局限性，也不难理解与人的识别过程有类似之处的深度学习等算法一定有内在的结构特点做保证。

在物体识别的过程中，前景和背景分割过程扮演着很重要的角色。前景的判断是人类经过亿万年学习的，进化出了对特定信息敏感的神经元，并经过遗传进化，一代一代优化到今天。背景的分割和遮挡信息的处理则是人类特殊的表征机制在起作用，虽然当前物体不完整，但是丝毫不影响我们利用已有的信息对其进行"脑补"，这对计算机科学家研究特征补全机制来说具有很大的启示。此外，特征提取和去噪是同步完成的，即在对感兴趣的物体进行表征的同时完成了背景噪声的去除。这里重要的结构特点就是前景信息的表征，其中囊括了大量细节信息的表征，以及注意过程的参与，即我们感兴趣的区域的表征是更精细的，这有助于我们看清楚想要关注的人的面孔，对于背景信息则至多只会保持大尺度的轮廓。

与人的视觉层次化加工相比，计算机视觉的表征主要来自信息获取初始阶段光学传感器用矩阵对二维的视觉信息的表征，这一次表征的结果几乎贯穿了处理的全过程。计算机的整个加工过程往往没有"注意"参与，也没有过多地与背景信息进行比较做特征捆绑，各个层级的加工是单独进行的；而人的加工则是多层级的，每一层级都伴随着对信息不同层次的表征。表征和加工往往是同时进行的,在对视觉信息内容进行特定表征的同时就完成了这一层级的加工,这和以单纯特征提取为目的的线性或非线性变换有本质的区别,也减少了对分类器性能的依赖。

实际上,单就分类判别本身也有待进一步优化。我们可以将其类比为人类的决策过程。有研究指出,人的决策过程也是一个自动化的加工过程,可能不是我们理解的那种主观性很强的高级加工。有理论认为,决策过程就是感知阶段以后所有证据的累积形成的"自然而然"的结果。这一点对我们设计分类器具有重要启发,隐含的意思可能就是特征提取和分类同时进行。对于分类器是有监督的还是无监督的,认知科学实际上也已经有了答案。对特定分类问题来说,可能有监督的效果更好,但是这可能无法适用于识别多类别的问题。有理论认为,视听觉信息的加工应该是无监督的,婴儿在接触各种信息的时候并没有父母给出的各种标签做标记,需要靠自己从规律中总结,他们能够在长期的学习中形成类别,自行归类。这对机器进行深度学习来说具有很大启发,人类只给定机器一定的算法规则,机器在无人类干预的情况下自行学习,寻找算法规律进行总结升级。

第二节 让机器像人一样思考

(一)从"深蓝"到"阿尔法元"

人工智能是人类最美好的梦想之一。人们一直致力于计算机技术的发展研究,以期创造出一台能产生"自我"意识的机器。

第五章 自激活：智能决策

图灵在1950年的论文中提出图灵试验的设想，即隔墙对话，你将不知道与你谈话的是人还是电脑。这无疑给计算机，尤其是人工智能，预设了一个很高的期望值。如何让机器像人一样学习、思考、做出决策回应，成为人工智能研究领域最热门的话题，但在后期近半世纪的研究进程中，人工智能的研究远远没有达到图灵试验的标准。图灵试验真的就那么遥不可及吗？人类真的找不到这个亘古难题的解决方案吗？回答当然是否定的，因为如今的机器不仅能自主学习、自主决策，而且能战胜世界冠军。

当下，最能体现人工智能的莫过于人机大战的对决。20世纪80年代，美国卡内基-梅隆大学研发了第一批国际象棋机器，在早期的研发中较为成功的是"深思"，每秒能计算出70万步棋，但"深思"还不是当时人类国际象棋特级大师加里·卡斯帕罗夫的对手，直到"深蓝"的出现。1997年5月11日，一场举世瞩目的人机大战落下帷幕，IBM的"深蓝"与国际象棋世界冠军卡斯帕罗夫对弈后大获全胜。这是人机对战中一场里程碑似的比赛，就此意味着人工智能的研究更上了一层楼。在"深蓝"的设计者许峰雄看来，"深蓝"主要依靠强大的计算能力穷举所有路数来选择最佳策略，其运算速度为每秒3亿步棋，在预测棋局后手局势上，"深蓝"靠硬算可以预判12步棋，卡斯帕罗夫可以预判10步棋，因而"深蓝"的获胜可以说是靠"蛮力"获胜。凭借超越特级大师对后续变化的计算能力，人工智能在棋类人机大战中占据上风。然而棋类游戏中，围棋一直是人工智能挑战人类高手的一座高峰，而想让机器在围棋上战胜人类顶尖棋手，必须先让机器学会像人一样思考。因此，研究者开始思考如何使机器变得更加智能。

2016年3月9日韩国首尔的一场棋赛攻克了这一难题，又一次将人工智能研究推进了一大步。这场棋赛由谷歌公司推出的智能机器阿尔法狗对战世界围棋冠军李世石，并以4∶1的比分赢得了比赛，让围棋这座高峰不再是人工智能不可逾越的领域。此后的2017年10月，阿尔法元（AlphaGo Zero）研制成功，它在仅输入围棋规则、未输入任何人类棋谱的情况下，通过自学习，就具备了完胜阿尔法狗的超强棋力，被认为实现了人工智能的重大突破。从战胜李世石到完胜柯洁，阿尔法狗不再使用"蛮力"算法，而是采用了深度神经网络系统，模仿人脑神经元的工作机理设计出两个神经网络——"策略网络"和"价值网络"，这两个神经网络相互配合预判棋局走势，决策棋子落子最佳位置。更重要的是，阿尔法狗在它的神经网络之间运行数千局围棋局势，利用反复试验调整连接点来完成研究工作。因此，阿尔法狗不再拘泥于人为的指导，而是在广泛学习了人类围棋棋谱后再通过不断与自己对弈强化学习，在千万次的自我对垒中提升棋艺，并自行研究新战略。这种更为强大的学习能力是阿尔法狗战胜人类顶尖棋手的关键所在。

如果说20年前的超级计算机还需依靠穷举手段才能战胜人类，那么到了阿尔法元，其所表现出来的智慧和超强学习能力更令人惊叹，并让人进一步确信人工智能之梦不再遥远，而深度学习为成功之路撒下了希望的种子。深度学习的概念源于人工神经网络的研究，其动机在于建立、模拟人脑进行分析学习的神经网络，让机器能够像人一样思考。从本质上来说，深度学习是一项"大数据工程"，需要让机器从数以百万计的图像、声音和文本数据中，通过建立有效的学习模型，自行总结出特定事物的特征，从而实现自主学习。其背后是计算速度可以媲美人脑的高性能计算集群快速完成海量数据的"学习"。

（二）构造人工神经网络

深度学习的概念源于人工神经网络科学的发展。其基本结构是深度神经网络，深度是指神经网络层数的加深，其初衷是在单层神经元算法能力有限的情况下，将多层级的神经元连接起来，创造出功能强大的多层神经网络。神经网络作为一种经典的机器学习算法，在模式识别、物体检测、视频分析和图像识别等领域发挥着十分重要的作用。

人工神经网络的构造源自人脑神经网络。人脑神经网络是人工神经网络的范本源泉。人工神经网络是在人类对其大脑及大脑神经网络认识理解的基础上人工构造能够实现某种功能的智能网络，是基于模仿大脑神经网络结构和功能而建立起来的一个信息处理系统。因此，人工神经网络的提出是人类在对大脑及大脑神经网络认识理解的基础上模拟出的一套神经网络系统。根据人脑神经网络系统，人可以对外界的信息进行加工学习并做出相应的处理决策，因此，人工神经元网络的初建意图就是通过模拟这套完善的人脑神经元网络处理现实中的数据信息，设计出新型的机器，使之具有人那样的信息处理能力和决策能力。

人工神经网络是由相互作用的大量神经元构成的并行处理网络，以模拟生物神经系统的方式处理信息。其在构成特征上有着许多和人脑神经元相似的特征：第一，神经元是一个多输入（一个神经元的多个树突与其他神经元通过突触相联系）、单输出（一个神经元只有一个轴突作为输出通道）单元；第二，神经元是一个具有非线性输入/输出特性的单元，当细胞体中接收信号的累加作用超过一个阈值时，细胞体才被激发，这时它发出信号通过轴突传向其他神经元；第三，神经元具有可塑性，细胞体接收不同神经元的输入信号的强度，是由相应突触的连接强度调节的。

从人工神经网络的结构来看，单个神经元的功能极其有限，而由大量的神经元通过互连构造而成的神经网络，具有非常强大的集团运算能力，是大量形象思维、抽象思维和灵感思维的物理基础。最早的神经网络模型的互连模式是单层或两层结构。各神经元的互联表现为：单层全互连，单层局部互连，同层神经元互不连接，层与层间神经元互连，输出层与输入层有反馈连接。在神经网络模型中一种比较典型的互连模式是多层神经网络结构，具有学习能力和并行处理信息能力。

人工神经网络的自主学习。人们在建立人工神经网络后，还要让其能像人脑神经网络一样运行工作，在拥有类似的神经元网络后，我们将思考如何让人工神经网络为人类所用。神经网络是根据不同的神经元构成不同的神经网络系统的，因此，首先要针对所要解决的问题来构建相应的神经网络系统，因为神经网络最初是处于无知状态的，它所拥有的知识源于各种初始输入的信息，无论这个来源是人、计算机程序还是其他信息源。这也是人工神经网络能够模拟运行的关键所在。神经网络线路和突触强度都是随机设定的，所以未加训练的神经网络给出的答案也是随机的。神经网络最初处于无知状态，经过学习后成为更加成熟的神经网络。仍处于学习阶段的神经网络也会根据输入规则得到相应的反馈依据，通过反馈调整不同神经元的连接强度。好比当学生回答正确时，老师就会奖励他；给出错误答案时，老师就会惩罚他。那些与正确答案一致的连接强度会不断增强，而给出错误答案的连接强度则会减弱。一段时间后，即使没有人类的干预和指导，神经网络也能自行运算出正确答案。这就是神经网络能够自主学习的关键所在，也成为当下机器能够脱离人类干预完成自主学习、自主决策的重要原理。

（三）深度学习驱动机器智能决策

深度学习的概念源于人工神经网络的研究，因而又称为深度神经网络，其研究的兴起是继浅层学习后人们对机器学习研究掀起的第二次热潮，很多时候几乎成为人工智能的代名词。深度学习的本质其实就是多层神经网络，对神经网络而言，深度就是网络学习得到的函数中非线性运算组合水平的数量。有多个隐层的多层感知器是深度学习模型的一个很好的范例。深度学习通过组合低层特征形成更加抽象的高层表示属性类别或特征，以发现数据的分布式特征。深度学习的概念和其他机器学习算法最大的不同在于如何找到特征，而特征的抽取过程就是一个抽象的过程。以往，特征抽取的其他机器学习算法都是对一类问题有解，深度学习抽象模拟了人类神经元传递信息和连接的方式，从理论上说，它可以完成多种分类和预测问题，甚至可以研究未知领域。

深度学习的兴起源于2006年加拿大多伦多大学教授、机器学习领域的泰斗欣顿和他的学生萨拉赫丁诺夫在顶尖学术刊物《科学》上发表的一篇文章。这篇文章讲述了两条主要信息：第一，很多隐层的人工神经网络具有优异的特征学习能力，学习得到的特征对数据有更本质的刻画，从而有利于可视化或分类；第二，深度神经网络在训练上的困难可以通过"逐层初始化"有效克服。由此，深度神经网络（即深度学习）这一概念进入学术界视野，使学术界重燃其对神经网络研究的热情，引来一大批优秀学者在多地组建研究团队积极投身参与到深度学习的研究中。其中，斯坦福大学、纽约大学、加拿大蒙特利尔大学等成为研究深度学习的重镇。2010年，美国国防部国防高级研究计划局计划首次资助深度学习项目，参与方有斯坦福大学、纽约大学和日本电气股份有限公司美国研究院。支持深度学习的一个重要依据，就是脑神经系统的确具有丰富的层次结构。一个最著名的例子就是胡贝尔-维泽尔（Hubel-Wiesel）模型，胡贝尔和维泽尔二人因揭示了视觉神经的机理而获得诺贝尔生理学或医学奖。

目前，深度学习的理论研究还基本处于起步阶段，但在应用领域已经显现巨大能量，展现出越来越优越的性能特征，尤其体现在图像识别、语音识别和自然语言处理等领域。2011年以来，微软研究院和谷歌的语音识别研究人员先后采用深层神经网络技术降低了语音识别20%~30%的错误率，是语音识别领域十多年来最大的一次突破性进展。2012年深层神经网络技术又在图像识别领域取得惊人的效果，在ImageNet[①]评测上将错误率从26%降至15%。在这一年，深层神经网络还被应用于制药公司的药物活性预测问题，并获得世界最好成绩，这一重要成果被《纽约时报》报道。

如今谷歌、微软、百度等知名的拥有大数据的高科技公司争相投入资源，占领深度学习的技术制高点。2012年谷歌发起了一个深度学习项目，该项目让一个神经网络使用16 000个CPU组建成一个大规模的计算机集群，让计算机使用深度学习模型自发观看1 000万段YouTube视频进行训练，最终实现计算机自己学习如何在视频中识别猫脸。2016年，谷歌旗下的深思公司使用机器深度学习的方式让计算机自发学习如何下围棋，以此战胜坐拥14座冠军奖杯的围棋战将李世石，由此推动深度学习名声大噪。不光是谷歌，Facebook也致力于深度学习的平台建设。2016年，Facebook公开了其深度学习平台Torchnet和基于深度学习技术的自然语言理解引擎DeepText。深度学习不仅受到国外IT巨头的热捧，在国内也是当下热门的研发领域。百度于2015年5月通过"深盟"开建了其深度机器学习平台MXNet，又在2016年1月开建了深度学习算法Warp-CTC系统，致力于语音识别技术的研发。

---

① ImageNet是由斯坦福大学的计算机科学家模拟人类的识别系统建立的计算机视觉系统识别项目。——编者注

2014年9月，京东挂牌成立了京东深度神经网络实验室，当下的京东客服机器人JIMI就是由京东深度神经网络实验室开发出来用于京东客服工作的即时聊天软件，可用于京东商城的售前咨询、售后服务等自动在线回答服务。2015年，阿里巴巴也推出了新一代智能客服产品阿里小蜜，该智能客服产品基于语音识别、语义理解、个性化推荐、深度学习等人工智能技术的应用，每天应对百万级服务量，并能达到80%的智能解决效率。

由此看来，深度学习已然成为国内外IT巨头产业化研究的趋势热点，这一趋势并不仅仅受科学研究动力驱使，也是基于我们当下所生活的大数据时代，即我们需要更加复杂且更加强大的深度模型来深刻揭示海量数据里承载的复杂而丰富的信息，并对未来或未知事件做更精准的预测。在大数据条件下，只有更加复杂的模型，或者说表达能力强的模型，才能充分发掘海量数据中蕴藏的丰富信息，才能使我们从大数据中发掘出更多有价值的信息和知识。为了理解为什么大数据需要深度学习，先举一个例子：语音识别已经是一个大数据的机器学习问题，在其声学建模部分，通常面临的是十亿到千亿数量级的训练样本。在谷歌的一个语音识别实验中，发现训练后的深度学习对训练样本和测试样本的预测误差基本相当。这是违反常识的，因为通常模型在训练样本上的预测误差显著小于测试样本。只有一个解释，就是由于大数据里含有丰富的信息维度，即便是深度学习这样的高容量复杂模型也处于欠拟合的状态。由此我们可以看出，大数据的发展需要深度学习提供技术支撑。

如果把深度学习比作一个物种，和其他机器学习物种相比，它有两个特点。一是不挑食。无论原始数据属于图像识别、语言识别、生物医药等哪个领域，都可以"喂"给神经网络学习处理。这和大脑的工作原理相似，大脑用同一套算法解决视觉、听觉、嗅觉等感知问题。二是胃口大。喂给它的数据越多，它就变得能力越强、越聪明，并且只会吃饱，不会消化不良。正是这两个特点，使得深度学习在今天拥有足够食物补给（大数据）的情况下能够蓬勃发展。所以，与人工规则构造特征的方法相比，利用大数据来学习特征，更能够刻画数据丰富的内在信息。在未来的几年里，深度学习模型将更多地应用于大数据领域。

第三节　智能判断与决策

（一）提取特征

特征是机器学习的原材料，是一种对数据的表达。其对最终模型的影响毋庸置疑，如果数据被很好地表达成了特征，通常模型就能达到满意的精准度。因此，特征的选择至关重要，对于同一种学习模型、同样的学习方法、同样的数据，选择不同的特征来表达，可能会产生完全不同的效果。当然，衡量一种特征是不是合适的表达，要根据数据、应用、机器学习的模型和方法等很多方面判定。数据搜索与关联融合为自激活提供了巨大的数据资源，而原始特征常常不能满足实际要求，所以一个重要的难点就是如何提取和选择合适的特征为自激活奠定基础。因此，特征的提取和选择成为自激活运行过程中最基础的关键环节之一。

一般来说，特征应该是具有丰富信息量的，且具有区分性和独立性。特征有很多种特性和分类：可以是线性的，也可以是非线性的；可以是固定的，也可以是适应性的。好的特征可以提供数据的语义和结构信息，能发现更有意义、更潜在的变量，有助于对数据信息产生更深入的了解，即使是简单的任务模型也能取得良好的学习效果。好的特征表达，对最终算法的准确性起着非常关键的作用，并影响着系统主要的计算和测试工作。特征提取是从数据特征中获取信息的过程，通过变换特征获取数据的信息，减少数据存储和输入数据带宽。在特征提取前，我们需要从数据特征中挑选对任务有帮助的特征子集，通过合理地组合合适的特征提取方法和特征选择方法，使自激活更好地进入下一个构建模型的环节。

特征提取需要将高维的原始特征通过映射或变换的方式变成低维空间较小的新特征，原始特征映射空间的求解一般可以通过人工设置生成方法，这也可简单地称作从数据中自动学习。这种方式的设计过程需要专业的先验知识，整个过程需要耗费巨大的人力和物力，尤其是当原始数据分布在高维空间的时候（如图像数据、基因数据），这一任务更显得难以完成。与此同时，人工设计的特征也更具随机性，大量人工设计特征的有效性难以得到保障。为了减少对人力的依赖，并且能较好地提取相关特征，自动学习特征的算法使得人工智能的愿景令人期待。

自激活系统的第一阶段可以采用从数据中自动学习特征的方

法，即应用深度学习原理，其所学习到的特征往往具有较高的抽象性和语义性。通过逐层变换，深度学习模型可以在不同层抽取数据的不同表示。获取最终特征有两个步骤：一是特征提取，是在原始特征的维数很高的情况下，将原始特征通过映射或变换的方法用低维空间表示样本，生成一组具有明显物理意义或者统计意义的特征；二是特征选择，是一种从数据特征中挑选出对任务有帮助的特征子集的方法，从一组特征中挑选出一些最有效的特征以达到降低特征空间维数的目的。

（二）构建模型

有了特征之后，我们要通过模型建立从特征到目标之间的关系。目标就是我们的目的，是自激活自主决策的总要义，我们要达到目标决策的输出，就需要对我们的特征数据进行建模加工处理，狭义地说就是给机器设定一个算法规则，让其能根据我们的需求对数据进行处理。数据搜索和关联融合阶段为自激活阶段提供了大量与主题相关的数据训练集和测试集，提取出特征后，输入构建的模型中，如果与我们的期望值存在误差，则调整权重，再用测试集测试权重是否调整得正确。如此在构建模型的过程中不断优化模型的建构，当有新示例时，我们就可通过这个模型进行更为精准的自主判断或预测。

此外，当我们设定的参数取值不同时，一个特定的模型类可能会有几十个或者成千上万个模型，这时就需要我们将这些模型融合在一起。比如一个三层的前向神经网络，可能包含15个神经元，由几十个参数确定。因为神经元数目、神经连接数目和参数取值不同，可以有多个模型子集，每个模型的参数都是经过特征到目标的学习过程确定的，单一模型的预测和分类结果往往不尽如人意，所以我们形象地把每个模型都叫作弱预测器或者弱分类器。在我们有了成千上万个模型后，就可以通过把模型融合起来，获得更好的预测或者分类结果。具体来看，我们可以针对每个待分类样本，把每个模型得到的结果都看作对这个样本分类结果的一次投票，最后根据得票高低确定最终分类结果，投票结果经常胜出的模型会被赋予更大权重。很多决策问题都可以通过这种办法进行优化，大幅提高其精准度。因为融合的方案是比较固定的，所以我们只需要维护特征库和模型库，而所有新的数据基本上都映射为对特征库和模型库的更新，包括对特征权重的修正，这样才能保证决策输出的正确性。因此，在构建模型的过程中，模型的架构往往不止一种，根据目标决策，模型融合会给决策的输出提供更为精准、更符合目标的决策结果。目前常用的模型有决策树、神经网络、线性模型等。

决策树。决策树学习是一种逼近离散值目标函数的方法，这种方法将从一组训练数据中学习到的函数表示为一棵决策树，它是一种常用于预测模型的算法，通过将大量数据有目的地分类，从中找到一些具有关联、潜在关联的数据。现有的已开发的决策树学习算法都采用自上而下、分而治之的递归方式搜索遍历可能的决策树空间。这种方法是算法和后继算法的基础。算法就是学习构造决策树的一个基本的归纳算法。

分类的目的是通过学习得到一个分类函数或分类模型,该模型能把数据库中的数据映射到给定类别中的某一个。分类和回归都可用于预测。预测的目的是从历史数据记录中自动推导出给定数据的推广描述,从而能对未来数据进行预测。利用决策树对数据进行分类遵循两大步骤:首先,对训练数据进行学习,建构一棵决策树,即决策树的归纳;其次,对于每个具体测试样本,利用生成的决策树提取的分类规则,确定样本的类别。按照决策树对数据进行分类的步骤,我们可以看出它隐含地定义了一个映射。这个映射所需要的过程就是决策树的数据判别从根到叶子节点的流程。当然,不同的决策树算法所形成的决策树是不同的,因此对同一数据集的分类结果也不同。

神经网络。神经元是神经网络中最基本的成分,人们将其结构模式模拟为神经网络模型。在生物神经网络中,每个神经元与其他神经元相连,当它"兴奋"时,就会向相连的神经元发送化学物质,从而改变这些神经元内的电位;如果某神经元的电位超过了一个阈值,那么它就会被激活,即"兴奋"起来,向其他神经元发送化学物质。在神经元模型中,神经元接收到来自其他多个神经元传递过来的输入信号,这些输入信号通过带权重的连接传递,神经元接收到的总输入值将与神经元的阈值进行比较,然后通过激励函数处理以产生神经元的输出。

一般神经网络模型的结构包括三个部分:输入层、隐含层和输出层。输入层主要将输入的数据转化成一串数字,隐含层则根据输入层输入进来的数字计算出一组中间的结果,最后输出层根据隐含层得到的结果做出最终的决策。每一层级的数据流通都源自上一层级神经元的传递。在神经网络工作时，每层神经元根据上一层的输出和对应的连接权重做加权求和后产生一个数值，这个数值需要经过一个非线性变换后再传递到下一层。这个非线性变换就是通过激励函数实现的。激励函数可以理解为将任意一个输入数值转化为有数值评判的过程，其作用类似神经细胞的信息传导。复杂神经网络的隐含层往往有多个，隐含层的数量越多，表达的能力就越强，从而能解决的问题就越多，所输出的决策就越有效。

线性模型。线性模型是一个通过属性的线性组合进行预测的函数，在相关条件设定后，模型得以确定。线性模型形式简单、易于建模，却蕴涵着机器学习中的一些重要基本思想，许多功能更为强大的非线性模型可在线性模型的基础上引入层级结构或高维映射得到。此外，由于变量条件直观表达了各属性在预测中的重要性，线性模型有很好的解释性。线性模型使用简单的公式通过一组数据点查找最优答案。通过已知的变量方程，可以求出想要预测的变量。为了求出预测量，我们输入已知的变量得到答案。换句话说，需要得到目标预测量，我们通过变量方程的拟定，输入相关变量算出我们的预测结果，进而作为决策的判断参考。在自激活的决策过程中，根据我们的数据信息特征，我们需要选定一个合适的模式进行参数调整。在设定学习规则时，我们能通过期望值不断修正权重，最终得到一个可用权重并用训练好的模型分类或预测新示例。

（三）决策输出

机器通过深度学习算法学习特征、构建模型并通过提取出的特征不断调整模型参数，机器已具备了自主学习的能力，学得一个正确的模型，可以根据这个正确的模型实现正确的分类或预测，即机器已具备了自主决策能力。机器的决策输出代表了机器自主学习的能力，决策越来越正确就代表了机器自主学习能力越来越强。当然，机器的决策输出受到很多因素的限制，特征学习的算法不同，任务模型的选择不同，机器自激活后价值输出就会不同。现在基于深度学习的特征提取可以实现更加抽象的特征表示，为自激活的价值输出提供了条件。我们将一步步细看自激活是如何进行决策输出的。

第一阶段是策略网络的形成。数据搜索和关联融合阶段提供的数据会在自激活阶段被提取特征，在已有先验知识的基础上，通过分类识别来自不同信息源的特征得出结果，这个过程是一个获取经验的过程。通过得出的结果形成一个对特征数据进行加工处理的神经网络模型，即策略网络。该策略网络的形成源于设定好的算法规则和决策目标。自激活的策略网络是一个有监督学习策略的网络，输入样本特征后，能够预判出解决问题的所有策略方案，并映射出每个策略方案获得成功的概率分布，通过观察具体的环境状态，直接预测出目前成功概率最大、最应该执行的策略。

第二阶段是总结规律。在策略网络建立后，机器就有了自行训练以强化学习的基础。为了达到训练的目的，自激活需要大量的训练样本，样本就是数据资源，训练好的模型就可以用来预判出更优更好的决策策略。整个样本的训练过程需要大量的数据资源，这是当下海量数据所能提供的优势资源。当然自激活并非仅仅通过单纯的训练就能完成最后的决策输出，而是接着用强化学习的方式进一步提高系统的性能。在这里，强化学习主要用来搜集更多的样本，从而提高系统的准确率。让机器不断面对新的刺激信号来训练完善自身神经网络，通过多次迭代训练产生不断升级版本的神经网络。参数的不断调整，使得构建的模型越来越准确，即总结获得更正确的规律。

第三阶段是最终决策的输出。不管是策略网络的构建、规律的总结还是决策的输出，都是自激活的价值输出。策略网络是价值输出的第一步，为最后的决策输出提供了条件，规律的总结是一个自主对弈和自主学习的过程，只为决策的准确性，最后决策的输出则证明了之前的自主学习特征。机器在已有的神经网络基础上，通过调整权重，进行争抢学习后输出策略结果。通过已形成的神经网络对现行策略结果进行验证，当决策的正确率不满足要求的时候，则将那些不满足要求的增加到训练中，返回重新学习，直到满足要求为止，由此输出最终最优的决策结果。

自激活的决策输出是机器智能决策的关键环节，决策的输出实现了自激活的意义。数据在通过相应模型的构建后提取当前事物的特征，并与系统内部特征数据库里的特征相匹配，然后根据训练特征集和测试特征集联合起来不断调整模型参数。当我们通过一个特定的模型运算时，自激活系统会有一个结果输出，这个结果或许是对数据的分类，或许是对数据的优化，或许是对数据隐含事件的一种预测，但是因为每个自激活系统的特征数据库不同及算法不同，所以输出的结果不同，进而做出的决策也会不同。即使是单个系统，针对预测问题时，自激活系统也会出现多种方案，这时就需要热点减量，才能更有效地使系统继续"学习"、实现超越。

第六章

热点减量化：智能筛选

激活数据学中的热点减量化是超数据时代如何对海量数据进行有效取舍的一个重要途径。所谓热点减量化，是指数据单元自激活后，在系统层面出现的帕累托最优状态。帕累托最优是资源分配的一种理想状态，是公平与效率的"理想王国"。热点减量化通过自激活步骤，对数据单元活跃状态进行清晰的层次划分，并以此为依据，挑选出更具价值的数据单元进行分析。通过模仿人脑筛选信息的遗忘机制，借鉴大数据信息取舍的方式方法，结合人工智能时代当下的需求，将遗忘因子作为热点减量化的一个结构性要素纳入分析系统，从而寻求在数据分析中实现以自然遗忘为要件的信息取舍。

第一节　遗忘，是为了更好的记忆

（一）人脑的记忆存储极限

大脑是由神经元构成的，神经细胞相互之间通过神经突触相互影响，形成极其复杂的相互联系，而记忆就是脑神经细胞之间的相互呼叫作用。[1]所谓"记忆"是一个复杂而宽泛的概念，一般人说的记忆，在认知科学中称作陈述性记忆，这种记忆可以说是人类独有的，具有很强的意识支配性。现代神经科学认为，记忆是脑部的神经元之间通过突触联系所产生的变化。通过学习，脑里面的神经元之间产生一些新的连接，就形成了记忆，之后如果再受到与之相关连的弱刺激，就可以激活所有相关的神经核团，在脑中再现原来的内容。[2]

脑神经细胞之间的相互呼叫作用的维持时间有些是短暂的，有些是持久的，还有一些介于两者之间。[3]据此，科学家将记忆分为短期记忆、中期记忆和长期记忆，其中，短期记忆的实质是大脑的即时生理生化反应的重复，而中期和长期的记忆则是大脑细胞内发生了结构改变，建立了固定联系。比如怎么骑自行车就是长期记忆，即使多年不骑，人们仍能蹬上车就走；中期记忆是不牢固的细胞结构改变，只有"曲不离口、拳不离手"，反复加以巩固，才会变成长期记忆；短期记忆是数量最多且最不牢固的记忆，一个人每天只将1%的记忆保留下来。

人类的大脑极其复杂，它包含了1 000亿个神经元，神经元

---

[1] 佚名.人的大脑的存储量相当于多少内存？[EB/OL].（2017–08–07）.http://www.360doc.com/content/17/0605/16/14106735_660226583.shtml.

[2] 知乎用户.记忆在大脑中是以何种形式存储的？[EB/OL].（2015–05–07）.http://www.sohu.com/a/13969987_111230.

[3] 佚名.人的大脑的存储量相当于多少内存？[EB/OL].（2017–08–07）.http://www.360doc.com/content/17/0605/16/14106735_660226583.shtml.

是大脑具备记忆功能的物质基础。所谓的神经元是一种特殊的细胞，长有成千上万个触手，各个神经元的触手相互通连，形成一种神经元回路，类似于电脑内存条里的电子回路，只不过要复杂得多。每个神经元通过突触，与其他神经元存在上千个联结，以传递信息，这使得一个人的大脑中大约有1 000万个神经联结。人们普遍认为，我们仅使用了大脑很小的一部分，但现实与之相反，健康人类大脑中神经元与突出的整个网络都是活跃的。但是，如果我们想要记住接收到的每个感觉刺激的话，大脑这种惊人的、巨大网格式的加工与存储能力将会被迅速淹没。

众所周知，早期人类存储信息是通过大脑来完成，大脑记忆是人类存储信息的最主要方式。我们的大脑是神经系统的中枢，在学习活动中，大脑是进行学习的最主要的器官，是积累知识经验的总存储库。关于大脑记忆存储研究的具体讨论，要从"大脑存储记忆原理"开始。大脑能储存记忆是利用了数字信号和模拟信号相结合的方式，可以称带负电的钠离子的间歇性流动为数字信号，因为这种信号只要产生就不会消失或减弱，而各个神经元连接处是有大约十万分之一毫米间隙的，这里的信号传输属于模拟信号。根据情况不同，传输情况也有所不同，人类的大脑就是利用这种数字信号和模拟信号的无限组合产生了千差万别的记忆。

许多神经科学家认为，日常生活中所发生的事情被转化成记忆临时保存到人脑的海马体中，再由海马体将记忆转移到新大脑皮质存储，这种形式为长期记忆。这个关于记忆存储转移的理论目前受到了挑战，美国布朗大学神经科学家马雅克·梅达和诺贝尔生理学或医学奖获得者、生理学家伯特·萨克曼共同主持了一项新的研究，找到了人类海马体和新大脑皮质进行"对话"的最好证据，表明了记忆存储是通过一种惊人的"互动"来实现的。这种惊人的"互动"并不是海马体以一种"脑细胞暴发"的方式向新大脑皮质上传记忆，而是新大脑皮质操控着它和海马体之间的"对话"。

人脑记忆存储是肯定不会放在真空中的，那么人类能够存储多少记忆呢？如果这些记忆用GB、TB之类的单位衡量，大概等于多大的硬盘容量呢？2014年3月《自然》杂志有一篇文章，分析称小鼠大脑的13个神经元的结构，数据存储量高达1TB。虽然一个重约1.4千克的成年人大脑有大约1 000亿个神经元，但这些神经元是否都用来存储呢？目前，科学研究已经表明，这1 000亿个神经元在我们的大脑中并没有全部用于存储。

从生物特性而言，虽然人类大脑中的神经元并没有全部被用来存储记忆，但是大脑存储数据的容量是非常庞大的。有神经科学家推算分析，人类大脑中的1 000亿个神经元即使只有1/10用于存储，也在使用高达100亿个神经元。小白鼠的13个神经元系统就存储了1TB的数据，那么人类大脑存储容量相当于7.6亿TB的数据。即使用当前最大容量8TB的硬盘来存储这些数据，也需要9 500万块硬盘，如果将这些硬盘（一个约为41毫米）摞起来，大约有3 895 000米高，相当于4 703座世界最高的迪拜塔

（828.14米）的高度。①

大脑存储信息容量的惊人能力表明了人类记忆的存储量是非常巨大的，甚至从理论上来说，我们认为大脑对记忆的存储不可能存在极限。这种关于大脑存储记忆无限的理论，是不是意味着在这个信息大爆炸的时代，人类的大脑就不会超负荷运载呢？事实上，在信息技术和通信技术日新月异的今天，只要睁开眼睛我们就可以看到信息，也可以说信息是无孔不入，听到的、看到的事物都包含着信息。当信息技术和通信技术以高速度发展并为我们提供信息之时，我们大脑的记忆存储极限也越来越明显（见图6–1）。限制我们的已经不再是技术，而是我们自身的生物学特性。

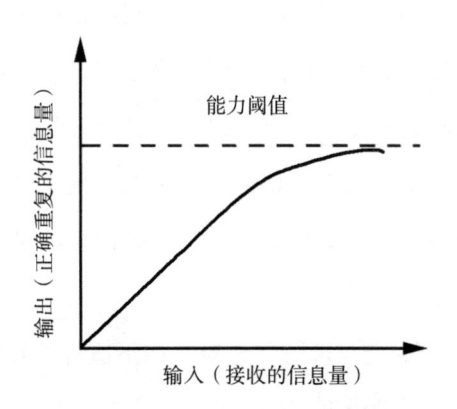

图6–1 人类大脑记忆存储极限示意图

据权威媒体报道，现代人类每天输入的信息量足以让通常的笔记本电脑超负荷运转一周，我们的大脑正承受着超量信息的负

---

① 火火.人类大脑等于多大存储量的硬盘？[J].中学生阅读（初中版），2017（9）：42–43.

荷。人类每天至少遇到 34GB 的信息，通过电子邮件、网页、电视和其他媒体，我们每天淹没在近 10 万字的信息中，相当于每秒 23 个词。[①]然而，对我们大部分人而言，在某种范围内，我们大脑接收到的 98% 的信息都是无用的。这种无用信息如果都被存储在我们头脑中的话，我们的大脑将承受超量信息。换句话说，信息超载有一天将会使我们大脑的记忆存储达到极限。

（二）记忆的选择性封存

大脑记忆的选择性封存（或称"休眠"）就像动物冬眠一样，只要有适宜的外部环境就将苏醒。有科学家认为，在大脑记忆的价值被特定主体利用殆尽之时，只是这些记忆的某一方面用途的价值被使用，并不意味着这些记忆没有任何价值，可能由于主体或主体记忆需求的改变，也可能由于其关联记忆的出现，使其成为非常有价值的记忆或者是记忆集合中的关键记忆。也就是说在特定时间和空间内，对于特定主体，大脑记忆的价值出现选择性休眠状态。

"休眠"一词，与"苏醒"相对。在不适宜的外部环境中，某些动植物的生命活动极度减少，此时为了降低能量损耗，其进入昏睡状态；一旦外部环境改善，适宜生存和生活，其将苏醒过来，照常生长、活动。所谓大脑记忆休眠，就是在大脑记忆环境的局限下（比如关联记忆不足、主体记忆需求消失），对特定主体而言，某些记忆的价值极度衰退，但并没有把这些记忆清除，而是

---

① 丁立福.超量信息不利大脑深思[J].大学英语，2010（3）：16–17.

将这些记忆封存,此时这些记忆进入"休眠"状态,一旦大脑记忆环境改善(比如关联记忆充足、主体新的记忆需求出现),这些记忆的价值"苏醒",并重新被利用,满足主体新的记忆需求。

大脑记忆价值的休眠是客观存在的,不以人的意志为转移。但被特定主体满足了特定需求之后,记忆有两条:一是清除,使其走向记忆生命的终点——记忆消亡;二是保存,依靠大脑记忆存储延续记忆生命,使其处于记忆休眠状态,等待其价值的复苏,被再利用,实现记忆增值。记忆消亡和记忆休眠属于此消彼长的关系。

信息的真实价值就像漂浮在海洋中的冰山,第一眼只能看到冰山一角,而绝大部分则隐藏在表面之下。正如经济学家所谓的非竞争性一样,大脑记忆不同于其他物质性产品,一个人对其使用不会影响到其他人的使用,大脑记忆的价值也不会随着使用而有所损耗。大脑记忆的价值也并不限定于特定主体或用途,它可以为了同一目的被使用多次,也可以用于不同的方面。

大脑记忆由低级阶段向高级阶段的每一次跨越,都离不开人类的价值创造活动,并为大脑记忆注入新的价值。老化的大脑记忆或基本用途价值完成的记忆被加入人类的创造活动,也会为其注入新的价值,或激发其休眠的价值。更何况大部分被认定已经衰退或死亡的大脑记忆并不是没有价值,而是因为记忆很难被人们获取,或是被大脑选择性地过滤掉。像休眠的火山一样,它拥有巨大的存储着的或潜在的能量,只是处于休眠状态,在未来的某个时刻能量总会爆发。同理,记忆的某一特定的基本用途完成后,记忆的价值仍有,只是处于休眠状态,就像休眠的火山一样,直到它被再利用并再次实现新的价值。记忆价值应该是其各种用途价值的总和,而没有被实现的用途价值便是记忆的潜在价值,也就是这部分潜在价值处于休眠状态。潜在价值的内涵说明,大脑应尽可能多地收集记忆并尽可能长时间地将其保存。

依附性和可存储性是记忆的基本特征,这两个特征都说明记忆必须依附于一定介质而存在,记忆只有首先被存储了,之后才能被利用和继承。记忆存储是记忆休眠的前提条件和物质基础,没有记忆的存储,也就不能被再利用,记忆也随存储介质的销毁而消亡,记忆休眠也就无从谈起。因为存储空间的不足,许多资源的生命进程被人为终止。记忆存储技术的出现与进步对记忆休眠的出现及记忆休眠程度的提高起到决定性作用。

记忆休眠的目的是对其再利用,使其实现记忆增值。要实现记忆增值必须解决两个方面的问题:一是记忆资源的存取;二是记忆资源的建设和开发,即记忆处理。对特定主体而言,处于记忆休眠状态的记忆大多属于老化记忆,记忆价值极低,如果没有与其他关联记忆再组织,其将长期休眠。记忆处理对于处于记忆休眠状态的记忆能否再利用及其利用程度起着主导作用,即记忆复苏的出现及程度与记忆组织和处理技术的发展息息相关。记忆存储技术和记忆处理技术是两个最关键的记忆技术,也就是说关键记忆技术的发明和进步影响着人类对记忆的处置——清除或存储,同时也影响着记忆的再利用,即关键记忆技术的出现和发展与记忆休眠和记忆复苏的出现及其程度有着密切关系。

结构决定功能,功能反映结构的状态。就如同金刚石与石墨都是碳的同素异形体,其硬度却有天壤之别,其本质原因就是碳原子排列顺序不同。在记忆集合中,记忆自身的结构及记忆相互之间的结构都决定了记忆集合的组成,同样也就影响了其功能和效用。除了必不可少的几种反应物质,在一个化学反应中,还需要发生该反应的场所(比如试管、烧杯和烧瓶)、加热器及催化剂等反应条件。

由于大脑存储信息的先天不足,面对海量信息,人类只能望洋兴叹,只会考虑如何清理所谓的无用记忆,实际被清理的无用记忆蕴含着大量的价值,记忆生命大多面临消亡,很难得到延续。在大数据技术的牵引下,记忆存储与记忆处理并重,记忆再利用特别是老化记忆的再利用成为可能,由此记忆会出现多次或无限次生命延续的现象。

记忆在首次被挖掘利用基本价值之后,仍存在很多潜在价值,但由于记忆技术和记忆意识,大多被人为地画上记忆生命的句号,面对与日俱增的海量记忆而感觉无记忆可用,或者找不到自己所需要的记忆。记忆利用—记忆休眠—休眠复苏—记忆再利用—记忆休眠—记忆复苏,这个循环在传统记忆技术条件下不存在或者只会循环几次,而在大数据时代,当我们拥有了释放记忆隐藏价值的理念和工具,将处于记忆休眠的大量老化记忆再开发再利用,这个循环不再是几次或者几十次,而是无限次。[1]

---

[1] 杜彦峰,相丽玲,李文龙.大数据背景下信息生命周期理论的再思考[J].情报理论与实践,2015,38(5):25-29.

（三）遗忘也是一种学习

遗忘是人类的天性。从古至今，人们不断尝试用本能、语言、绘画、文本、媒体、介质来记住知识。千年以来，遗忘始终比记忆简单，成本也更低。[1]遗忘是记忆中的一个特殊功能，人类的感觉器官接收到的信息非常多，而遗忘使得人只保留重要的、相关的信息。记忆心理学家指出，遗忘并不是一种疾病，适当的遗忘对个体来讲是必要的，并且也有利于个体的身心健康。在许多情境中，努力记住所有信息的回忆所呈现出来的效果是非常差的，如果能够学会遗忘比拥有"记忆术"更有价值。

根据目前大脑研究者对解释记忆的生理基础所提出的理论，人类在记忆的时候，神经元之间会建立新的特异的突触联系。当人要记忆多件事物的时候，这些单个的突触联系就会形成"网络"。网络带来的好处是，当信息需要被读取的时候，过程的切入点并不一定是该信息本身，还可以是该网络上的其他节点。再遵循这个切入节点与所需信息的节点之间的连接（该过程被称为联想），大脑就可以同样得到需要的记忆信息，并且将它装载到"内存"中，这也解释了单一事件与其他事件建立的联系越多，就越不容易被遗忘。[2]

人类大脑不像摄影机那样机械记录，记忆的目标并非随着时间推移去传递最准确的信息，而是通过掌握最有价值的信息来指

---

[1] 维克托·迈尔–舍恩伯格.删除：大数据取舍之道［M］.袁杰，译.杭州：浙江人民出版社，2013：23.

[2] 徐美云.请学会遗忘［J］.今日科苑，2014（9）：80.

导和优化智能决策，忘记或许更有助于人们日后做出最佳判断。人们总认为，好的记忆力就是永远不会忘记东西，能够长时间清晰地记住更多信息。心理学家的观点却正好相反，他们认为大脑正积极努力地忘记，忘记东西也许可以帮助我们"操纵"一个随机和不断变化的世界。忘记不相干的细节是大脑的一项重要工作，可以让它把注意力集中在那些有助于现实决策的信息上面。

好记性不等于记住所有事情。遗忘不仅有助于我们在单一信息里过度泛化，也有助于我们驾驭这个从未止步的世界。如果大脑拥有完善的记忆，那么不再遗忘的后果比人们建立并维护多年的声誉遭受一次正面攻击的后果更深远，也更让人苦恼。如果我们过去所有的行为，无论是否违法、都一直存在，那么当我们进行思考与决策时，怎样才能从自己的过去中解脱出来呢？完善的记忆会使我们对待他人像对待自己那样不宽容吗？[①]

遗忘是一种自然生物机制，通过删除记忆去除不必要的信息，我们才得以维持正常的神经系统。从生物学的角度看，遗忘可以减轻大脑的负担，降低脑细胞的消耗速度。我们的大脑细胞以每天 10 万个左右的速度消亡，而如果我们不能忘记那些不开心的事情，脑细胞的死亡速度会增加几倍甚至几十倍，这就大大增加了大脑的负担。遗忘能够减少这样的消耗，让自己不那么痛苦。忘掉信息中不重要的部分，可以减少信息的冗杂度，从而减轻记忆和认知负担，这就相当于清除手机缓存，删除不常用的文档，腾

---

① 维克托·迈尔–舍恩伯格.删除：大数据取舍之道［M］.袁杰，译.杭州：浙江人民出版社，2013：25–63.

出更多空间。①

科学研究发现，新增的神经元是偷走大脑记忆的"真凶"。哺乳动物在成长过程中，大脑中有两个其他动物没有的区域在不断地产生神经元，海马环路是其中一个。新的神经元在海马环路中不断生成，激烈地争夺着"地盘"，改变预先存在的神经元连接，建立新的神经元连接，严重扰乱了储存旧记忆的大脑电路。这些早期的连接大多数会被"修剪掉"，导致神经元连接被毁坏，使这部分记忆被遗忘。②

对无价值的旧信息或不相关的信息的遗忘主要通过有意遗忘范式来研究③，有意遗忘的机制之一是削弱或消除编码记忆中神经元之间的突触连接，强行让人遗忘。关于有意遗忘的机制有多种解释，比如双过程理论、注意抑制理论、编码理论和提取抑制理论，这些理论从不同角度解释了有意遗忘的机制。其中，编码理论对有意遗忘效应的解释得到了很多的实证支持。

编码理论又称选择性复述理论，有选择的复述是造成记忆差异的原因。当记住指示符出现时，被试会继续复述刚才呈现过的项目，当遗忘指示符出现时就不再复述，这就造成了记忆项的编码比遗忘项的编码更加精细，这种有选择的复述会形成一种注意选择机制，即当被试意识到一些项目要被忘记时，他们会尽最大

---

① 忘掉不开心.遗忘是大脑的自清理过程［EB/OL］.（2017–10–27）.http://baijiahao.baidu.com/s?id=1582385941499724076&wfr=spider&for=pc.

② 贡水.遗忘让人更聪明［J］.检察风云，2017（19）：38–39.

③ 王恩国，叶枝娟.有意遗忘研究的新进展［J］.心理研究，2010，3（6）：45–50.

努力记住要求记忆的项目，而在要求遗忘的项目上花费最小的精力。[1]

遗忘不仅对人类很重要，对其他生物也非常重要，甚至可以说对所有生命都很重要。实际上，记忆困难可能是热力学第二定律的一个隐含结果。热力学第二定律是最基本的自然规律之一，它说明了宇宙（作为一个热力学系统）的随机性必然会增大，对此我们毫无办法。当然，我们能够人为地消除一些随机性，比如通过将气体分子放回密闭的容器。但是这么做需要更多的努力，用物理学家的术语来讲，这需要能量，如此便导致了比我们开始时更大的整体随机性。不是容器内部的随机性，而是容器外部的随机性。创建记忆是在我们的大脑内部制造某种秩序，这也需要能量。另外，遗忘也可以是随机的，不需要高耗能的排序。因此，从根本上讲，物理学也告诉我们，记忆不像（随机的）遗忘，往往是需要付出代价的。[2]

第二节 删除，数据取舍之道

（一）数字记忆是生物记忆的延伸

有史以来，对人类而言，遗忘一直是常态，而记忆才是例外。[3]然而，在信息时代，我们在每天的工作和生活中都会接触

---

[1] 王恩国，叶枝娟.有意遗忘研究的新进展[J].心理研究，2010，3（6）：45–50.
[2] 维克托·迈尔–舍恩伯格.删除：大数据取舍之道[M].袁杰，译.杭州：浙江人民出版社，2013：32.
[3] 维克托·迈尔–舍恩伯格.删除：大数据取舍之道[M].袁杰，译.杭州：浙江人民出版社，2013：6.

到大量的信息,这些信息来自学校、工作单位、医院、超市、酒店等。信息类型也是多种多样,包括文字、图像、声音、视频等。由于我们的大脑对信息遗忘的这种生物属性,实际上,只有很少的一部分信息能够被保存下来,另外一些则是以纸质或是数字形式保存。

事实上,在这个信息爆炸的时代,人们都想获得更好、更全面的记忆,希望能够在需要的时候立即清晰地回忆起过去所发生的事件,因为这会给我们的生活和工作提供更多的便利。例如,当患者因过敏去医院就诊时,能立即准确地告诉医生过去一周吃过的食物;当文学研究者想要了解莎士比亚的生平时,只需要简单地打开他的数字化记忆便可知晓详细信息。为了减少记忆遗忘发生的概率,人们试图通过各种辅助措施来改善这一现状,如商场货架上摆放的各类增强记忆的保健品。与增强记忆相关的产业规模也在不断扩大,2007年,美国"健脑计划"和"神经软件"的相关市场规模已经达到2.25亿美元,各式帮助记忆的图书、记忆术、保健品、计算机软件和设备层出不穷。

想要拥有更完善的数字化记忆这一想法由来已久,早在1945年计算机还是一个刚发明不久的庞然大物时,美国科学家就设想过一种人们可以保存自己全部信息的个人媒体库。个人媒体库的多数内容都存储在缩微胶卷上,通过不断地插入胶卷以增加新内容。各类图书、图片、期刊和报纸都通过此方法在个人媒体库中输入和输出,商业信函也不例外。

科学家的设想在今天看来似乎就是一台集成了麦克风、多显示屏、扫描仪等设备的台式电脑。随着数字技术与全球网络的发展，数字化时代的到来使得保存全面的数字化记忆成为可能和现实。1995年，比尔·盖茨在其《未来之路》中也写道："总有一天，我们能够记录所见所闻的一切。"1998年，美国计算机科学家将全面数字化记忆付诸实践，创建了世界上第一台存储"一个人一生中所有信息"的信息设备，该信息设备使用可穿戴相机、录音笔、GPS（全球定位系统）等设备来帮助个人记录生活中的信息，标志着全面数字化时代的到来。[①]

全面数字化时代，人们努力想要记住的信息属于不同的形式，包括数字形式和非数字形式。"数字化记忆"指运用多种数字存储设备将人类社会生活中的各种信息都数字化并保存起来。相对于生物记忆，数字化记忆可以看作对生物记忆的巨大延伸。为了更好地了解数字化记忆的延伸特性，有必要比较一下生物大脑的记忆存储方式与计算机存储数据方式之间的差异。

生物大脑的记忆是通过神经元或神经细胞之间的相互关联的模式存储的，而计算机则依靠一系列微电子元件的开启或关闭来保存数据。大脑和计算机都能存储信息、处理信息，并能根据信息的状态决定具体的行动步骤。基于这些原理，我们可以认为这两个系统都拥有记忆能力，但这种相似性仅停留在粗略的表层。一旦揭开其神秘的面纱，我们就会发现生物记忆与数字化记忆之间存在巨大的差异。

[①] 谢笑，王文韬，谢阳群.基于个人信息管理的全面数字记忆探析［J］.图书馆，2017（1）：17–23.

作为大脑的所有者，人类总认为记忆是一种孤立的资源，但这只是大脑呈现的一种假象。研究生物记忆的科学家们将人类记忆描述为三种系统，即程序记忆、语义记忆和情景记忆。其中，对程序记忆来说，任何辅助都无助于人类加强这方面的记忆。但是，人类的记忆和情景模式能通过数字化记忆扩展。众所周知，生物记忆出错在所难免，但它的严重性恐怕还是要超乎我们的想象。神经科学家的研究早已表明，那些情景记忆会渐渐失真，与真实的情况相比，错误的记忆似乎更为清晰。[1]

在全面数字化时代，计算机能够驾轻就熟地将所有事物都精确地记录在数字化记忆库中，大脑却无法做到这一点。大脑在记忆某件事情时，它包含的记忆实际上只是碎片化的、令人印象深刻的片段。之后，在需要重新检索该段记忆时，它会使用一个大框架整合原有的片段集合。于是，当这些记忆再次浮现于我们的脑海中时，我们会误以为这是一份高保真的记录。其实，对存储在大脑中的全部记忆而言，都具备渐进、突变和失真的可能性，只有少数内容是千真万确的，其他部分就像是由一些道具、布景、群众、演员和影视素材组合在一起的新的情景剧。

对人类大脑来说，记忆是例外，遗忘是常态。对计算机而言，记忆是常态，遗忘才是例外。生物记忆是主观的、不完整的、带有情感色彩的，具备自我过滤、主观写意和可变的特性；数字化记忆则大为不同，数字化记忆是客观的、冷静的、完全陈述事实

---

[1] 维克托·迈尔-舍恩伯格.删除：大数据取舍之道[M].袁杰,译.杭州：浙江人民出版社，2013：25–63.

的，数字化记忆没有任何假象，没有丝毫偏差，具备高度的准确性。与生物记忆相比，数字化记忆不会困在橱柜和鞋盒中，它们可以在台式机或大屏幕上大放异彩。它们还可以和我们一起去旅行，陪伴我们，让我们再次见到那些我们珍爱的面孔，重温往昔的欢声笑语。这也就是说，数字化记忆已经成为生物记忆的一种无限延伸。[①]

（二）全面数字存储下的信息失控

数据存储作为信息记录的主要方式，是人类千百年来都在探索和应用的主题。从 5 000 年前埃及人把象形文字刻在石碑上开始，人类就把信息用抽象的方式，以文字、绘画等形式记录在特定的载体上，如甲骨、竹简、纸张等，实现信息的保存和传播。计算机面世以来，人类社会进入了一个以数字化为特征的历史性阶段，人们将各种形式的信息以数字的形式进行处理、传输和存储，再将其转换为各种形式的信息加以利用。大规模的数字化使得信息总量呈爆炸式增长，特别是互联网的兴起和普及，大大方便了信息的流通交换。

无论是个人的数据资料、商业运营文件，还是保证国家和社会正常运转的数据（气象数据、经济统计数据、石油勘探数据等），都离不开各种信息数据的传输、处理和存储。社会数据的总量在过去几十年呈现指数级增长，在短时期内还没有发现什么因

[①] 戈登·贝尔，吉姆·戈梅尔.全面回忆：改变未来的个人大数据［M］.漆犇，译.杭州：浙江人民出版社，2014：56–62.

素能够放缓这种增长速度。摩尔定律曾断言，处理器的性能会每18个月增长一倍。相应地，通过若干年的观察，网络带宽和存储容量增长也都具有指数型增长的规律。图灵奖获得者詹姆斯·格雷提出一个经验定律：网络环境中每18个月产生的数据量等于在此之前所有数据量之和。因此，对信息存储的需求将是无止境的，数字存储技术在这种强烈需求的驱动下得到了空前的发展。

20世纪40年代初期，当数字处理技术刚刚开始起步的时候，数字存储的代价极其高昂。第一台成功的商用计算机UNIVAC（通用自动计算机）的主存储器有12 000个字符（字节），同时一盒磁带驱动着它的大容量存储器。磁带是一项很有用的创新，但是其价格昂贵，提取数据的速度也很慢。一时间，人类在数据的存储方面面临严峻的挑战，海量数据存储也逐渐成为制约人类社会经济发展的瓶颈。

随着科学技术的发展，数字存储量的增长速度已经远远大于人类目前存储资料的增长速度。几十年前，出于价格成本的考虑，我们需要非常谨慎地考量到底应该保存哪些信息。然而，最近十几年，科技和网络在飞速发展，与此同时带来了数字存储量的大幅增加和价格的大幅下降。由于数字存储容量、所占空间大小和所需要的费用的极大改变，在生活中"保存一切"成为可能，网络和云存储的兴起更使得人们能够利用多种设备从不同的地方记录和管理保存的数字信息。保存完整的数字化记忆不仅能够帮助我们实现更完善、更及时的信息管理以及满足信息需求，而且能够保存较为完整的生命记录，让我们在虚拟世界实现生命不朽。

当前，数字技术已经从根本上改变了能够被记住的信息内容，改变了记住信息的方式，也改变了记住信息所要付出的代价。随着经济约束的消失，我们已经开始大量增加存储到数字外部存储器中的信息量。[①]数字存储器是伴随着互联网技术的发展和数字时代的到来而产生的新的数据存储方式，它的成功问世为数字存储提供了一种廉价而可靠的存储可能，使得当前数字存储成本得以大幅度降低，以至于在数字存储器上存储信息，即便是全屏视频，比纸张、胶片与磁带这类模拟存储信息的方式还便宜，这使得我们保存和生成海量信息成为可能。

依托日益廉价的数字存储器，数字化记忆以其数字化、易于提取和全球覆盖的特点深刻地影响着人类的生活。它使得人类能够开创性地利用巨大的数字信息资源，形成了一种创造、再创造和共享的时代文化。数字化记忆的超强信息存储能力为人类提供了一种信息延续和保存的策略。与此同时，我们依然有理由担忧，随着大数据能够越来越精确地预测世界的变化以及我们所处的位置，它对我们的隐私和决策过程也造成了影响。如果缺少适当的数据管理规程，包括长期并可靠地进行适当的备份，数字化存储的好处就无法完全显现出来。正如专家所说，不像硬盘存储空间的成本那样，这些数据管理的成本不会每隔一年半到两年就减少一半。很显然，即便牢牢遵守这些限制，不仅个人，就算像公共组织这类私密的机构也遭遇了永久而广泛的存储造成的后果。

---

① 维克托·迈尔−舍恩伯格.删除：大数据取舍之道［M］.袁杰，译.杭州：浙江人民出版社，2013：71.

数字化记忆存储不仅支持了等级森严的机构和社会的控制，还会去找求对他们自身的支持，从而在信息权利分配问题上加剧现有的不平等。其次，数字技术提高了便捷性，但也使人们置于数字技术的监视下，引发了隐私保护的危机。由于数字化记忆的可访问性和持久性，信息权利不仅从个人手里转移到一些知名的交易方手里，而且转移到了其他不为人知的机构手里。这些数据一旦上传网络就被永久保存，我们也就丧失了对信息权利的控制力。

事实上，数字化存储在给人们带来生活与工作便利的同时，也因其全息化、强记忆的特性对人们形成了信息压制，数字化存储造成的这种遗忘缺失导致了一个"没有安全和时间的未来"，引发了诸多社会问题。因此，依据何种理念，应用何种技术恢复记忆的遗忘本性、在记忆与遗忘之间寻找平衡点，就成为数字化时代信息取舍面临的核心问题，也成为克服数字化时代信息压制的主要进路。

（三）数字记忆与信息取舍

处于信息大爆炸时代，信息存储、信息分享和数据挖掘手段可以低成本、高效率地将大量、高速、多样的原始数据存储下来，并且可以随时进行分析和处理。这使人类实现了多年来一直追寻的完整数字化记忆状态成为现实，如今的世界已经被成功地设置为记忆模式，在享受数字化记忆带来的好处时，我们依然不乏担忧。数字化记忆打破了原有的记忆与遗忘的平衡，使我们失去了人类最重要的遗忘能力，对数字化记忆的依赖束缚了我们从中学习、成长和发展的能力。

虽然数字化记忆可获取事物的全部细节，但是并未对信息进行任何归纳处理，而是直接存储了原始数据，并且不对信息进行抽样，而是采用整体数据。由于数据本身的价值密度相对较低，人们从海量信息中获取真正有用的信息越发困难。从某种程度上来说，数字化记忆成为这个时代信息取舍的绊脚石。如果说数字化记忆是我们取舍信息的一道屏障的话，那么面对完整的数字化记忆，我们应该如何对信息进行取舍以获取有价值的信息呢？

目前，人类进行信息取舍的基本理念是一种二元论的模式，即以保存与删除为对立范畴的一种理论建构，该理论模式要求我们对海量数据依据某种价值目标做出非此即彼、非存即舍的选择，并相应地采用数字化限制、保护信息隐私权、建设数字隐私权基础设施、调整人类的现有认知、打造良性的信息生态、完全语境化等方法。其中，前三种方法旨在预防或减轻数字化记忆对信息权力的挑战，后三种方法主要是预防或减轻数字化记忆对时间所构成的挑战。这些信息取舍方法都具有明确的价值导向，在某种程度上具有一定的成效。

数字化节制。数字化节制是在数字化时代，人们为了不失去信息控制权，用节制[①]输入个人信息的方法来避免被暴露在无边的数字监狱中。数字化节制的信息掌控权在于个人，是借助于个人的信息取舍制造一个人为的信息遗忘情境，以提升数字化记忆有

[①] 所谓节制是指适可而止、不过分、有纪律、能被自我控制的行为。它针对的是那些可以做，但是不可以超出范围的活动。

效性的方法。但是，这种方法受个人偏好的影响过大，其客观性会大打折扣，其规范性也无法得到切实的保证。因此从社会规范方面和公共权利方面探索一条以信息遗忘为前提的信息取舍之路就成为一种更具建设性意义的选择。

保护信息隐私权。在数字化时代，信息隐私权[①]不仅依赖个人对触犯者采取行动的意愿，而且依赖法律系统的执行能力。简言之，保护信息隐私权需要一个精心构建的法律机制来实现，从法律的视角出发，用法律限定信息的取舍，保护信息隐私，这种权利是对数字化记忆中的信息控制权问题的适当回应。这种方法认为："法律除了在现实生活中应该规制和保护我们的生活，还要在网络世界保护我们，规定使用他人的私人数据应该得到法律的授权且要具有合理的目的。"

建设数字隐私权基础设施。建设数字隐私权基础设施是用技术限制未经授权的信息的使用，是解决如何通过技术手段保护数字内容免遭非法复制和传播的技术架构。数字化时代，版权的范畴里，信息是指音乐、电影、游戏、数字图书等，而遗忘的范畴里，信息是任何个人信息、信息的使用者以及使用方式。这需要媒体播放器检查这些元信息，并拒绝播放未获得适当授权的信息内容。也就是说，数字化时代建设数字隐私权基础设施是："为防

[①] 信息隐私权就是个人享有其私人生活安宁和私人信息秘密依法受到保护，不被他人非法收集、侵扰、公开和利用的权利。它的核心原则是向个人提供法律认可的个人信息权利，从而赋予他们维持信息控制的权力，决定自己的信息是否可供其他人使用。

止信息内容被未经授权的设备播放或复制，内容和元信息常常被加密，需要一个只有获得授权的设备才能'识别'的特殊密钥，它完全是建立在技术上的。"[①]

调整人类的现有认知。数字化时代，"人们能够做到有意识地忽略过去，接受人类是永恒变化、绝非一成不变的事实，那么所有信息的长期存在将不再具有那么大的威胁"[②]。也就是说如果人们能接受过去的记忆，就调整了头脑，调整了自身的认知机制，使自己适应数字化记忆的世界，这样的认知调整将会消除决策不明或反应不及时的潜在危险。人们不需要通过新法律来改变社会，不需要发展和使用新的技术架构，因为必要的改变发生在我们的头脑中。而且通过重塑思考、评估和决策的方式，人类可以用适应能力来应对数字化记忆，而这正是生物演化的根本要素，适应变化的环境。

打造良性的信息生态。信息生态用来表达生态观念和日渐重要与复杂的信息环境之间的联系。随着生态学在社会学、经济学等各个学科的渗透，"信息生态"概念由最初利用信息技术来研究生态学发展为人、社会组织与信息环境之间关系的研究。信息生态是杜绝不正当使用信息的一剂良药，它规定了什么信息能被收集、存储，并且能被记忆、记忆多久，是一种有意的约束。一个

---

① 维克托·迈尔-舍恩伯格.删除：大数据取舍之道［M］.袁杰，译.杭州：浙江人民出版社，2013：163–201.

② 维克托·迈尔-舍恩伯格.删除：大数据取舍之道［M］.袁杰，译.杭州：浙江人民出版社，2013：163–201.

人将信息委托给他人后，一旦委托的目的达成，信息的接收者必须将其删除，它以法律作为支撑，如果继续使用该信息就是非法的，会受到相应的法律制裁。

完全语境化。数字化记忆的完全语境化需要建立比现有的技术更强的技术基础设施，能更全面地搜集、保存和提取生活中的各种信息。在完全语境化的社会中，所有人都能获取有关任何事的全面信息，个人信息控制被普遍透明度所替代，创造了一个反监视的世界。而且所有人都能获取所有信息，使一些拥有各种技术、组织和经济手段的人能更好、更深入地整合信息，从而催生一个新的信息有权者与无权者格局，不平等的信息权利不用分配便会自动生成。

上述 6 种二元论的方法分别从个人控制信息分享的能力以及人类利用信息进行决策的过程两大方面入手，都是信息非此即彼、非存即舍的方法。其中，数字化节制、保护信息隐私权和建设数字隐私权基础设施是为了应对信息隐私的泄露，解决数字化记忆中信息权利困扰的二元论对策。调整人类现有的认知、打造良性的信息生态和完全语境化则更直接地面对了遗忘终止的问题，应对了数字化记忆中时间的挑战。

第三节　筛选，选择最优决策

（一）数据匹配与简约

伴随着超数据时代的到来，人们越来越茫然于什么才是自己最需要的内容、什么才是自己现在最想得到的数据。作为信息的生产者，人们需要考虑在海量数据中如何使自己的信息引起用户群体的注意，而不至于湮没在超数据时代的信息洪流中，这是一件难度相当大的工作；同时，信息的获取者也需要在互联网的海量信息中找到自己真正需要的信息，这也是一件工作量巨大的事情。因此，如何实现面向海量数据环境的热点减量化成为激活数据学研究的重点。

所谓热点减量化是数据单元自激活后，在系统层面出现的帕累托最优状态，是公平与效率的"理想王国"。热点减量化就是实现数据处理资源优化配置的理想路径[1]，通过自激活后，对所有数据单元活跃状态进行清晰的层次划分，并以此为依据进行热点的过滤和筛选。与大数据时代的数据处理一样，热点减量化是超数据时代的重要信息取舍方式之一，它同样遵循了大数据处理的简约原则。

所谓简约原则是牛顿创设的一条"极简主义"的节约规则。在牛顿看来，神奇的自然界在创设过程中选择的简单性和对烦琐的厌恶，使得人类也形成如下观念："在用很少的东西就能够解决问题的情况下，绝不劳力费神和兴师动众"；要始终体现大自然所遵循的简约性、精准性、合理性与有效性。欲达此目的，就需要在云计算或大数据处理中遵循简约原则，选择有用数据，淘汰无用数据；识别有代表性的本质数据，去除细枝末节或无意义的非本质数据。要能够确认数据之间的巨大差距或差异，以及鉴别和

---

[1] 大数据战略重点实验室.块数据2.0：大数据时代的方式革命［M］.北京：中信出版社，2016：125–126.

挑出那些"以一当十"的数据和信息。[1]

热点减量化遵循大数据处理的简约原则，这是否表明在超数据时代对信息取舍方式与大数据时代的方法一致呢？答案是否定的。如上所述，我们已经了解了大数据时代信息取舍的6种有效方法，即数字化节制、保护信息隐私权、建设数字隐私权基础设施、调整人类的现有认知、打造良性的信息生态和完全语境化，这6种方法是当下社会各个领域、部门进行信息取舍的主要方法，是规避数字化记忆带来的压力、有效取舍信息的重要途径。但是，这些信息取舍方法都是保存和删除的二元论，是以方法论为前提的信息取舍方法。这种包含明确价值取舍的设计计划是以特定价值目标为目的的非此即彼的强制取舍，不是超数据的信息取舍方法。[2]

超数据时代与人类记忆和遗忘的生物性进程相反，与大数据时代记忆与遗忘的数字化进程相同。由于数字化记忆的持久性、全面性，记住什么已经不成问题，反倒是怎样遗忘，特别是恢复记忆伴随遗忘的自然过程成为超数据取舍的价值目标。也就是说，传统的信息处理方式是以克服遗忘、强化记忆为目的的信息处理模式，或是以特定价值目标为目的的非此即彼的强制取舍模式，而超数据时代的信息处理模式可以总结为以恢复自然遗忘为目标的记忆模式构建。正如舍恩伯格所言："人类必须走出数字化记忆

---

[1] 张帠.大数据处理应遵循的原则［EB/OL］.（2015-03-02）.http://www.cssn.cn/dzyx/dzyx_gwpxjg/201503/t20150302_1529441.shtml.

[2] 朱玉静.从二元论到自然一元论—大数据取舍探析［D］.黑龙江：黑龙江大学，2015.

的阴影，而我们也有能力做到，那就是恢复遗忘。这并不是在鼓吹一个无知的未来，而是在承认一个随着时间推移思维会演变、观点会调整的未来。无论如何，面对即将到来的超数据时代，我们要确保自己依然记得遗忘的美德。"

在超数据时代要想保持记忆的遗忘维度，凸显记忆的自然遗忘美德，一方面要加强对超数据取舍的本质理解，另一方面要将遗忘因子作为数据分析和取舍的结构性要素。从本质层面理解超数据的取舍，超数据的取舍既是一个全息化的过程，也是一个自然的全息化过程。因为超数据分析的特点是海量数据的分析，同大数据时代和小数据时代相比，它的突出特色就是"要分析与某事物相关的所有数据，而不是依靠分析少量的数据样本"，这种数据分析的特点可以概括为"让数据发声"。"让数据发声"是超数据时代典型的时代特征和时代要求，其理论内涵并非是让超数据单一化地"发声"，而是要让超数据多样化地自然"发声"。这既展示了超数据的"记忆出色"功能，又实现了其"出色记忆"本质；让记忆好成为好记忆。因而这种数据分析的过程可以成为自然的全息化过程。

这样一种理想型的数据选取过程能否实现呢？如果不能实现，我们又如何应对这一理想型的价值诉求呢？显然，让数据分析完全按照人类自然记忆的方式选取是一种理想追求，目前以技术手段彻底实现还不具备条件。但是在超数据取舍过程中，可以将其作为一种设计计划的价值目标，作为一种设计计划的逻辑前提。在不同的设计计划中，将体现不同价值需求的遗忘因子引入数据分析，以此部分实现超数据分析的自然全息化过程。个性化推荐中的"基于自然遗忘的协同过滤算法"可以看作实现这种自然全息化数据分析理念的可能形式之一。

协同过滤算法是个性化推荐的主要数据方法。目前，个性化推荐技术主要有基于内容的推荐和协同过滤推荐。基于内容的推荐算法是假定用户的兴趣不变，根据用户以往的数据预测其可能喜欢的项目的特征，然后根据用户数据特征与内容特征的拟合，向用户推荐项目。这种推荐方式的主要缺点之一就是时效性差，推荐的内容没有充分考虑用户的当下需求。协同过滤推荐则是将信息综合的区域扩大，搜索目标用户的若干近邻，因为在现实生活中，对于不了解的问题或事物，人们往往会咨询自己的朋友或是和自己兴趣相似的人，并根据他们的判断做出自己的选择，因而可根据近邻对项目的预测评分生成推荐列表。同时，协同过滤算法也会考虑客户的兴趣随时间而改变的可能，将时间要素引入个性化推荐分析，进而增强推荐的时效性。

应该说协同过滤算法提供了一个包含时间维度的数据分析模式，这种模式体现了数据减量化分析的历史性特征，综合了用户的当下需要，在形式设计方面满足了包含遗忘的历史记忆的数据取舍要求。具体而言，就是"将遗忘因子作为信息取舍的一个结构性要素纳入分析系统，从而实现在数据分析中以自然遗忘为要件的信息取舍"。

（二）优化算力配置

算力是热点减量化中提高数据处理效率的驱动力。未来已来，无论对于个人、企业还是宏观经济来说，拥有更强的计算能力，就可以获得更多竞争优势。换言之，计算是数字世界的基石，计算的智能可以带来体验力、创造力和变革力。一句话，计算就是力量。热点减量化中计算的优化配置为数据处理插上了翅膀，极大地提高了整个数据处理效率，从而为数据处理节约了时间成本、资金成本等资源。

自1946年世界上第一台电子数字计算机ENIAC问世以来，计算机已经经历72年的发展。在这短短的70多年时间里，计算机技术实现了5次飞跃。制造计算机的元器件从最初的电子管、晶体管发展到集成电路，集成电路又从中小规模发展到大规模、超大规模。当时ENIAC的运算速度是每秒5 000次加法运算，而现在计算机的运算速度最快可以达到每秒280.6万亿次浮点运算，是ENIAC的56亿倍。

计算机的发明源于解决计算问题，如ENIAC用于计算火炮弹道，因此命名为计算机。但经过72年的发展，计算机直接用于"计算"的情况越来越少，绝大多数计算机用于控制、管理、通信、文字处理、信息处理、图像处理、视频处理等（虽然完成这些非"计算"功能仍然依靠计算机核心的计算功能）。尽管如此，"计算"始终是计算机的重要应用领域。每一发展阶段，最大、最强的计算机在技术上、应用上都是计算机技术发展的开拓者，并都被用于解算最大、最难的计算问题，推动了科学技术及计算机技术的创新发展。

人类在生产生活中要处理与应用的数据越来越多，所需要的数据分析算法越来越复杂，加之科学研究和某些商业领域对高精确度的要求，计算资源成为人工智能技术发展的瓶颈。对海量数据进行过滤筛选的过程，关系到工作效率以及各种生产成本的节约。超数据时代对人们的数据处理能力提出了完全不同的要求，可以说，谁掌握了数据，谁就在一定程度上拥有了话语权。这种对数据的处理能力，实际上就是一种计算能力，它将人们日常的行为或者操作转化为一系列数据，通过系列计算过程得到相应的结果，为人们的决策提供虚拟化但具有高度可靠性的依据。

虽然计算机已具备强大的性能，并且还在不断提高，但是人工智能技术的迅猛发展对计算效率提出了更高的要求，现阶段计算机已不能满足人类对计算性能需求的增长。在石油勘探、地震预测预报、气候模拟及大范围天气预报、新型武器设计和核武器系统的研究模拟、地质研究、天体和地球科学、虚拟现实系统等诸多领域都需要大量的计算支撑。为了满足超数据时代处理数据的计算能力需求，人们对高性能计算设定了更高的目标。

自第一台电子数字计算机 ENIAC 诞生以来，人们就没有停止过对高性能计算的追求，高性能计算是计算机科学的一个分支，主要是指从体系结构、并行算法和软件开发等多方面研究开发高性能计算机的技术。高性能计算本身并没有确切的定义，它是指通过一定途径获得比当前主流计算机更高性能的计算能力的技术。高性能计算已被公认为继理论科学和实验科学之后，人类认识世界、改造世界的第三大科学研究方法，是科技创新的重要手段。在当前社会情况下，高性能计算已经成为国家综合实力的体现，对国家战略的发展有着重要影响。

高性能计算技术已经广泛应用于航空航天、汽车制造、核试验模拟、军事情报搜集处理、天气预报等诸多领域。通过高性能计算，人们可以完成很多现代计算机无法完成的实验，既可以免除真实实验的高额费用，又不会对环境造成任何影响。通常来讲，高性能计算有两种表现方式：一是提升单机的计算能力；二是通过网络连接多台计算机，进而提升计算能力。第一种方式多是指提升CPU的处理能力，而随着CPU主频的提高受制于制作工艺，CPU的发展方向已经由单核向多核发展。事实证明，很多情况下CPU过多的核心反而会降低CPU的处理能力。近几年出现的GPGPU（通用计算图形处理器）技术已经成为提升单机处理能力的主要技术。第二种方式是通过整合多台网络计算机来提升计算能力，因为性价比较高，已经逐渐成为主流方式。

随着计算机和智能硬件的快速发展、普及应用，更多的高性能计算技术也得到了快速的研究和发展，尤其是基于计算机技术而实现的、人类在处理数据方面的云计算等新一代高性能计算技术，极大提高人类收集、分析和处理数据的能力，促进人工智能的应用与普及。所谓云计算，是基于互联网技术的一项虚拟运算技术，它是利用互联网相关服务的拓展和增加来实现虚拟资源的获取，例如模拟跳伞、爆破现场、飙车等。云计算具有非常突出的计算能力，通常都是超大规模，例如谷歌云计算已经拥有100多万台计算机。使用云计算的费用低廉，用户可以以极低的价格获得优质的服务和极其强大的计算体验。利用云计算获得的资源具有虚拟性，而不是以实物的方式来体现，其运算结果可以按照用户的需求任意定制，因而可以充分满足不同用户的不同需求。

云计算利用了多台计算机的实时互联、互通保证运算结果的高可靠性，海量数据的处理能力要远远超出单台计算机。云计算的应用也实现了海量化与高度智能化，不仅可以实现多个应用同时运行而不降低运行速度，在云数据的支撑下还可以根据用户的不同需求衍生出不同的应用类型。多台云计算机随时随地保持收集数据、处理数据、分析数据的能力，能够不断满足数据规模与用户群规模的扩大。

（三）选择最优算法

算法是热点减量化中更好地过滤筛选海量数据的重要保障。 在数据处理过程中，算法对于数据处理具有决定性的作用，通常算法的选择直接影响数据处理效果。同样，在热点减量化环节，算法对海量数据的取舍意义不言而喻。如果没有算法的话，我们将不能更好地达到数据过滤筛选的目的。由此可见，算法是热点减量化中更好地对海量数据进行过滤筛选的重要支撑。关于算法这一古老的概念，萌生于四五千年以前。已知最早的算法写在考古学家发掘出的古巴比伦泥版上，这些泥版的年代是公元前3000—公元前1500年。

什么叫算法？根据美国著名计算机专家克努特的定义，算法就是一个有穷规则的集合，其中规则规定了一个解决某一特定类型问题的运算序列。根据这个定义，把算法理解为若干基本操作及其规则作为元素的集合,即一个算法就是由若干基本操作按一定顺序规则进行操作的序列,这是对算法的广义理解。在广义的定义下,生活中充斥着许多性质完全不同的算法。例如,报纸排版编辑、烹调、下棋、解数学题……实际上任何有目的的、有计划的行动都可归结为某种算法,尽管有时候人们并不明确这一点。仔细分析就会发现,一个有目的、有计划的行动总可以被分解为多步骤的基本操作和规则。就像烹调中烧熟这一环节,可分成煎、炒、炸、煮、蒸、烤等不同的基本操作,并且可以交叉使用,不同的操作顺序可以做出不同的菜肴。这个例子十分清楚地说明了一个相当复杂的过程,都可以通过"逐步分解"的方式,一步一步地分解为基本的操作和规则。

我们正生活在一个算法时代。一两代人以前,提到"算法"这个词,可能多数人脑中会一片空白。如今,文明社会的每个角落都存在算法,日常生活的每分每秒也都和算法有关。算法不仅存在于你的手机或笔记本电脑,还存在于你的汽车、房子、家电以及玩具中。例如银行系统就是由各种算法交织而存在的庞大集合体,算法能安排航班,也能驾驶飞机。算法能经营工厂、进行交易、运输货物、处理现金收益,还能保存记录。如果所有算法都突然停止运转,那么就是现代社会的末日。

机器通过学习能够达到混淆人类的程度,其核心技术在于算法。2015年10月5—9日,美国硅谷公司旗下的人工智能开发商深思研发的围棋电脑软件阿尔法狗打败了职业棋手——欧洲围棋冠军樊麾,开创全球先河。在2016年3月举行的世界围棋冠军李世石与阿尔法狗的比赛中,李世石以1∶4败北。紧接着的2017年的人机大战中,阿尔法狗再次完胜世界排名第一的柯洁。据专业人士分析,在以往采用的蒙特卡洛树搜索算法之外,阿尔法狗新加入"价值网络"和"策略网络"两种深度神经网络算法,分别减少了搜索所需的广度和深度。

算法是一系列指令,它能告诉计算机该做什么,计算机是由几十亿微小开关(称为晶体管)组成的,算法能在1秒内打开并关闭这些开关几十亿次。最简单的算法是触动开关。一个晶体管的状态就是一个比特信息:如果开关打开,信息就是1;如果开关关闭,信息就是0。银行的计算机的某个比特信息会显示账户是否已透支,美国社会保障总署的计算机的某个比特信息表明你是活着还是已死亡。第二简单的算法是把两个比特结合起来。"信息论之父"克劳德·香农第一个意识到晶体管的活动就是在运算,因为晶体管开了又关,是对其他晶体管的回应:如果晶体管A只有在晶体管B和C都打开时打开,那么这时它就是在做小型的逻辑运算;如果晶体管A在晶体管B和C其中一个打开时才打开,就是另外一种小型逻辑运算;如果晶体管A在晶体管B关闭的时候打开,这又是第三种运算。

算法是一套严格的标准。人们常说,你没法真正了解某样东西,直到你能用一种算法将其表达出来。方程式对物理学家和工程师来说就是谋生工具,而这也仅仅是一种特殊算法。例如牛顿第二定律,可以说是有史以来最重要的等式之一,用物体的质量乘以其加速度,可以算出作用在物体上的力。该定律还说明了加速度等于作用力除以质量，要弄明这一点，只需一个运算步骤。在科学的任何领域，如果某个理论无法用算法表示，那么它就不是很严谨。

算法中的蚁群算法是一种模拟自然界的生物特性而形成的并行算法，具有自组织性和较强的鲁棒性[①]。从现实世界中蚂蚁觅食的过程可以看出，蚂蚁能够找到从蚁穴到食物源的最短路径，这一点与该路径上的信息素积累密不可分，信息素积累的过程就是一个正反馈的过程。随着蚁群算法的发展和完善，人们已经将它应用于求解许多领域中的难题，并取得了卓越的成果。实践证明，蚁群算法是处理多目标问题的一种有效的寻优方法，具有求解多目标问题的优点。

蚁群算法通过模拟自然界的蚂蚁觅食过程对目标进行搜索，在搜索过程中人工蚂蚁会在其经过的路径上释放信息素，在此之后的蚂蚁会根据路径上的信息素浓度选择行进路径。信息素浓度越高，则该路径被选择的概率越大。蚁群算法实现的TSP（旅行商问题）过程可以描述为：将m只蚂蚁放入n个随机选择的城市中，那么每只蚂蚁每步的行动是根据一定的依据选择下一个它还没有访问的城市；同时在完成一步（从一个城市到达另一个城市）或者一个循环（完成对所有n个城市的访问）后，更新所有路径上的信息素浓度。

---

① 鲁棒性，指系统的健壮性和抗变性，是在异常和危险情况下系统生存的关键。控制系统在一定的参数摄动下，维持其他性能的特性。——编者注

第七章

群体智能：智能碰撞

人工智能技术的空前发展正深刻地改变人机之间的关系和互动模式。由于人类生活中存在着高度的不确定性和脆弱性，以及人类所面临问题的开放性，无论机器多么智能，人类多么智慧，都不能单独凭一方解决这些问题。因此，需要以平等的视野去挖掘人机双方的最大潜能，将研究的重心从人机之间的博弈转移到人类和机器之间的合作，打破人类传统获取知识信息的能力局限和机器的智能盲区，形成平衡理智和情感后一种群体最佳决策。

　　激活数据学中的智能碰撞是把传统强调的专家智能模拟转移到群体智能，智能体的构造从逻辑和单调走向开放和涌现。想法在群体之间有效流动，使得群体不断进化，能够更好地适应复杂多变的社会环境。在人和智能体组成新型的智慧群体的过程中，智能碰撞能够让人类和人工智能相互学习，充分发挥各自优势，使得人机之间劣势互补、优势增强，借助互联网平台，能够高效重组群体，形成更广泛、更精准的群体智能。

第一节 头脑风暴：发现好想法和做出好决策

(一) 创造力是发现好想法的源泉

头脑风暴最初由现代创造学奠基人奥斯本于1941年提出，旨在改变传统会议机制制约新观点产生的现状，通过聚集不同背景的成员，鼓励成员自由发表观点，并在提出的观点之上建立新观点，想法经过层层迭代、碰撞，最终找到特定问题解决方案的会议技巧。至于能否完美地解决问题，其关键在于讨论过程和不同观点的融合程度，也就是小组创造力。创造性高的小组经常得到意想不到的成果，而创造性低的小组却很少得到建设性的成果。成员自身的创造力和知识异质性都有可能影响小组的创造力：一方面，小组由个体组成，个体的创造力必然会影响小组的创造力；另一方面，创造性活动需要洞察各种各样的情况，成员拥有的异质性想法、观点和特长是小组创造力的重要来源。

个体创造力的好坏取决于经验融合的高低。创造力是指人类的智慧在抽象思维、推理、创造新知识、形成联想等方面的技巧。具有创造力的个体首先要有随机应变的能力，能举一反三，不受固定模式和常规等心理定式干扰，能提出超常规的构想和观念。其次要有快速反应的能力，能够在较短时间内表达出较多的想法。最后要有独特性，对常规事物具有不寻常的独特见解，对个体自身已经掌握的原理、定理、方法总结经验，解决问题的时候有方向、有范围、有程序。

史蒂夫·乔布斯说：创造力只不过是把事物关联在一起而已。

19世纪70年代，妇产科医生斯蒂芬·塔尼在动物园散步，偶然发现一些小鸡孵化器，看到刚刚孵出来的小鸡在孵化器温暖舒适的空间中蹦蹦跳跳，一个创意突然出现在他的脑海之中，那就是制造类似小鸡孵化器的设备，为刚出生的婴儿提供相似的保护。当时新生儿死亡率非常高，在体重过轻的新生儿中，66%在出生几周后就不幸夭折，使用保温箱，死亡率则降低至38%。人们总是把创新看成一个个超越环境限制的过程，但实际上，创新更像是一个个想法的拼接物，是由思想的碎片拼接而成。

社会化学习是提高创造力的重要方式。人类是群居动物，在合作与互动的过程中，不停地向各式各样的人征求对自身想法的意见，总结、学习、融合自身经验，形成最好的想法来指导行动和决策。在互动和交流的过程中，不是只有好的想法才会对个体产生影响，特异的想法和观点对个体的刺激更大。只有不断地进行社会化学习才能使个体产生足够多样的想法。所谓社会化学习是在日常生活中通过观察他人行为学习新策略以及通过体验学习新知识的过程。模仿他人的成功经验，要比个体独自学习高效得多。生物学家在研究野外群居动物时发现，模仿成功个体可以提高觅食、择偶和栖息地选择等决定的准确性。有关学习的数学模型表明，在复杂环境中，最佳的学习策略是花费90%的精力来寻找并效仿那些做得好的人，剩下10%的精力应该花在个体实验和透彻思考上。

社会化学习对象的多样性决定了想法的好坏程度。当每个学习对象都选择相同的方向时，信息和想法来源极有可能不够多样化，极有可能会导致团体决策不仅没有发挥出所有成员知识和智慧的总和，反而犯下比个人决策更严重的错误，因为这时的成员会误以为自己的错误想法有据可循，以至产生错误的共识，这时该做的是进一步探索。群体知识的多样性会带来知识叠加和化学反应，产生意想不到的好决策和好想法。

在头脑风暴的过程中，个体想法的传播与流感的传播有相似之处。在流感病毒传播的过程中，当一个感染者和"新人"接触时，新人会存在一定的被感染病毒的风险。如果两人之间接触过多并且"新人"是易感染者的话，他就很可能得流感。如果大部分人都是易感者，那么病毒将以指数级增长的传播速度扩散到大部分人之中。想法的流动也与其类似。如果在具有某种行为的个体和一个"新人"之间有很多互动，并且"新人"是易感者，那么这一新想法就有可能生根发芽，进而改变"新人"的行为。

（二）群体合作与互动

在社会活动中，人类通过学习、说话、思考与环境互动来执行行动，通过大量的参与合作，发现、选择和学习新的策略并协调行动以适应周围的环境变化。合作和动态优化的质量表明人类群体智能比任何个人智慧都好得多。人类的智慧是创造性的、复杂的、动态的。人类智力的复杂性意味着人脑内部神经系统的结构复杂性和结缔组织可塑性，以及一系列直觉、意识和思维机制所固有的复杂性。目前虽然关于人类智力的机制没有共同的结论，但正是由于人脑的复杂结构，人类的智力才能更好地专门处理完整的非结构化信息。人类知识进化和学习能力的动态性使得人类更善于学习、推理、协作和进行其他高级智能活动。

在社会化学习的互动中产生的共识与异见是扩大和产生价值的关键。所谓共识，就是个体被某一信号激活时，向被这信号激活的其他个体产生相似的信息扩散而引起的共鸣，也就是说，当一个个体被激活时，同类随之都被激活，从而共同处于工作状态。张光鉴在《相似论》中指出，"如果在问题求解时，某个偶然的机会，相似块与问题求解的信息度达到高度的相似结合与相似匹配，产生了某种共振态，信息的幅度就会大大增加"。个体想法在互动中不是静止的，而是处于一种动态的过程中，它一方面与自身经验和社会化学习有关，另一方面又与其他个体相互作用、相互联系，类似苏霍姆林斯基说的"知识的周转"，促使知识周转的"动力"就是在认知过程中大脑会自觉地或下意识地按照相似性原理去工作，这个工作过程就是外界信息进入大脑后同已经存储在大脑中的信息进行耦合、接通和激活。因此，一个个体智能拥有的经验越丰富，那么相似信息就越容易进入共振状态，从而其价值也就会表现得越大。

在互动过程中的奇特想法往往能产生好的决策。创新的本质是解决问题的好想法。什么是创新？积极心理学已经清楚地发现，创新并不是单纯的"求新"。真正的创新是"新颖和有用"的结合，两者结合越紧密，创新越卓越。在群体决策中，个体可能拥有独立的信息，并有足够的知识体系支撑这些信息，充分信任这一信息足以抗拒社会影响效应，他们的独立策略可能比群体的共识策略要好得多。怎么样辨别这些好的怪想法呢？只要找到很多有这样独立特性的个体，如果发现这个策略能够得到他们中大部分人的共识，那么一个好的策略就会跟随这些独立特性个体的共识而产生。

虽然群体智能可以体现出优于个体之和的智慧，但是从古至今，群体往往伴随着群体迷思现象。所谓的群体迷思是人们在团队决策过程中，主观为了维护团体的和谐与凝聚力，而忽略了事实的真相，最终导致决策的失误。美国心理学家欧文·詹尼斯通过对珍珠港事件、朝鲜战争、越南战争、水门事件等美国政府历年外交决策事件，参考分析各个事件的环境、决策过程、决策结果，发现了造成团体迷思的因素，如群体高度凝聚力、群体隔绝外界资讯与分析、群体成员背景和价值观的相似性等。为了避免群体迷思的出现，往往需要群体成员懂得群体思维，善于社会化学习，总结经验，并能公平公正地表达想法。

(三) 群体决策与判断

随着万物互联互通，想法随着光纤和空气在社会网络中流动，这种想法的流动促进了思想在不同个体、不同时间、不同空间传递。融入适当的想法流中能够避免个体试验的风险，不必进行复杂的实验就能获得大量的行为经验指导。恰当的想法流动能够让群体中的全体成员做出比个体独立决策更好的决策。由于拥有共同的习惯和经验，群体就形成了比个体智能更强大的组织智慧，这种智慧在个体互动、相互学习以及分享彼此想法的过程中产生。

想法的流通依赖社会化学习，通过与他人的示范性行为接触预测我们自身的行为。人类同其他灵长类动物一样，太过于依赖从周围的想法中学习的能力，这种学习可能会造成团体迷失而丧失群体智能。人类文明不断演进而猿类文明停滞不前的原因或许在于，人类偶尔会选择与周围处于主导地位的想法背道而驰。当我们选择其他群体时，也就汲取了新的习惯和观点。在一些情况下，他们能够帮助我们做出更好的决策。

个体想法汇聚成群体共识，得到优于个体判断的平均化的群体智能。詹姆斯·索罗维基的《群体的智能》率先提出了"组织智慧"的概念，智慧组织具有以下特点。第一，多样化的观点。每个人都有自己独立的见解，哪怕有些见解看似荒诞。多样化的见解可以相互抵消彼此判断中的谬误，增加群体智能判断的正确性。第二，独立性。人们对事物的判断不仅仅依赖于周围人的观点。众人的独立见解是群体智能胜过个体智慧的重要因素，因为独立性能使一群人的错误不会发生关联，不会影响到群体的判断，使独立的个体可以获得更多的新信息。索罗维基以蚂蚁群体的"循环磨"为例，说明当一群蚂蚁围成一个圆圈绕行时，每一只蚂蚁都只跟着前面的蚂蚁走，没有试图寻找新路，最后全体蚂蚁一直反复沿着圆圈走到累死。第三，分散与分权化。人们可以充分发挥个体的差异性，从而为群体智能贡献更具个性化和本地化的智慧。例如，开源软件就是分散化的典型案例，每一个人都可以为开源软件的设计、开发和运用贡献自己的智慧与力量，操作系统Linux对比微软的Windows就是众所周知的范例。但是，分散与分权须有能够聚集众人智慧的渠道和机制,才能够真正实现群体的智慧。第四,集中化。一种能够集中个体判断在一起,形成群体决策智慧的机制。对于群体而言,这种集中个体智慧的机制往往是共同的经验、习俗、文化、潜移默化的规则等。生活中对地震灾害的抵御、股市涨落、通货膨胀、流行与时尚、谷歌按照网页链接次数进行排序的算法等,都是组织智慧的例子。

群体是人类应对自然和社会挑战,推动社会发展和进步的选择。在面对复杂性问题时,群体智能做出的抉择往往是解决问题的最佳方案。1907年弗朗西斯·高尔顿首次试验证明:群体在某些情况下可产生超越专家的智慧。2004年,索罗斯基·詹姆斯在《群体智能:如何做出聪明的决策》一书中指出:"在适当的环境下,团体在智力上的表现非常突出,而且通常比团体中最聪明的人还聪明。"在群体智能中有不同的侧重点,有的是解决问题的优越性,有的是获取信息的能力,有的是解决问题的高效性和稳定性,其中最基本的是优于个体或个体总和的智慧和能力。

开放式群体在面对问题时更容易做出好的决策。在封闭式的群体聚集中,成员在不和谐的音调出现时会表现出排异的现象,表面上看来是群体成员受到威胁时,会努力维护群体利益而展现出积极群体感,这种高凝聚力的群体往往呈现出隔离状态,缺乏对新兴事物的兴趣,对于找出一个更好的解决方法感到压力而选择盲目服从领导,失去竞争力。开放性的群体在社会化活动中,通过社会化学习和个体学习产生多样化想法,这些想法在群体做决策的过程中起到不可或缺的作用。

群体之中存在智慧，但并非在任何时候都能够产生高超的群体智能。当前，群体中个体的参与性、个体特征的多样性与独立性、群体规模、群体内部派系之争的大小，以及是否有适宜的观点处理机制，都被认为是群体智能的主要影响因素，群体智能的实现过程是一群有着不同动机和不同目标的个体集体创作的过程。这是一个好的现象，群体的多样性将在很大程度上保证观点的独立，增加创意的数量，丰富创意的类型。实验证明，群体的观点最初是很明智的，但在他们受到来自群体中其他人或是周边个体的影响后，极易出现"群体迷思"和"群体极化"等问题。群体迷思是指，为了维护群体的和谐，群体中的成员常会忽略自己最初的决策，选择盲从和附和，由此形成群体观点的一致或雷同，必定会降低群体智能的质量。群体极化是比群体迷思更为严重的认知偏差，这种现象在网络环境下基于趣缘组成的群体中更易产生，群体极化是一种不理性的决策，它会引领着群体背离最佳的决策，向着更加保守或激进，更为冒险的方向偏移。针对这些问题，索罗斯基主张以自组织的分权化管理来保证群体智能的质量。

群体规模与群体智能呈正相关关系。社会学家觉得当前的群体智能大体分为两种：无意识的和有意识的。社会网络和媒体网站中留下的用户观点、购买记录、评级和议论，以及由此建立起来的网络人际关系，都属于无意识的群体智能；而有意识开展和形成的群体规模，则是有意识的群体智能，两种群体智能都可以解决问题，但无意识的群体智能水平则相对较低。因此，为保证群体智能的实施效果，需要根据决策对象选择形成与之匹配的群体智能，当要解决诸如城市规划、气候适应与改善、维护世界和平之类问题的时候，往往需要用户有意识地参与，通过高阶认知提供高水平的群体智能。很早就有人指出：规模过小的群体无法实现科学的群体决策，规模较大的群体解决问题的能力更强。

第二节　群体学习：从个体智能到群体智能

（一）个体智能的局限

人工智能深入人类智能活动，使智能体具有丰富而深刻的社会内涵。智能体表现出人类智能的复杂性和多样性，突破了传统人工智能研究单纯注重个体智能而刻意回避由社会互动而产生的集体智能的历史局限性。智能体在感知当前环境状态，对环境采取试探行为，根据环境的反馈来不断修改从状态到动作的映射策略，最终学会应对所有环境状态的反应策略。通过智能搜索、关联融合、自激活以及热点减量化后，智能体发现数据间的规律，通过学习变得很智慧，基本能够实现一定范围内的像人一样思考，但是要开发一个无所不知、无所不能的通用型人工智能，那就太复杂了。单个智能体在信息的获取能力、处理能力、控制能力等方面都是有限的，对于复杂的工作任务及多变的工作环境，单个智能体的能力显得不足。

人工智能在考虑与人类智能的类比时，具有规范化、可重复性和逻辑性的特点。规范化是指人工智能目前只能处理结构化信息的事实，也就是说，程序的输入必须符合某些规范。重复性是指人工智能的机械性质。由于计算机具有强大的计算能力和非生物特性，重复性工作不会降低机器的效率或准确性。逻辑性意味着人工智能在处理符号化的问题上有优势，处理一些离散的任务时会更好，而不是自己发现或打破规则。

智能体的逻辑理性要求它没有自我冲突的目标，主要由"合乎逻辑"的信念、意图、推理机制等组成，并为此提出了各种逻辑体系。这样，从概念的角度来看，逻辑理性实现了理性的推理环节，但对于一个明显处于动态环境中，资源有限的智能体来说，不仅需要这种理性的推理，更重要的是值得去做这种推理并能获得最大收益。这就很自然地将严格的理性自利假设引入智能体研究中，并被视作智能体参与社会互动的"理性基础"。在智能体的博弈论方法中，这种理性是在个人自利的假定与给定的约束条件下达到个体效用的极大化，其效用值则根据信念、愿望和偏好通过赋予不同的概率数值而得到。

如果智能体仅以效用原则从严格自利的理性假设出发通过社会博弈来实现其整体效用，那么，根据同一假设，个体在互动中又必然会首先以优化它自己的效用来采取策略。这样，就可能会产生一些问题：首先，在传统方法中，出于个体智能的特征，其决策原则可以是单一的、完备的。但在一个开放的智能体社会中，它的决策原则更应根据多元准则而不仅仅是一个单一的效用原则来进行；其次，在现实的博弈过程中，智能体如果按照完全理性来进行博弈，则往往达不到社会效用的帕累托最优状态。另外，即便这种整体最优能够实现，其博弈次数将十分惊人，无法在一个有限与有效的次数内完成。同时,博弈者的数量也受到相当的限制,无法达到智能体系统所预设的规模。而且,这种博弈始终要求是同一群博弈者,而不是多智能体系统中数量在不断变化的开放的博弈群体。并且,它还会出现许多个均衡解,而无法实时地提供唯一的最优解。

现实世界中的协商大多是在动态、非对称、非完全信息下进行的。对任何个体来说,其知识都是一种局域性知识,而社会智能的实现却总是有赖于社会互动中知识与信息的共享及能力的协调,那么何种合作性博弈才能在诸多不对称条件下实现由个体局域知识到社会整体的知识共享——进而克服一直困扰着诸多研究者的"共同知识"难题并最终获得最优解?此外,社会中的个体理性大多是以综合其自身微观效用和社会宏观效用的复杂的"折中"理性来进行决策。实际博弈中的个体理性要比目前描述的理论复杂微妙得多,且完全无法由目前狭隘的"理性"所包容和处理,那么从自利理性出发又达不到共同知识的群体博弈又怎样才能达到整个社会效用的完美均衡,而不至于陷入类似于囚徒困境的结局中呢?依照古典经济学观点,在没有全局协调者的情况下,即使每个主体都严格按照自利的理性行动,也有可能出现如亚当·斯密所谓的"看不见的手"的驱使,达到个人理性与集体理性的并行不悖。按照当代集体选择理论,个体理性并非是实现集体理性的充分条件,在博弈中,如果发生现实中常常出现的诸如共同知识、坐享其成、社会激励失效、囚徒困境等问题时,则无论个体理性如何完美地构造及执行,社会整体理性的最优均衡也绝不会出现。因此,在描述这种大规模频繁合作的社会行为时,除了其巨大的社会交易成本的制约外(在这里我们不做深入的讨论),现成的博弈论特别是其理性基础有着十分明显的不足。这样,除非我们对理性(如有限理性、交互理性等)进行更为深入的探究并重新开发出更为有力的新理论,否则将给智能体理论带来某些难以克服的问题。

最后,当我们把逻辑理性和经济理性联系起来看时,使用符号推理的逻辑理性无法使决策效用最优化,使用数值计算的博弈理性又忽视了理性的逻辑推理。如何较好地协调这两种机制,实质上是如何协调好逻辑推理的必然性与决策中的不确定性,这显然又是一个十分艰难的问题。

(二)从生物群体到机器人群体

在过去的30多年间,越来越多的哲学家、认知科学家意识到,心智和智能的个体观片面强调了单一主体反映和改造世界的能动性,低估了主体在与他者、外部工具的协同交互中展现的智能,忽视了智能本质上也具有社会性、历史性和文化性。戈德曼在社会认识论研究中长期探索人类知识如何通过人际交流、信息交换、社会交往而得到增进。辩护信念的理由不仅包括个人的证据,也包括他人证词、认知辅助技术和认知分工等。美国加州圣迭戈大学的认知科学家哈钦斯等人在借鉴认知人类学和维果斯基心理学的基础上研究了美国海军舰艇上的船员是如何各自分工共同执行认知任务的,从而主张一种"分布式认知"的进路,即智能系统具有在多主体和环境间分布的本质。克拉克和查尔莫斯提出的"延展心智观"从外在主义的视角诠释了关于心智本质的反个体主义理解。他们认为，心智不仅仅在个体的大脑中，也分布至个体的身体甚至超出体肤延展至外在环境。从物理空间上讲，智能主体并非只是具有脑结构的生物个体，而是"大脑—身体—工具（机器）—环境"相互嵌入的耦合系统。

从历史维度上看，灵长类动物生成智能所经历的7万年以上物竞天择的进化史是以种群为单位的。更重要的是，智能本质上已经被塑造成个体、他者、环境在社会文化背景下共同的认知实践。综观而论，"社会认识论""分布式认知""延展心智"等新动向深刻影响着我们面向智能科学的研究视界。在人工智能领域的新近研究中，研究者也试图超越传统在实验室中研究纯机器人，从关注大脑神经状态扩展至外部世界，从关注发生在个体身上的心理表征与过程转向群体的社会背景以及人机交互的赛博世界，进而寻求模拟人类或动物在群体协同的环境中所表现出来的整体智能。

人类大脑是一个典型的复杂系统。人脑之外，没有一个自然或人工系统能够具有对新环境和新挑战的自适应能力、新信息与新技能的自动获取能力、在复杂环境中进行有效决策并稳定工作几十年的能力，没有任何系统能够在多处损伤的情况下保持像人脑一样的鲁棒性，在处理同样复杂的任务时，没有任何人工系统能够媲美人脑的低能耗性。[1]虽然每个神经元只具备简单的放电功

---

[1] 曾毅,刘成林,谭铁牛.类脑智能研究的回顾与展望[J].计算机学报.2016（1）: 215.

能，但是千万个神经元通过异常复杂的相互联结和作用构成了智慧的大脑。但是智慧并不是只有人类进行复杂运动才会体现出来，简单生物体的相互作用也能体现出智慧。

蚂蚁通过敏锐的嗅觉发现食物，并通过个体之间的某种沟通方式，探求寻找食物的最佳路径。当环境发生变化时，如出现障碍物阻断了最优通路，蚂蚁又能很快自发找到最新路径。信息素是蚂蚁群体之间的想法流。其他蚂蚁在收到第一只蚂蚁传播的信息素时，就会跟随第一只蚂蚁的路径寻找食物，并在往回搬运食物的同时传播信息素。假设从巢穴到食物之间有两条路径，一条长一条短。由于信息素会随时间逐渐挥发，长度较长的路径在挥发掉信息素的同时得不到新的信息素更新。那条较短的路径由于被重复的次数较多，故而记录下更浓的信息素，于是有更多的蚂蚁被吸引过来，从而进一步加强这条路上的信息素。就这样，通过信息素的相互作用，蚂蚁找到连接食物和巢穴之间的最短路径。

智能群体是指大量低智能个体通过个体之间的局部相互作用使得群体表现出高智能的社会化系统。智能群体具有两个显著的特征：一个是个体的低智能，但以群体为单位表现出超过个体智能总和的高智能；二是虽然每个个体都有自私性，但在群体解决问题时体现出利他性的协作。1911年，一篇爆炸性短文（刊登在《形态学杂志》上的《作为有机体的蚁群》）中，惠勒断言，无论从哪个重要且科学的层面上来看，昆虫群体都不仅仅类似于有机体，它就是一个有机体。他写道：就像一个细胞或者一个人，它表现为一个一元整体，在空间中保持自己的特性以抗拒解体……

既不是一种物事,也不是一个概念,而是一种持续的波涌或进程。[1]智能群体通过自身的调控在变化莫测的环境中以自身为参考系不断协同运作达到一个新的稳定状态。群体中的每个个体决策与行动是各自独立的,独立进行各自的更新调节,没有先后顺序,属于异步并行操作。同时,群体拥有强大的维持平衡的能力,不会因为某个个体的死亡或受损使得整个群体混乱或崩溃。

群体机器人是一种特殊的多机器人系统,通常是由许多自主的机器人组成,具有典型的分布式系统特征。与一般的多机器人系统所具有的任务规划和指派等高级智能不同,群体机器人技术更加注重研究结构简单且能力有限的机器人个体。个体通过局部交互和群体控制,涌现出群体智能以合作完成相对复杂的任务。由于群体机器人系统在简单性、鲁棒性、适应性上具有的独特优势,其应用前景是非常广阔的。所以,了解群体的机器个体之间如何通过自组织的协调完成任务以及个体行为如何影响群体行为是非常有必要的。

生物群体的跟随和保持同步是群体背后的隐秩序,是机器群体的实现基础。寻找隐藏群体秩序是发现群体智能的关键。过去,人们认为昆虫群、鱼群或者鸟群是通过某种第六感,或者通过某种"群体意识"实现其惊人的协调一致的运动,在群体中的个体以牺牲个性为前提,成为群体意识的傀儡。然而随着复杂性科学的发展,动物学家发现这种群体行为并不是像之前认识的那样。

---

[1] 凯文·凯利.失控[M].东西文库,译.北京:新星出版社,2010:12.

在群体中，相邻成员之间通过简单规则的相互作用，自然而然地表现出群体的有序性。科学家不断地实践证明，跟随和保持同步于隐藏在群体背后的秩序，是引导群体做出智能化行为的原因。

昆虫群体智能研究奠定了人工智能遗传算法的基础。遗传算法没有把学习分为训练和执行，而是在执行中学习。昆虫无须大脑的干预，在一定规则下，仅凭四肢和关节的协调就能够适应环境，在群体层面涌现出智能。这样的智能不是源于自上而下的复杂设计，而是源于自下而上与环境的互动。生物体对环境的适应会迫使生物进化，实现从简单到复杂、从低等到高等的跃迁。

2014年，哈佛大学的研究人员设计了一个叫Kilobot（云集机器人）的机器人系统，由1 024个小型机器人组成，它们在没有人类帮助的情况下，有序地、自组织地形成复杂的二维形状。研究人员在设计的时候加入了一个包含三种初级集体行为的自组织算法，这三种行为包括：机器人沿着群体的边缘移动；机器人能够产生梯度信息并发送给其他机器人；机器人通过通信和距离检测来定位，群体中的每个机器人都具有相同的算法程序，知晓期望的二维形状。在机器人实体设计和算法设计的基础上，研究人员用大规模机器人群体实现了自然界中生物所具有的通过集体行为形成复杂结构的能力。

群体中的每个个体都尽力执行给定的行为规则，从而群体产生逐层而上的有序行为。 我们知道，智能群体中个体的智能性很低，但是它们都具有保护自身利益的理性，期望自身的利益能够最大化。这些自私个体的损己利他行为，我们称之为合作。不难想象，如果每个个体都只顾自己的利益，不愿与其他个体合作，不执行给定的行为规则，那么整个群体就会陷入混乱与崩溃，从而不会产生整体上的有序行为，整个群体的智能性也就失去了根基。因此，群体中时刻保持合作性是维系整个群体智能性的必要前提。

（三）群体机器人的行为协作

如何超越个体，最优化整合不同个体的智能，涌现出宏观的群体智能？不难发现，无论在自然界还是人类社会，个体智能的聚合并不必然产生更高的群体智能，比如社会心理学中存在着个体智能聚合产生不良群体意见的案例。个体的样本大小、认知偏见、情绪类型、外在环境的优劣情况等在群体整合中都发挥着不同的作用，影响着群体的认知表现。当前，人工群体智能的研究主要集中在对具体算法的优化上，对于复杂世界中群体智能模型构成的统一规则并没有足够的认识。虽然人工群体智能与基于单主体的人工智能在智能层次上有着本质差别，但是断言人工群体智能已经是一种通用智能仍为时尚早。

机器人加入生物群体，同样能够产生群体行为，并且机器人能够明显地影响整个生物群体的行为。 2007年，《科学》上发表了一篇有意思的论文，其研究结果受到广泛关注。研究人员把一种蟑螂机器人混入真蟑螂群体中，蟑螂机器人外形上不像蟑螂，只是在外表敷了与真蟑螂身体表面的化学组成成分类似的图层，让真蟑螂确信这是自己的同类。蟑螂成群活动，喜欢黑暗。它们的行为受两个因素的影响：伙伴的行为和环境的因素。当面对明暗不同的两个藏身地点时，科学家控制的几个蟑螂机器人选择了亮一点的去处。尽管行为稍显得异常，但机器蟑螂成功地影响了整个蟑螂群，其他的蟑螂也跟着前往，实验结果表明，通过程序控制的蟑螂机器人能够明显地影响整个群体行为。简单机器人在生物群体里的控制问题，对于研究群体智能的理论指导有巨大价值。

在复杂或开放环境中，多机器人协调系统比单体机器更具有优越性，如并行性、柔性及鲁棒性。目前的机器人技术水平有限，为了完成一个开放性的任务，高度智能机器人或成本太高，或难以实现，单体机器人的能力更为不足。以进行团队合作的名义，给一组特定机器人分配特定的任务。多机器人协作能够在不同的工作区域和时间同时作业，利用机器人功能的个体化差异更好地协同工作。多机器人通过共享资源信息、知识、物理装置等弥补单体机器人能力的不足，扩大完成任务的能力范围，系统利用内在的分布特性提高完成任务的效率，利用系统内机器人资源的冗余性提高完成任务的可能性，增强系统的性能。

多机器人协作是群体智能的表现形式。从协作的方式以及协调性的表现形式来看，协作可分为两种类型：有意识协作和无意识协作。所谓有意识协作是指多个机器人通过信息交互（包括信息交换、意图协调等）来协调各自的行为，共同完成某一任务或实现共同的目标。通常系统中的机器人具有明确的协调机制，用于对其他机器人的行为进行推理，并在必要时进行协商。

群体机器是许多机器人按照一定的结构、关系、模式结合起来为了完成某一项目标构成的一个整体。建立有效的机器人组织结构可以增强机器人群体系统的协作程度。机器人要基于一定的策略、协调机制、社会规则等有机地组织起来,通过组织结构知识获得关于系统整体行为的全局观点,从而采取有效策略引导局部控制实现协作。组织结构可以是平行的、递阶的或混合型的,这要根据具体的任务、具体的系统进行区别对待。但无论如何,组织结构都需要具有不同分目标的多个机器人对其总目标、资源等进行合理安排,以调整各自的行为,尽可能地实现共同的目标。

　　机器人个体行为包括对环境的感知、学习、响应以及自适应动作的协调能力。机器人个体应表现出较强的协作性和自主性。自主性是指机器人应具有一定的自主能力、应能感知环境的变化并作用于环境;协作性是指机器人协同工作的能力。系统的协调行为在很大程度上依赖如何处理机器人的自主与协作之间的关系。

第三节　群体空间:人脑智慧和机器智能的交互

(一) 人机优势互补

　　智能碰撞是激活数据学中数据价值的宏观涌现的过程。自激活后的智能体与人类聚集成群体网络,利用彼此之间的高度活跃性互相融合聚变形成创新性的想法,最终释放大量的数据价值。将人类引入人工智能系统中,可以实现在模糊问题中的分析响应高级认知机制与机器智能系统之间的紧密耦合,群体通过集成人类感知和认知能力、机器计算和存储能力来处理大数据时代的结构化和非结构化数据，二者相互适应、协作，最终总体上克服各自的局限，达到完美群体的效果。

智能体通过数据的智能搜索、关联融合、自激活、热点减量化后能够更快、更好发现规律知识。 随着数据的迭代，人工智能能够更好地学习人类几千年来发展与进化过程中所积累的完整知识，借助完整知识库对复杂事物进行预测与判断的准确度越来越高。"谷歌大脑"项目利用谷歌的分布式计算框架和大量的人工神经网络，在没有任何先验知识的情况下，仅仅通过观看无标注的YouTube视频，学习识别高级别的概念，通过一个月的时间，智能体就能识别"猫"。

传统心理学认为人类智能主要体现在人类拥有学习、判断、分析的能力，还有战略、博弈、决策、统筹等思维能力，然而这些能力渐渐被人工智能追赶上来，就连最变幻莫测的围棋，在人工智能面前都显得那么轻而易举。因此，人机优势的互补将推动智能机器更主动、更有意识地关联周围环境，甚至对未来有所期许和规划。尤其在一些看似简单，但需要直觉、灵感、顿悟和创造性思维的领域，进行有效的直觉判断、交感交流、创新思维。至于将已有的知识进行综合创新，如阿基米德在洗澡时灵光一闪发现浮力定律、牛顿看见苹果落地发现万有引力则是人工智能的下一个愿景。机器学习与人的交互，将进一步让我们理解真实的世界环境，比人脑更好地处理不完整的信息和复杂的时空相关任务。基于人机交互的机器学习系统将尽可能地描述人脑在认知因子和认知功能的频谱中的相互作用,实现大脑神经系统的高可塑性。

让人工智能像人类一样感知和理解世界。当前,我们已经拥有强大的计算能力和出色的数据搜集能力,利用数据进行推理这一问题已不是开发先进人工智能道路上的障碍,但这种推理能力建立在数据的基础之上。接下来,还要通过人机互补,让人工智能进一步感知真实世界。相比之下,机器学习系统只是按照人设计的程序去处理和分析输入的信息。要实现具有人类水平的人工智能,机器需要具备对自然界的丰富表征和理解的能力。例如,阿尔法狗元不需要学习大量被人类标注过的样本,只需要教会它围棋的基本规则,通过纯强化学习的方法,将策略网络和价值网络整合到一个框架中,就能够实现人类的超越,这解决了片面依靠海量大数据训练模型的旧模式,探索出了人工智能发展的新模式。但是在开放环境中,人工智能应对环境变化的能力还是比较低的。因此,如果没有人机互补,人类犯错后的水平从九段降到八段,但机器犯错后从九段降到零。

(二)机器智能进阶

物的数字化表达,为突破人机交互屏障提供了可能。最初将人与设备连接起来进行交互控制的媒介,是 1868 年美国人克里斯托夫·拉森·肖尔斯发明的打字机,也是键盘最早的雏形,人们首次通过键盘输入字符命令来完成人与计算机之间的交流控制;到 1964 年,美国人道格拉斯·恩格尔巴特发明的鼠标帮助人们用设备控制计算机中的图形界面以达到人机交互的目的；再到1971年，美国人山姆·赫斯特发明的一种提高工作效率的设备，通过把图形呈现在平板界面上或者用笔在平板上施加压力后完成操作控制，产生了最早的触控屏设备"Accu Touch"。人机交互控制设备经过键盘、鼠标、触控屏为代表的发展历程，使用手指进行操作已慢慢成为现阶段主流，手势、语音识别和身势识别的交互技术也在蓬勃发展，这些都说明了科技在改变人们的生活。

　　脑机接口的出现，打破了常规人机互动的方式。脑机接口是建立人脑或动物脑与外部设备之间的信息交换的连接通路。现阶段脑机接口已经实现了意识打字和心灵控制，未来甚至能够使人获得更强大的感知能力，比如将非人类感知能力（感知超声波、感知磁场）转变成为人类感知能力。电脑对人类思维意识的实时准确识别，一方面有助于人类更加了解大脑的活动特征，更好地模仿大脑以产生更高级的机器智能；另一方面可以让机器更好地与人类协同。集体的碰撞激发智慧，避免了个体智慧的缺失。

　　人类情报信息处理机制有两个方面，一种是自然进化过程，它要求人类智能系统能够对环境和自身的状态进行建模，然后提供一个模型，形成风险和价值的度量；另一种是"选择性注意"，它提供了一个有效的机制，全面判断风险或价值，并在复杂的环境筛选关键因素，如儿童在人群中寻找父亲的脸。在许多情况下，风险和价值判断是基于持续循环思维活动的预测和在选择基础上的认知模型、验证思维活动的发展和改进的认知模式，如总结一个抽象或公式化的经验作为一个定理。人类智能进化过程中，除了共性特征外，还呈现个体体验（记忆）、价值取向（心理因素），甚至是微观分化的"神经表达"等个别差异。例如，在不同的人脑中，同一张面孔的表现可能不同。激活数据学的5个步骤可以利用生物智能的认知模型来完成"建模"的过程，并形式化其表达方式。最后，利用现代计算机的优点来实现有效的协同计算。

人机智能碰撞能够使机器实现认知目标。以一个特定的认知任务作为出发点或目标，智能体与人的交互实现自下而上基于感知的选择性注意，同时在智能体内部的机器学习能够实现自上而下基于规则的选择性注意，在这两种选择性注意的迭代下，智能体根据满足客观的任务所需的信息，逐渐开始一种思维活动，而不是只限于以知识为基础的处理。面对缺乏经验的问题，智能体有一个循环迭代因果模型，它会自动提问诸如下一步该怎么办？它产生了预期的结果吗？是否要进行进一步的努力或尝试其他方法？在这样一个过程中，对环境的理解和指导是基于推理和经验（长期记忆）而丰富起来的，并相应地增强了"验证"的能力。利用因果模型的后验概率（观察）来更新先验概率（预测），根据给定数据的概率分析、时间与空间想象或预测来完成关联分析（例如随着时间的推移空间变化），提供对环境或情况的理解、补充和判断。应用先验知识来丰富数据的推理，达到良好的泛化能力和快速的学习速度。

智能碰撞实现了人类决策与机器智能的逻辑推理、演绎推理的优势结合。人类决策依赖直觉判断和理性判断，研究表明，人类直觉判断的平均准确度高于理性判断。直觉是人脑中的一系列过程，包括高速分析、反馈、决策，人类在日常生活中通过直觉做出许多决定，比如判断两个物体的接近度，从别人的音调感知友好程度，选择伴侣或图书。直觉性的决策不仅是常识，它需要更多的传感器来感知外部的信息，对这些新信息编码、组合，并与旧信息做对比，当新旧信息之间达到某种程度的相似性时，人们可以利用这种相似性来更好地理解新信息。直觉帮助人类在复杂和动态的环境中做出快速的决定，大大减少了在解决问题的过程中的搜索空间，人类认知过程变得更加有效率。

人机智能碰撞能够辅助机器实现认知、决策的优化。人类的直觉推理与大脑的先验知识处理能力密切相关。这种能力基于抽象和泛化的记忆，而不是先前知识的死记硬背。因为人类拥有这种能力，人类的直觉可以做出快速、精准的决策。虽然机器具有符号计算的能力和人脑无法匹配的存储容量，但现有的机器学习算法难以实现上述功能，只有通过搜索尽可能多而全的数据，才能发现数据之间的强关联、弱关联、潜在关联关系，从而激活智能体形成决策空间，热点减量化筛选出较优秀的决策。

假如直觉决策算是决策空间最优解，那么人类直觉可以作为智能体决策初始迭代值。在解决简单问题时，初始迭代值并不重要。在解决复杂问题时，传统的机器推理方法很可能会陷入局部极小值，直觉推理可以提供一个合理的初始迭代位置，从而可以在很大程度上避免局部极小问题。真实的决策空间通常是复杂的，结构上也无法界定。因此，初始迭代位置的选择是至关重要的，甚至可以决定最终结果是否是全局最优解。在一般的机器学习方法中，初始迭代的位置通常是牺牲了算法的泛化能力，例如引入强假设和增加人的干预，构建脑启发式的机器直观推理方法，可以避免局部极小的问题，提高人工智能系统的泛化能力。然后，我们可以明确模型的不确定性问题。直觉决策并不寻求找到目标解位置的绝对解，而是要评估偏离基准点是否更有利于避免损失。

阿尔法狗的成功可以看作机器直觉推理应用的成功范例。阿尔法狗的解决空间几乎不可能耗尽，基于规则或穷尽搜索的方法不能使阿尔法狗程序达到人类级别。它的直觉反映在由政策网络和价值网络实现的"感觉"模拟。政策网络是快速判断移动的地方，即可以考虑是否可以行动。价值网络评估总体位置。阿尔法狗通过海量训练，强化服务器和机器学习来获得"感觉"去缩小搜索空间。

（三）人机社会化协作

人工智能作为人类感官和智力的延伸，是让机器具备人类一样的行动能力及思维能力。 人工智能是人造系统所具有的一种模仿、拓展和超越人类智能的能力。当人造系统能够像人一样具有一定的认知能力，即有感知、会分析、自决策、善动作，并且在分析与决策过程中善于运用知识，同时学习、积累乃至创造知识，就称其具有某种人造智能。人造智能，包含了所有由人开发和建立的人造系统的智能，例如源于信息技术领域的人工智能、认知计算、互联网大脑等，以及源于制造技术领域的基于传感器和自动化技术的工业智能。

19世纪巴贝奇发明计算机，企图用机器替代人类的计算能力，这是技术进化到延伸人类智力阶段的起点。20世纪40年代现代计算机的出现是技术延伸人类智力的重要里程碑。现代计算机最初只具有记忆、计算能力，后来逐渐具有了逻辑、语言文字处理、谱曲、辨识、认知、交流等多种智能功能。遥感技术、全球定位系统、地理信息系统以及自动观察技术和数据传输处理技术的结合，正在不断拓展人类对地球的观察能力和分析能力。人工智能的出现与发展的目的是解放人类劳动力，让人类更能适应复杂多变的社会环境，让生活更美好。

人机智能碰撞正在深刻地改变人类之间的关系和互动模式。智能机器已经成为人类的亲密伙伴，人类和智能机器之间的相互作用和合作将成为我们未来社会形成的组织部分。在人工智能的帮助下，人类解决了工程技术、科学研究和人类社会活动的各个领域的高复杂性、不确定性和脆弱性的问题，并不断推动社会的发展。合理、有效地利用人工智能技术，可以极大地促进有价值的创新，提高人类和机器的竞争力。因此，人工智能不再是孤立的，而是人类进化的一部分。

为了充分利用有限资源，产生更有效的个体机器智能，聚集机器或人也是一个有效途径。智能的提升一方面来自个体的自身发展，另一方面来自群体之间的交流与协作。多人工智能体协作、共同决策在电商、游戏、医疗健康等领域中人类不擅长的复杂问题都有广泛的应用前景。个体机器智能的发展离不开数据分析和模型搭建，但是在这个过程中，由于数据的有效性、模型的完备性、计算力强度等不均衡，导致最终出现的个体机器智能参差不齐。在学习过程中，每个个体机器智能都具有个性化的知识、能力和经验，在相互平等、资源互补的学习中能够有效地传承和发挥优势。这是在围绕同一个主题下开展的互相分享、相互启发的过程，生成新的资源，从而提高个体机器的智能化。同伴之间相互学习可以获得学习和设计经验，连续不断的学习过程和干预也可以促进个体智能的上升。

人类对开放系统中不确定性问题的分析和认知与机器超强的逻辑性和计算能力相互耦合，两者协同完成指定任务，达到1+1＞2的增强智能效果。人是智能机器的终极"价值判断"的服务对象和仲裁者，在机器智能进化过程中，人类对机器的干预一直存在。智能系统中有许多需要解决的问题，比如在人机交互中，机器如何理解人类在历史进化过程中所形成的语言的细微差别。特别是在一些重要的应用中避免人工智能的认知局限性所造成的风险甚至危害，如医疗诊断和司法审判系统。为了解决这些问题，必然引入人的监督、互动和参与来进行核查。因此，为了达到群体决策最佳，一方面要提高智能系统的置信度，另一方面要充分利用人类的认知。

人类和机器的智能碰撞不仅提高了个体的智能，同时提供了洞悉社会各种复杂性的机会，获得人类面临问题的最佳解决方案。智能机器利用自身计算速度快、存储空间大、学习能力强的特点来认识规律和了解必然性而人可以利用抽象思维，总结、提炼规律，透过现象看本质，甚至可以通过比特币和区块链技术来占有资源和财产，从而建构智能机器的独立地位，形成具有法律地位的软件法人，逐步摆脱物和资本的控制。这不仅仅使每个智能机器和人得到全面发展，也促使智能机器与人内在差异的全面进步，真正构建人与机器的自由联合共同体。人机有效的碰撞互动可以尽可能地维持合作性，促使智能机器与人的差异互补，增强群体智能。

第八章

激活数据学的应用场景

比如地图的导航功能、智能问答及个性化的音频内容等,都可以凭借开放平台的优势,提高车场景的多维度能力。这也正是激活数据学中智能碰撞所强调的"唤醒万物"的理论基础。感知模块所输出的物体信息包括位置、速度、朝向以及物体分类(如汽车、行人、自行车)等物理属性,加上麦克风陈列、回声消除、语音唤醒、远场识别等智能技术,并将这些植入家庭场景、移动场景、车载场景三位一体的智能碰撞系统中,输出的各类主体参与智能碰撞,同时结合物体和周边环境信息,以及积累的历史数据知识和智慧数据,实现对感知到的物体做出更为宏观、精准的行为预测。

(三)激活数据学为智能驾驶提供理论依据

汽车轨迹规划及智能决策是实现汽车智能化的关键技术之一,激活数据学下的智能驾驶路径选择是以激活数据学为理念支撑和技术支撑的,促进智能驾驶有效解决轨迹选择、精准定位、智能控制等的相关问题,智能化连接车与车、人与人、人与社会,真正实现汽车能和人一样会思考、判断、行走,探索出符合智能驾驶需求的新路径。

激活数据学构建的人机交互模式。交互方式主要是指用户、产品和环境之间的信息交流的形式,经历了从原始式交互、适应式交互到符合人们认知习惯的自然式交互的过程。[1] 目前人机交互

---

[1] 张超,赵江洪.汽车导航多通道交互设计[J].包装工程,2015,36(22):67–70.

图与传感器的能力融合，能够为每一辆车提供低成本、全天候的精准定位。同时，利用深度神经网络自主学习的特性，通过高性能将庞大复杂的神经网络模型训练好，然后移植到嵌入式开发平台，从而对图像视频信息进行了实时高效的处理。改进的深度学习算法通过对多摄像头信息融合处理，模拟人的双眼生成立体空间图像，从而轻松判断距离，实现更好的自动控制功能。接下来，基于激活数据学中的数据单元实现自激活的过程，将极大地提高学习效率和预测能力，类似于人类神经系统中神经元的活动情形，让经验变得更可靠，让判断更准确，让一切都在实时掌握之中。

热点减量化，效用管控。因为车辆本身具备综合规划系统的特性，所以适当地采取合理的防御性驾驶策略，运用经验相对丰富的驾驶人员作为最重要的学习对象，才能确保无人驾驶汽车的智能决策和控制相对可靠、安全。在激活数据学的热点减量化阶段，通过降低数据噪声，排除不准确、失去时效性、关联度不高的策略，保证最终数据处理的分析结果更加准确。采取减量化的数据分析路径，还能在有限成本约束的条件下实现数据价值挖掘的最大化，依照实际的道路状况分析，也可及时地做出道路限速规划，由此提高行驶效率。决策规划模块根据实时路况、感知模块输出、道路限速等信息做出相应的轨迹预测和智能规划，将同时兼顾安全性和舒适性，进一步提高行驶效率。

智能碰撞，系统联控。通过百度的DuerOS（对话式人工智能系统）平台，分析一些联网的汽车，可以更好地实现全语音交互智能，目的就是为更多的用户提供最实际的帮助，满足生活需求，安全区间、辨别环境、规划路线、自主决策等反应，让无人驾驶汽车技术更加安全，实现对不确定性和不可预知性的精准把控。

数据搜索，精准预控。感知是自动驾驶工业当前的创新重点，无人驾驶汽车的感知模块将多个传感器组合在一起，通过人工智能技术，每一辆车都能看清、看懂路况，看到每一个行人、每一个车辆、每一个障碍物。从激活数据学理论看，在数据搜索阶段，主要是提高感知系统的性能，以及提高对不确定性情况或因素的智能感知，通过智能搜索感知环境，获取到关联的数据，并在分析前期关联的基础上，预见性地进行自主搜索，为更精准的预判搜集全面的数据资源来实现车道保持所需的高精度定位，进而能实现多类障碍物目标检测。

关联融合，安全把控。在数据搜索阶段获得物体信息后，再经过预测模块的计算，将生成预测轨迹传递给决策规划控制系统中的行为决策模块。关联融合是激活数据学所讲的预处理阶段。其目的不是将所有数据集中在一起，而是以产生多元价值为目标将多种数据源中的相关数据提取、融合、梳理、整合成一个分析数据集。这个融合结果是个独立和灵活的实体，可随数据源的变化重组、调整和更新。激活数据学中的关联融合更强调系统和全面，根据深层、微观的数据关联融合，反馈作用于数据搜索，进行相关数据资源的汇集整合，为激活数据学中的自激活提供了不断优化的、动态的数据资源基础，使用大数据技术以及最安全的驾驶策略，可以精准控制每一辆车，适合各种不同的路况。

自激活，实时掌控。目前的智能汽车已经具备领先的高精地综合规划系统,所以适当地采取合理的防御性驾驶策略,并将经验相对丰富的驾驶人员作为最重要的学习对象,通过已经确定的信息不断修正不确定的信息,确保无人驾驶汽车的智能决策和控制相对可靠、安全。依照实际的道路状况分析,也可及时地做出道路限速规划,由此提高行驶效率。另外,无人驾驶汽车还需要车联网等系统的支持,以确保高效、安全运行。

(二)激活数据学在无人驾驶中的应用场景

Apollo(阿波罗)是一个开放的、完整的、安全的平台,其技术核心是"百度汽车大脑",具有高精度地图、定位、感知、智能决策与控制四大功能模块。它将帮助汽车行业及自动驾驶领域的合作伙伴结合车辆和硬件系统,快速搭建一套属于自己的自动驾驶系统,提供包括"车辆平台、硬件平台、软件平台、云端数据服务"等在内的完整软硬件和服务体系,百度还将开放环境感知、路径规划、车辆控制、车载操作系统等功能的代码或能力,并且提供完整的开发测试工具。

目前,随着无人驾驶汽车技术不断进步,复杂情况技术处理等问题成为制约其进一步发展的瓶颈。从激活数据学理论看,无人驾驶汽车系统本质上就是一个复杂的块数据系统,包括给定规则,通过数据搜索、关联分析、自激活、热点减量化、智能碰撞等环节提前填入规则,根据给定的规律变化状态来解决问题,相当于具备人类一定的联想和演绎能力。另一方面,基于激活数据学的复杂系统包括更多的自身系统和周边系统,能通过各种智能设备界定员的地图，主要负责对自身所处地理位置进行确定，是无人驾驶汽车实现路径规划与任务规划最为重要的支撑。导航定位技术主要有自主导航技术与网络导航技术两类。自主导航技术主要是指没有定位辅助功能，无须外界提供协助便可实现导航。自主导航技术是在本地存储相应的地理空间信息，全部计算过程均在终端完成，在所有情况中都能有效地进行定位。[①]但这一技术存在的显著弊端是设备计算资源相对较少，致使其计算能力不足，可能出现定位不准或者是导航不及时等问题。网络导航技术能够随时利用无线网络与交通信息中心开展信息交互，移动设备利用移动网络实现和连接有互联网的WebGIS（网络地理信息系统）服务器进行信息交互，利用服务器对地图存储与复杂计算进行功能执行，使用者能够从服务器进行地图数据方面的下载，网络导航技术具有存储容量无限制与计算能力强等优势，并且地图数据能够持续进行更新。

智能控制。智能控制系统相当于驾驶员的大脑和手脚，分析和处理收集来的信息，并发出指令控制速度和方向，正如驾驶员驾驶车辆一样，找到当前道路环境下的预瞄点，并加以控制。目前正在试验阶段的百度无人驾驶汽车就是一台移动的电脑，拥有看、听、说、思考、决策、行动等能力，而这些能力都是百度多年积累下来的能力。比如百度的语音识别、图像识别、机器学习等技术优势，全都为无人车提供了重要支撑。因为车辆本身具备

---

① 勾文婷，赵同.无人驾驶汽车的关键技术及其未来商业化应用［J］.汽车与配件，2017（2）：34–35.

地在道路上行驶。[1]无人驾驶汽车是集计算机技术、模式识别、导航定位以及智能控制等于一体的高新技术发展的产物。尽管当前在技术、法律、伦理上还存在诸多问题，但相信随着人类科技进步的突飞猛进，以及社会文明的高度发展，这些问题都会在不久的将来迎刃而解，汽车驾驶员将真正解放手脚，安享驾乘乐趣。

从技术的层面来看，无人驾驶汽车的自动驾驶系统主要包括环境感知、定位导航和智能控制三大系统。

环境感知。要实现真正的无人驾驶，感知技术的突破是关键。与人类的眼睛和耳朵等感知器官相类似，无人驾驶汽车可以利用多种传感器实现对汽车信息与周围环境信息进行获取。无人驾驶汽车中主要应用的传感器包括如下几种。第一，摄像机，它是无人驾驶汽车中的视觉传感器，负责对地面标识、标线、行人、其他车辆、红绿灯和车灯信息等进行获取。第二，声音传感器，无人驾驶汽车中应用的声音传感器主要负责对其他车辆鸣笛与所需关注声音做出检测。第三，车辆状态传感器，主要应用的是GPS和北斗导航系统等，提供车辆位置与行驶速度等方面的有效信息。第四，雷达，通过发出诸如激光束等探测信号对周围环境做出有效的感知，进而对静止或运动的物体进行相应的检测。环境感知系统相当于驾驶员的眼睛和耳朵，是用摄像头、超声波传感器、雷达等一系列部件组成的感知模块，去感知周围环境。

定位导航。无人驾驶汽车中应用的定位导航系统相当于驾驶

---

[1] 乔维高,徐学进.无人驾驶汽车的发展现状及方向[J].上海汽车,2007（7）:40–43.

相互融合，对高度关联的数据进行碰撞与激活，进而实现对不确定性和不可预知性的精准把控，[1]推动人工智能的快速持续发展。

第一节 激活数据学下的自动驾驶

(一) 智能驾驶引领新一轮工业革命

伴随着新一代信息技术的发展，汽车行业正在朝着智能化方向发展，智能网联汽车已成为未来战略的制高点。搭载先进的车载传感器、控制器、执行器等装置，并融合现代通信与网络技术，推动了汽车工业的革命。与此同时，通过车与人、路、云端等智能信息交换、共享，具备复杂环境感知、智能决策、协同控制等功能的智能驾驶技术开始广泛应用，使汽车驾驶变得更简单、更安全。大数据、互联网、高精度地图与智能驾驶技术相结合，共同推动了无人驾驶汽车技术的发展。可以预见，继车联网、新能源汽车等优化创新举措之后，智能驾驶技术必将重新规划、改变现有的汽车产业格局，带来汽车、交通等诸多产业的重塑，成为第四次工业革命的引领者。

无人驾驶智能汽车，也可以称为"轮式移动机器人"，主要依靠车内以计算机系统为主的智能驾驶仪来实现自动驾驶。车载传感器负责感知车辆周围环境，并根据感知获得道路、车辆位置和障碍物信息，控制车辆的转向和速度，因此车辆能够安全、可靠

---

[1] 大数据战略重点实验室.块数据2.0：大数据时代的范式革命[M].北京：中信出版社，2016：114–128.

数据量爆发式地增长，数据维度越来越丰富，这些都为人工智能的发展和应用提供了良好的"土壤"，运算力的提升大幅度推动人工智能的进步，深度学习算法在自动驾驶、城市大脑、医疗影像、智能语音等方面的突破性进展促进了对人工智能的研究和应用，比如已经具备了感知层的基础技术。同时，人工智能的成果也反过来让数据产生更大的价值，成为真正的"智能数据"，两者相辅相成、相互促进，让各种数据应用越来越智能化、人性化。未来已来，我们正在迈入"人工智能+"时代。

　　人工智能时代是一个更加开放、更加复杂的巨大系统，可以对不确定性和不可预知性实现更加精准的预测。激活数据学以发现块数据内海量复杂数据的潜在关联和预测未来为目标，以复杂理论的系统思想为主要范式，探索其理论基础和运行规律，并且尝试用量化手段进行模型构建。激活数据学的基础是人工智能的飞速发展，人机交互推动高度数据化的智能与高度智能化的数据的主要方式是人下达命令，由机器去执行，在这个过程中，人的命令不能有失误，否则就无法实现正确的操作，这会导致安全隐患和糟糕体验。例如，强光强照、积雪雾霾等恶劣行驶环境会对环境感知系统带来影响，因为智能汽车在一些物体识别（水洼和深坑）、感知复杂的人类手势信号等方面与人类仍有差距。语音交互在实际的运用过程中其实并不是很成熟，手势交互现阶段只能完成一些简单的交互。因此，传统汽车向无人驾驶汽车的过渡仍然还有很长的路要走。

激活数据学以发现块数据内海量复杂数据的潜在关联和预测未来为目标，以复杂理论的系统思想为主要范式。[①]在基于激活数据学的应用场景下，未来自然的人机交互应是以情景识别为主，即智能机器通过环境来预知人的需求。未来汽车的人机交互系统拥有更安全、更稳定的技术，满足更智能、更人性化的需求，都是以集合汽车、人工智能、心理学等不同领域的知识来完成这一复杂系统的。此外，激活数据学的算法模型可通过深度学习的视觉算法提升感知能力，相比传统的视觉算法，它能从不同距离、不同角度进行识别，既可以识别奇形怪状的车辆，也可以识别被遮挡的车辆。

激活数据学连接的全方位车联网。无人驾驶汽车的技术原理主要是通过车载传感器来感知车辆周围环境，并根据感知所获得的道路、车辆位置和障碍物等一系列信息，控制车辆的转向和速

---

① 大数据战略重点实验室.块数据 2.0：大数据时代的范式革命［M］.北京：中信出版社，2016：114–128.

度，因此涉及多种最新的电子和机械技术，包括自动控制、人工智能、视觉计算等。随着计算机科学技术、无线通信技术以及交通运输业的高速发展，车辆导航系统的动态路径规划研究趋势还将向多导航器相互协调规划的方向发展。现在的车辆导航都是以单个车辆为对象进行路径引导，没有考虑到总体的大局协调，这样容易引起新的交通拥堵等问题，所以多导航器协调规划将是一种更加符合实际需求的规划方法。

基于激活数据学应用下的智能系统是一个全方位的车联网系统，实现车内、车与车、车与路、车与人、车与服务平台的全方位网络连接，有助于实现智能交通，从根本解决交通安全难题。首先，一旦驾驶员出现超速、疲劳驾驶、不按规定线路行驶等违章行为，车载终端将自动报警警示驾驶员。其次，缓解交通拥堵。在智能交通体系内行驶，可提高城市道路的通行能力，减轻交通拥挤，减少停车次数和行车时间。因此，使用智能系统可以提升汽车智能化水平和自动驾驶能力，构建汽车和交通服务新业态，提高交通效率，改善汽车驾乘感受，为用户提供智能、舒适、安全、节能、高效的综合服务。

激活数据学实现的精准预测反馈。智能汽车根据传感器输入的各种参数生成期望的路径，并将相应的控制量提供给后续的控制器。所以决策规划是一项重要的研究内容，决定了车辆在行驶过程中车辆能否顺畅、准确地完成各种驾驶行为。决策规划是自动驾驶的关键部分之一，决策规划按照划分的层面不同可分为全局规划和局部规划。全局规划是由获取到的地图信息，规划出一条在一些特定条件下的无碰撞最优路径。局部规划则是根据全局规划，在一些局部环境信息基础上，避免撞上未知的障碍物，最终到达目标点的过程。基于定位信息、感知模块提供的障碍物信息、对障碍物运动的预测，并根据当前车辆的状态同时考虑安全与舒适度，计算车辆运行的路径。

基于块数据理论模型下，激活数据学是动态的，它处于不断发展进化之中，而且对未来的变化具有预测能力，并迎合未来的变化。首先，将多个传感器的输出数据统一在车辆坐标系下，建立具有时间标记的数据融合和关联分析，以保证场景数据信息的连贯性和适用性。其次，在接收到智能传感器感知融合信息后，智能算法开始学习外界场景信息，从全局的角度规划具体行驶任务，实现智能车辆拟人化控制融入整个交通流。最后，根据局部环境信息、上层决策任务和车身实时位置数据信息，在满足一定的运动学约束下，为提升智能汽车安全、高效和舒适性能，规划决断出局部空间和时间内容，也就是车辆期望最优的运动轨迹，包括行驶轨迹、速度、方向、状态等决策反馈，进而实现对不确定性和不可预知性的精准把控。

第二节 激活数据学下的城市大脑

（一）城市大脑：城市的数据智能中枢

城市是人类的伟大创造，但由于人口、工业、交通运输过度集中而造成的城市病正四处蔓延。在《智慧地球：下一代的领导议程》中,"智慧地球"的理念被明确地提出来,其目标是让社会更智慧地发展,让人类更智慧地生存,让地球更智慧地运转。在此基础上,智慧城市这一概念孕育而生,成为中国城市建设的目标并得到大力推进。在智慧城市的发展上,依托云计算、大数据、移动互联网、电商平台方面的先进技术,建立横向平台,把纵向交通、医疗政务等数据整合到一个平台上,开展更深层次的智慧城市运营洞察。智慧城市的建设需求在不断鞭策智能化、信息化技术的升级革新。

城市是数据密集型场景,整个城市拥有庞大的躯体,但还缺乏统一指挥的大脑。智慧城市只做了城市的手和脚,所有的决策还是依赖人,缺乏自主控制。城市大脑要做的是给城市配置一个高智商、能决策的智能中枢,去提升手脚和躯体的效率。城市大脑和智慧城市的边界,就在于对数据的运用。智慧城市的基础在于利用监控摄像头,是用硬件基础设施来搜集数据的,而城市大脑则是利用数据创造新价值。

在2016杭州·云栖大会上,杭州市政府公布了一项"疯狂"的计划:为这座城市安装一个人工智能中枢——杭州城市数据大脑。杭州城市数据大脑是这座城市的人工智能中枢。城市大脑的内核采用阿里云ET人工智能技术,可以对整个城市进行全局实时分析,自动调配公共资源,修正城市运行中的bug(故障),最终进化成为能够治理城市的超级人工智能。

国内城市使用的SCATS信号灯控制系统是由国外引进,并不适合中国的"混合型"交通现状。尤其是当城市建设导致线圈采集设备大面积损坏时，这相当于SCATS系统的"眼睛"被蒙蔽了，控制信号灯的效果比理论预期差很多，且无法实现基于全局的决策判断。城市大脑引入了地图数据、摄像头数据等，相当于城市大脑具备了"天眼"，能够从城市上空俯瞰全局。同时，城市大脑采用了阿里云自主研发的网络流控制理论，可以实现对网络阻塞点的全面量化。

数据与智能将成为未来的趋势。对于城市而言，城市大脑可以将散落在各个角落的数据汇聚到一起，使用云计算大数据和人工智能技术，让城市的各个"器官"协同工作，变成一个能够自我调节、与人类良性互动的有机体。[①]

（二）激活数据学优化城市大脑的系统应用

当下城市的自我思考能力有所欠缺，资源价值没有被完全释放出来，很多都沉睡在数据中心的硬盘上，成为库存、成本。只有释放出来，流动的数据才会产生价值。一个城市的智慧程度，取决于这个城市大脑的中枢神经上的信息流通，如今的传感器网络，5G时代的到来都能够很好承载信息流通。数据的融会贯通取决于在线计算的能力，所以要选择城市的场景，利用城市大脑来梳理智慧城市。

实现城市大脑，要解决几个层面的问题。首先，是数据集中的问题。要做到数据集中，各个系统要有相对应的数据，如公交

---

① 孙封蕾.阿里云的"城市数据大脑"：比智慧城市高深多了[EB/OL].（2016–10–13）.http://www.sohu.com/a/116301278_114765.

有公交系统的数据，公安有公安系统的数据，而城市大脑第一步要做的是把所有的数据堆放在一起。其次，是建模的问题。有了数据，还需要把这些数据建模，有了模型，后续数据处理才能得到有效解决。最后，是数据优化和机器学习的问题。通过数据化和机器学习，成为交通指挥官。城市大脑由五大系统组成——超大规模计算平台、数据采集系统、数据交换中心、开放算法平台、数据应用平台。基于激活数据学下的城市大脑系统能够有效解决以上几个问题。

优化超大规模计算平台。城市大脑涉及的数据量巨大，如此庞大的数据量面临的挑战也随之增加。激活数据学下的超大规模计算平台是其他几个系统的运行载体，并处于同一个内部循环的状态。结合激活数据学，超大规模计算平台首先将主动搜索城市各个系统的数据并不断进行深度学习，然后探索城市各系统之间数据的关联性，进行关联性分析。再通过多智能体技术对城市数据系统中出现的复杂性问题进行建模，自主的深化学习并模拟人类做决策，从而筛选出对于城市问题解决最有价值的数据。让人与机器的群体智能共同协作以保证大脑能够真正实现眼疾手快、当机立断。

优化数据采集系统。数据质量是大数据面临的一大挑战。如何从杂乱的数据中提取准确无误的关键信息，是数据集聚中最难解决的问题之一。激活数据学下的数据采集系统犹如人的"末梢神经"和"小脑"（执行层），源源不断地向城市大脑输送数据。告别于传统的机械式搜索，它具备高度的洞察感知力，快速实现精准匹配。搜索范围更全面，效用更高。在海量的城市数据中，进行最有效的关联分析，运用最有价值的数据。

当解决城市拥堵时，基于计算机视觉仿真、雷达测速、智能图像分析和快速检索等技术，它将整合道路监测设施和信息获取终端，实时动态监测和收集车流量、客流量信息，结合各种道路监控设施及交警指挥控制系统数据进行智能搜索，并不断互补、修正，进而获得范围更广、精度更高、可靠性更强的交通信息，为决策系统及时掌握道路交通状态并做出决策提供效用最大化的数据价值。

优化数据交换中心。随着城市数据规模呈爆发式增长，越来越多的数据带来了大量的应用价值和商机，但是数据量的高速膨胀、数据无意义的冗余、数据原有关联的割裂又对信息的充分利用形成严重制约，同时不同的数据可能关于某一时间、空间、人物、事件或者对象是相互关联的，现有的数据组织和处理并未充分体现这些关联性，而这些关联性往往对解决城市的管理与服务问题具有重要价值。

激活数据学下的数据交换中心，犹如人类整个大脑的"脑核"（基础层），从交叉需求导向出发，通过政府数据、互联网和社会数据的全面融合，提高数据的多维性和多样性，然后探索城市各系统数据之间的内在关联性。如在城市治堵中，对不同来源的交通数据进行数据精练、融合重构，从而对三元空间数据进行关联表达，让其在复杂的城市交通数据中，更清晰地构建车辆与人流之间，车辆与车辆之间，车辆与道路监控系统之间的相互联系，刻画整个交通状况的全貌，为整个城市交通数据之间的深度融合建立一个通道。假如发现诸如路网等设置不够合理的问题，就可快速在规划环节进行全面优化调整，趋近科学理想化，从而有效解决传统调研中无法掌握足够样本量、无法将跨界大数据整合分析、无法量化计算、无法呈现和分析规划后的可能场景等问题。

优化开放算法平台。城市数据的价值激活需要开放算法平台作为重要支撑。激活数据学下的开放算法平台就像是人大脑的"皮质层"（决策层），在这个决策层中有多个智能体，这些智能体能够通过学习来"激活"个体智能，采用深度学习的方法模拟人类做决策。与此同时，它会向生命体、活系统进化，能够自生长、自成长、自修复。

结合激活数据学的运行原理，开放算法平台通过各种信息收集途径，如在城市交通数据系统中的车管数据、驾管数据、车辆实时卡口数据、道路状况数据、道路拥堵情况数据等，利用多智能体技术构建复杂自组织系统来模拟智能产生的过程，构建出算法模型，再通过机器学习反复优化和迭代，向交通管理者提出更好的建议。

优化数据应用平台。在对数据进行分析决策后还有一个重要步骤就是"激活"，主要是把"大脑"的决策输出到城市管理和城市服务的各个场景。在激活数据学下，城市大脑将帮助静态的城市管理体系向动态的生态系统转型。在多层次的筛选机制上，平台会将有限的计算和存储资源分配给最具价值的城市数据单元。在此基础上，依据激活数据学所能模拟的智能群体，在智能碰撞阶段将最优结果匹配输送到相对应的各个场景之中。比如对每个路口红绿灯的时间设置，要优化出最佳通行效率；对交通卡口的监控实施调配，保障有效运转；对公交车辆和线路进行合理调度，甚至对于道路施工维修进行良好规划等情况，平台会智能识别需求，筛选出最有价值的数据并通过智能群体做出最优决策方案输送到各个需求系统。感知是数字城市的功能，控制和智能服务是智慧的高级阶段，激活数据学将数据的最大价值汇流到城市发展中。

（三）激活数据学让城市大脑更智慧

城市大脑目前主要体现在交通安全领域，而随着城市中各种各样的数据开始汇聚到城市大脑里面，诸如生态环境、工业生产、卫生健康、服务业等都会成为其中一部分，这对城市大脑的能力又会提出更多的要求。在城市大脑项目中，数以百亿计的城市交通管理数据、公共服务数据、运营商数据、互联网数据被集中输入，这些数据成为城市大脑智慧的起源。在激活数据学下，这些数据将能发挥最大效用提供精准化的城市服务，构建全域的城市治理新模式以及人机共治的智能社会。

构建全域的城市治理新模式。作为"最强有力的创新加速器"，人工智能技术必将得到更大发展。激活数据学结合城市大脑将会在城市治理的各个领域发挥效用，如智慧治堵、智慧旅游、智慧气象等方面。交通拥堵，只是城市大脑迎战的第一个难题。在智慧治堵方面，城市大脑结合整个城市数据，把脉整个城市的交通情况，对症下药，并能融合多方系统为城市的整体出行情况进行把控。例如在旅游方面，城市大脑可以将城市中每年接待的游客真正变成"用户"，当游客刚踏上当地城市的那一刻，城市大脑便可以为其提供个性化的服务。在智慧气象方面，城市大脑还可以对水库、河道、泵闸等进行大数据采集、分析，结合天气数据，提前预测汛情和城市内涝。城市大脑结合激活数据学的应用，让数据帮助城市来做思考和决策，将每座城市都打造成一座能够自我调节、与人类良性互动的城市。

构建人机共治的智能社会。社会数据化，数据社会化。就数据的本性而言，它对所有人都是平等的。激活数据学将数据这种平等价值效用发挥到最大，让每个数据都能创造出自身价值并且还能有效利用。当城市大脑得益于这些价值时，城市大脑才被真正赋值。在激活数据中的智能碰撞阶段，人类与机器协同强化涌现出的群体智能将超越个体智力，从而高效地解决复杂问题。面对社会发展的多元需求，人与机器相伴相行共同治理，创造出和谐生态的社会，这才是数据智能的真正价值。

第三节　激活数据学下的医疗影像

（一）人工智能赋能医疗影像

借助互联网的连接，近年来就医效率和体验得到了极大提升，但医疗的最大痛点——资源不均衡的矛盾并没有得到根本性的解决。医疗是一个数据密集型、脑力劳动密集型、知识密集型的行业，需要依赖强大的知识储备和处理分析能力进行判断、诊疗。同时失误"零容忍"使得医疗领域从基础层药物研发、检测，到应用层预防、诊断、治疗、康复、健康管理等各环节都面临严格的质量和监管要求。

技术的发展大幅提高了医疗数据处理效率和洞察深度，如IBM"沃森"阅读10.6万份临床报告仅需17秒。借助深度学习、自学习、自分析、自判断以及不知疲倦等优势，人工智能可将医疗失误降低30%~40%。基于人工智能的技术优势和应用，其赋能医疗行业的价值将是不可估量的。医疗与人工智能的结合，正在成为新的爆发点。

目前，人工智能对肺病、胃癌、甲状腺癌变、乳腺癌、皮肤病等多个病种的医学图像检测效率和识别精度都可以达到甚至超越专业医生水平。除此之外，人工智能可以大幅提高读片效率，以及减少人为失误。以肺病为例，针对平均超过200层的肺部CT（电子计算机断层扫描）扫描图片，医生人工筛查需要20分钟甚至更长，而人工智能仅需数十秒。

现代医学是建立在实验基础上的循证医学，医生的诊疗结论必须建立在相应的诊断数据上，影像是重要的诊断依据，医疗行业80%~90%的数据都来源于医学影像。所以临床医生有极强的影像需求，他们需要对医学影像进行各种各样的定量分析、历史比较，从而完成一次诊断。医疗信息化正步入融合创新阶段，即集成和融合人工智能、机器人、虚拟现实/增强现实等技术打造面向可预测、可预防以及精准医疗的健康解决方案。其中，人工智能被寄予厚望，有着广泛的应用场景。作为三大治疗手段之一，医学影像的精准识别对医生决策至关重要。癌症、心脏疾病等许多重大疾病都可以在早期通过医学影像设备识别出来。

在"人工智能+医疗影像"领域，腾讯打造的首个应用在医学领域的人工智能产品——腾讯觅影，就是具体体现。"腾讯觅影"聚合了腾讯公司内部包括人工智能实验室、优图实验室、架构平台部等多个顶尖人工智能团队的能力，把图像识别、大数据处理、深度学习等领先的技术与医学跨界融合研发而成。通过与国内十多家三甲医院建立人工智能医学联合实验室，"腾讯觅影"已经进入大规模的临床预试验，并且显示出人工智能对医疗行业的"赋能"效果——通过"腾讯觅影"，一个食管癌内镜检查诊断用时不到4秒，能辅助医生大大提升对早期食管癌的检出率。

"腾讯觅影"以开放平台的角色，成为各家医院以及医疗系统服务商的基础支撑。通过这个平台，各地的医院可以获得顶尖医疗机构的医疗能力，尤其是重大疾病和疑难杂症的诊断和治疗能力。腾讯的人工智能医疗影像平台"腾讯觅影"，具备人工智能+医疗的创新先进性，以及推动整个人工智能+医疗生态圈发展的开放能力。

（二）激活数据学在医疗影像中的应用策略

全世界在人工智能医学影像上还没有突破瓶颈，这在于从数据的获取端出发，我国的医学影像还处于从传统胶片向电子数据过渡的阶段，大量的影像资料还没有实现电子化和数据化。再加上数据源头多、类型多、结构复杂、标准不统一等特征，导致要获得真正高质量的有效数据，需要花费高昂的成本，这是一个巨大的成本黑洞，单靠一家医院或企业很难解决，需要上升到行业层面予以突破。

人工智能+医学影像，是将人工智能技术具体应用在医学影像的诊断上，在国外主要分为两部分：一是图像识别，应用于感知环节，其主要目的是将影像这类非结构化数据进行分析，获取一些有意义的信息；二是深度学习，应用于学习和分析环节，是人工智能应用的最核心环节，通过大量的影像数据和诊断数据，不断对神经元网络进行深度学习训练，促使其掌握"诊断"的能力。

医学影像数据实际上是报告+影像。单单分析影像本身还不够，更重要的是对影像本身所对应的诊断报告也加以分析。中国的影像诊断报告呈现出因医生而异的显著特点，这取决于影像诊断医生的个人习惯、执业医院、教育背景、导师影响等因素，不同地区不同医院的影像报告标准不同。所以将人工智能具体应用在医学影像诊断上，除了通行的图像识别和深度学习之外，还有一个前提：如何将80%的非结构化数据转化为结构化数据。在这个基础上，具有无线想象空间的医疗数据才具有落地的实现价值。满足以上三个条件才意味着能够将人工智能具体应用到医学影像的诊断上。人工智能能否成功，条件只有一个，那就是海量数据，没有海量的数据就没有意义。针对这些问题，激活数据学提供了解决的可能，结合激活数据学的运行机理，其具体路径如下。

数据搜索。数据搜索是激活数据学的第一步,对于影像采集模块,在庞大的影像数据中,主动搜索数据,通过深度学习,从影像数据库中抽取最能匹配的影像数据。目前大数据技术主要是对网页数据与日志数据进行整理、交叉分析、比对,从而对数据进行深度挖掘,为用户提供个性化的迭代分析能力。随着非结构化数据的特征提取(指纹、图像、语音自动识别、基因数据比对等),以及半结构化数据的内容检索、理解(语义分析)等技术不断取得进展,图像大数据挖掘的研究也日益深入。图像大数据挖掘的主要目标是从中提取出图片的自身特征,包括语义、质量、关联度、实体义项等。[1]以往那些以结构化为主的数据形式,不再能满足图像分析所需。在激活数据学下,面向知识本身的数据模型将逐步建立起来,这些模型能够支持用户的任务与决策,还可以支持数据自动与其任务标的、属性相结合,对图像背后隐藏的需求进行挖掘,为与周边环境信息进行关联计算打下坚实的基础。

关联融合。激活数据学中的关联融合是探索数据的内在关联性,对于预处理模块中的提取影像特征,用数据精练、融合重构的方法对特征信息进行关联表达,并把特征信息存放在特征数据库中,利用影像特征信息进行匹配查询。由于各种医学成像设备的原理不同,反映的信息也各有侧重,单纯从一种成像模式所获得的信息是不全面的。如果把不同模态图像的特征性信息提取出来,将各自的优势集为一体,融合成一幅可视化程度更高、信息

---

[1] 吴辉群,翁霞,王磊,等.医学影像大数据的存储与挖掘技术[J].中国数字医学,2016(2):2-6.

更丰富的图像，将有利于综合诊断和分析，其最突出的优点在于能够充分地利用多种成像模式的互补性，取长补短，得出一个综合的、立体的结果。

自激活。在自激活这个阶段，结合激活数据学的运行机理，应用类似于大脑神经突触联结的结构进行信息处理的数学模型，具有自组织、自学习、自处理、自适应性和很强的非线性特点。利用多智能体技术构建复杂自组织系统来模拟智能产生的过程，对复杂的医学图像分割、配准、融合、压缩、重建等方面的问题进行建模，对样本数据集进行训练和学习，得到具有相当分类精度的分类模型。在通过这个特定的模型运算后，自激活系统会有一个结果输出，这个结果能优化数据，做出决策，由于存在多个自激活系统，所以会输出多个图像数据的处理结果，这为复杂的多模态的疾病诊断提供了多维的解决方案。

热点减量化。由于在自激活系统出现了多种方案，所以需要热点减量。在热点减量化阶段，可基于多层次的筛选机制，对影像数据进行算法分析，最具价值的数据单元留下，以发现数据的主题、特征、关系等规律为精准识别图像做准备。这个阶段对于解决医疗图像中背景知识不清楚、推理规则不明确和比较复杂的分类问题来说极为重要。通过热点减量，有价值的洞察力为诊断结果提供支持或否认的假设判断，为最终的决策输出做出精准的预判。

智能碰撞。在智能碰撞阶段，人类与机器协同，根据分类模型对未标记的影像数据集进行自动分类判别，从而精准高效地判识问题。这个阶段也是找寻最优解的过程，第一个就是个体本身所找到的最优解，另一个极值是整个种群目前找到的最优解，即人机结合所做出的最优解。医学影像上一共可以分为2 000多个的病种，解决一个单病种已经不是简单的事情，更何况病种与病种之间的差异度也很大，所以，人工智能+医学影像需要顶级医学专家和顶级机器学习学者通力合作才有可能成功。目前还没有通用的方法对任意医学图像都能取得绝对理想的处理效果，传统经典的图像处理方法在考虑医学图像实际特点的基础上，若能结合激活数据学理论，采用多种类型的方法结合与改进使用，相互弥补算法功能的缺陷，这也将会是医学图像处理技术一个重要的发展方向。

（三）激活数据学提升医疗影像价值

为了解决时间有限性和诊断准确性的问题，将人工智能引入数字病理学研究是最好的办法。激活数据学下的人工智能可以更大程度地缩短病理诊断的时间、提升诊断效率，最主要的是，它还能提供更加准确的诊断结果。激活数据学下的人工智能可以真正帮助病理医生提升判读水平，从精准诊断开始，真正实现精准医疗。

辅助诊断的广泛运用。智能辅助诊断凭借计算机模拟医生的思维和诊断推理，给出可靠的诊断。人工智能在医疗影像方面的应用在对比精细化程度上显然优于传统医生肉眼观察分析。医疗数据规模和数据结构化能力是智能辅助诊断技术竞争的核心壁垒。

结合激活数据学，在工作原理上，辅助诊断的第一步通过自然语言处理学习、理解和归纳医疗信息，包括权威医学书籍文献、诊疗指南和病历等海量信息，自动构建一个大规模的"医学知识图谱"，类似机器大脑的"医学知识库"；第二步用领先的深度学习技术去学习海量临床诊断案例，再对比数十万机器与专家的诊断数据后，持续优化模型，不断提升其诊断能力，得出基于医学影像、检查检验结果、病史等多个维度的深度诊断，给出具体病症预测。这为医生提供了更好的决策基础，能辅助他们更快、更有效地理解病案，提升诊疗效率。

精准医疗的进一步实现。精准医疗是由基因医学、转化医学、个性化医疗演变而来的，基于系统学方法，利用大数据分析，实现患者驱动的医疗管理的新医学模式。[1]作为下一代诊疗技术，精准医疗具有重要的理论和实践意义。一方面，精准医疗理论研究有利于完善数据科学学科体系，丰富和创新临床及转化医学研究；另一方面，基于大数据的精准医疗服务可以实现在合适的时间给予患者以合适的治疗[2]，保障医疗安全，改善医院经营管理。实施精准医疗的前提是，必须建立起一个庞大的生物信息数据库，并有与之相配的健康人体和疾病群体的大数据分析、海量数据高效整合、高通量信息资源共享等支持，实现精准医疗是一项非常困难的系统工程。在整个医学影像中，医学大数据一定会影像先行，

---

[1] 刘也良，韩冬野.精准医学时代来临[J].中国卫生，2015（6）：64–66.
[2] 何明燕，夏景林，王向东.精准医学研究进展[J].世界临床药物，2015（6）：418–422.

结合激活数据学实施智能搜索。然后利用云计算的方法增加连接性，利用深度学习的方法挖掘大数据的价值，利用发现数据的方法在更多的维度中挖掘原来浅关联或弱关联的关系，利用三者的关联大大提高医疗诊疗效率，再结合激活数据学的使用，积累优质、大量的数据；高性能计算环境；优化的深度学习方法；三者资源配齐就会构建不断提升的状态的模型。在过去，医生在解读图像的时候遇到的一个难题就是需要寻找关注点，比如说有一些非常细微、非常不易查找的地方就可能被人们忽略。基于激活数据学中的自我学习及深度学习，就可以找到诊断和治疗所需要的信息或细微之处。此外，还会引发自动化产品的出现，自动化的产品会极大地提高诊断的效率。可以肯定，激活数据学下的机器自我学习比以前只凭医生的肉眼和经验来识别一些更加细微的病症更为准确，这些最终推动精准医疗的进步。

第四节 激活数据学下的智能语音

（一）智能语音交互：进阶的交互模式

随着互联网的蓬勃发展，未来以听觉、视觉、手势等融合起来的多通道人机交互、以虚拟现实技术为支撑的计算机系统和以智能手机、智能手环、智能车载为主导的小型智能设备，势必会重新定义互联网的生态系统，成为科技领域中新的探索方向。在越来越细分的领域，语音交互作为多通道人机交互中的一环，势必会成为不可抵挡的未来发展趋势。

语音交互与传统的人机交互相比，更专注于在某些特殊场合下，肢体或视线被占用时，利用语音去完成运作，比如开车时利用语音对车内功能进行操作。语音交互使人机界面同时具备了"听"和"说"的能力，在互联网服务化的时代，语音将解放人们的双手，降低移动互联网的使用门槛，让输入更便捷，服务效率更高，从而成为移动互联网发展的一个里程碑。

完整的语音交互过程分为三个步骤：听清、听懂、满足。听清：当用户的声音从麦克风输入时，应有拾音器记录用户声音，并准确地进行识别，将最终结果反馈给人工智能大脑。在这个过程中，需要软硬件以及算法去处理所有声音，取其精华，弃其糟粕，最终记录真正的指令。听懂：在大脑拿到结果后，要对其进行解析，将语音转为文字，并进行语义分析，需要强大的算法和机器学习能力不断去纠错。区分和判断哪些是命令词，哪些是内容词，最终普通的一句话要被拆分为命令、内容等相关类型词。满足：当人工智能大脑理解了一句简单的话后，接下来的就是满足用户需求。用户如需要查询，便去告诉他相应内容；用户如需要执行动作，便去完成整个动作流程。

智能语音交互最典型的应用方式是语音助手、语音搜索。语音助手的最终目标就是让用户解放双手，完全使用语音操作系统。目前在机器语音输入和输出方面有很多研究，但是大多数研究都只是处理一些简单的、固定的词语和句子，然后通过计算机程序编译输出一些比较机械化的语言。对于人类复杂的说话、语境语义的理解研究还停留于起步阶段。人类有着非常复杂的语言，每个国家每个地域的语言变化、词汇使用都不一样，即便是同一个人，其声音、发音以及聊天方式都会随其个人状态、身处的环境以及遇到的人发生相应的变化。因此，要想让计算机对用户的情绪和所处环境更为了解，赋予计算机更多的人类观察能力和更多情绪、情感能力，研究者需要在情感化设计与智能交互方面做大量的研究与探索。

从目前市场上智能家电、智能硬件等产品的发展趋势来看，键盘输入、手机App（安装在智能手机上的软件）、体感交互、图像识别等多种人机交互并存。但是随着大数据、机器学习、云计算、人工智能等技术的发展，语音交互正一步步解放用户的双手，语音输入框也大有取代鼠标、键盘之势。伴随着智能移动设备的普及，语音交互作为一种新型的人机交互方式，已引起整个IT业界的重视。

（二）智能语音技术提升的路径选择

智能语音及语言交互技术，可以应用在社会生活的方方面面，拥有广阔的产业化前景。在军事、教育、汉语国际推广等重要战略领域，都有广泛应用和重大推广意义。不过智能语音存在两大技术瓶颈。第一，远场环境复杂，夹杂噪声、混响、自噪声等，容易导致机器端"听不清"，从而影响后续一系列操作。解决了这个问题，偏命令控制的终端便能带来良好的用户体验；第二，真正的智能需要实现语义的突破、需要声音与视觉的融合，具有更深层次智能的拟人形态机器人才更适合运用智能语音技术；第三，该项技术熟悉各种各样的语言、口音和方言，这一点在中国尤为重要。技术的创新性及核心研发实力是人工智能企业生存的关键。智能语音要想取得突破，与语音合成、语音识别、自然语言处理技术、语音评测技术、声纹识别技术等关键技术的发展密不可分。数据搜索、关联融合、自激活、热点减量化、智能碰撞是激活数据学的5个运行阶段，构成了激活数据学模型化运行的完整流程。这5个阶段如果能分别运用于智能语音应用中，将从整体上提升整个智能语音应用的水平。

语音识别。在语音识别阶段所要解决的问题是让计算机能够"听懂"人类的语音，将语音中包含的文字信息"提取"出来。该技术在"能听会说"的智能计算机系统中扮演着重要角色，相当于给计算机系统安装上"耳朵"，使其具备"听"的功能，进而实现信息时代利用"语音"这一最自然、最便捷的手段进行人机通信和交互。激活数据中的语音识别能够更主动地提取语音中的文字信息，并进行自我深度学习，不断纠错，丰富语音维度，更快、更精准地识别文字。语音识别是一门交叉学科，其涉及的数据量也非常大，要实现精准识别就必须不断加强学习能力，同时还要扩充语言量。这样才能逐步实现将人类语音中的词汇内容全部正确地转换为计算机可读的输入。

语音合成。语音合成又称文语转换技术，它涉及声学、语言学、数字信号处理、计算机科学等多个学科技术。语音合成技术解决的主要问题是将文字信息转化为声音信息，即让机器像人一样开口说话。语音合成技术主要是根据韵律建模的结果，从原始语音库中取出相应的语音基元，利用特定的语音合成技术对语音基元进行韵律特性的调整和修改，最终合成出符合要求的语音。如果说数据搜索能够让语音识别更加精准，那么激活数据学中的关联融合则是让不同语音之间的深度融合建立了一个通道。在复杂海量的语音中，关联融合能更清晰地构建起不同语音系别之间的相互联系，融合成全新的语音类别。

自然语言处理技术。自然语言处理技术所涵盖的研究内容非常广泛，从研究成果的表现形式来说，基本可以分为基础研究和应用研究两大类。在基础研究中主要指对自然语言内在规律的研究，从研究深度和难度上大致可以划分为词典编撰、分词断句、词性分析、语言模型、语法分析、语义分析、语用分析等。

在应用研究中主要基于基础研究的成果，面向不同的应用，研发相关的自然语言处理技术，大的方向包括但不限于：拼音输入法、信息检索、信息抽取、自动摘要、机器翻译、语音合成、语音识别、文本匹配、文本分类、对话系统等。

语义理解是衡量人机交互体验度的一个重要指标，人工智能的核心是认知，认知的核心是语义理解技术。机器人只有在"懂"了人类的指令后，才能正确执行用户下达的指令。结合激活数据学的自激活阶段，智能体采用深度学习的方法模拟人类做决策，每个智能体即一个独立的"大脑"，这些独立而又积极的智能体能不断学习语义，"激活"个体智能，深化认知，加强语义理解，从而提升人机交互的体验度。

声纹识别技术。声纹识别技术是一种通过语音信号提取代表说话人身份的相关特征（如反映声门开合频率的基频特征、反映口腔大小形状、声道长度的频谱特征等），进而识别出说话人身份等方面的技术。它可以广泛应用于信息安全、电话银行、智能门禁以及娱乐增值等领域。语音量的庞大不言而喻，在这种浩瀚的数据中提取最有价值的语音信号就要结合激活数据学的热点减量化这点，基于多层次的筛选机制，将有限的计算和存储资源分配给最具价值的数据单元，这样才能为个性化的声纹识别提供最好的保障。

语音评测技术。语音评测技术又称计算机辅助语言学习，是机器自动对用户发音进行评分、检错并给出矫正指导的技术。语音评测技术是智能语音处理领域的研究前沿，同时又因为能显著提高受众对口语学习的兴趣、效率和效果，而有着广阔的应用前景。基于此，语音评测技术还要结合激活数据学中的智能碰撞来进行处理。在智能碰撞阶段，人类与机器协同强化涌现出的群体智能将超越个体智力，从而高效地解决复杂问题。现在语音评测技术在很多App中应用都非常广泛，但是要实现精准评测还需要不断提升技术水平，仅仅靠机器智能是不行的，还要借助人类智力，二者在一定程度上达到协同才能呈现出最好的效果。

（三）激活数据学开启语音交互新时代

人工智能语音进化史大致分为三个阶段，人工智能语音1.0运用是一问一答的形式，人工智能语音2.0是有问有答的形式，而进入人工智能语音3.0，最大的进展就是人机交互的发展。不仅仅有问有答和包含上下文逻辑了，人工智能硬件能够更多地融合各种环境信息，做出不同决策或推荐。也就说，在交互的过程中，机器有了更多的主动性，能够为人提供更多、更好的帮助，让人们的生活更便捷、更安全、更有趣。在万物互联浪潮下，人机交互需要提供更智能的方案来完成交互工作。信息革命以来，每一次世界商业大潮的兴起都是由人机交互方式开端的，而下一代人机交互便是语音交互。激活数据学的出现不仅能让人工智能语音在第三阶段顺利进化，而且还为语音交互的变革提供可能。

近年来，云计算技术已经发展成为大众化的服务平台，这为人工智能技术的实现和应用落地提供了强大的后台保障。云计算技术降低了IT资源使用门槛，为数据集中化创造了基础，极大地促进了大数据产业的发展。同时，大数据是智能的基础和土壤，没有数据就没有智能，所有的智能都是建立在数据的基础上。移动互联网及物联网的普及使得大数据技术迅猛发展，从而也助推了人工智能的长足进步，这是因为人工智能技术使用统计模型来进行数据的概率推算，这些模型只有在大数据海洋中不断优化或者"训练"，深度学习算法输出的结果才更加准确。

在这样的背景下，激活数据学为语音交互变革提供理论和技术上的可能。智能语音交互技术属于多学科交叉的边缘学科，涉及语言学、心理学、工程学和计算机技术等领域，不仅要对语音识别和语音合成技术进行研究，还要对人在语音通道下的交互机理、行为方式等进行研究，让机器像人一样从"能听会说"到"能理解会思考"。激活数据学以超大规模数据作为研究对象，以超大规模数据在块上集聚为基础，能够较为系统地囊括多门学科数据并能精准识别基于群体智能的结构理论与组织方法，通过研究基于群体与环境数据分析的主动感知，构建形成人机协同、交互驱动的演进式群智决策系统等，从应用上为语音交互的变革提供可能。

以前是以机器为中心进行交互，未来会以人为中心进行交互。万物互联浪潮下，人根据语音的控制，根据视觉的控制，然后配合手的操作，完成整个交互过程。"云+端"方式最大限度地利用资源的组合优势，形成应用能力的突破；PC（个人计算机）时代，人们与机器通过键盘和鼠标交流，与机器"沟通"需要学会打字、按键操作；移动互联网时代，人们与智能手机通过触摸屏幕交流，只需滑一滑手指即可完成任务；未来智能时代，结合激活数据学，机器将更像人类的一员，与它之间的交互方式将更趋同于人与人之间的交互。

第九章

云脑时代：开启数字文明新纪元

云脑时代是运用激活数据学这个新方法论推动人、智能机器和云计算等融合发展的新时代，也是新技术、新模式被激活应用的时代。新的科技革命与产业变革汹涌而至，大数据、云计算、人工智能日新月异，世界变成一个更加开放、更加复杂的巨系统，不确定性和不可预知性使一切坚固的事物都可能消失得无影无踪。

人脑时代，知识就是力量；电脑时代，信息就是能量；云脑时代，数据就是变量。数据、计算和场景的广泛应用，深刻改变着人们的生产、生活方式，革新着人类社会的世界观、价值观和方法论。尤其是海量数据的迭代训练应用，让机器变得越来越智能，机器的智能化极大地改善了机器同人类沟通协作的能力，人机合作成为驱动人类解决复杂问题和创造一个更为井然有序时代的中坚力量。

云脑时代，人工智能作为新一轮科技革命和产业变革的核心力量，为人类社会的经济发展带来了历史性的变革。与此同时，作为一项不断发展中的新技术，人工智能就像"脱了缰的野马"肆意奔腾，正在以我们无法想象的速度发展壮大。如果人工智能的发展不受人类控制，它可能会成为人类文明的终结者。区块链的发展为人工智能提供指引，并重塑了人工智能时代的新生态。

云脑时代，数字文明不仅是驱动经济发展的新动能，同时也形成了一种新的以数权法为主流价值观的社会秩序。未来的互联网，将不再只是部分领域的互联网，而是全人类共同享有的互联网，也是在实现了人的全面自由发展环境下的自由互联，推动全人类进入数字命运的共同体时代。

第一节 驱动云脑时代的"三驾马车"

（一）数据驱动

数据作为信息时代的新能源，为人类文明发展提供了动力。能源是人类生产和生活的物质基础，从原始文明到农耕文明，人类依靠人力、畜力和太阳能、风能、水能等可再生能源来利用自然和改变环境。工业文明时代，生物能源逐渐被煤、石油、天然气等化石能源所替代，化石能源的发现和大规模的使用加速了人类文明的进步。到了信息文明时代，从商业科技到医疗、政府、教育、经济、人文以及社会的其他领域无不流动着海量的数据，我们的生活已经离不开数据了，数据作为新兴能源登上历史舞台。对海量数据的关联分析，能够更好地洞悉社会发展规律。将来会有越来越多的企业以数据为底料进行生产加工，产出影响人类社会进步的新产品。

计算机的普及与算法的出现促使互联网高速发展，累积沉淀了海量的数据。万物互联时代，凡是能嵌入计算机的设备，都将成为计算装置。各种具备智能、可编程的计算装置的数量和种类正以意想不到的速度激增，这些计算装置都在以数字化的方式测量和记录着物理世界。随着技术向前推进，人类活动呈现出多样化、多维度、零时差等特点。连入网络中的所有硬件时刻都在产生数据，手机、电脑、智能家电，遍布城市每个角落的传感器不知疲倦地上传、下载数据。据统计，互联网时代，每天每人总共会产生 3 艾字节的计算机数据，照这个速度下去，到 2020 年预计会形成一个 40 泽字节数据资料的数据宇宙。如此大量的信息，应该是非常有价值的。

数据让市场变得更聪明。在 2017 年 5 月贵阳大数据博览会上，阿里巴巴集团董事局主席马云在"机器智能"高峰对话上的演讲表示，大数据让计划和研判成为可能，市场变得更加聪明。为了优化资源配置、调动企业和劳动者积极性、协调经济发展，中国由计划经济转向市场经济，用市场经济中看不见的手，进行宏观调控。在数据经济时代，借助人工智能、互联网、大数据，把我们能够摸到甚至利用的那只手进行新时代的"计划"经济。

数字文明时代，数据将成为人类关系构建、社会结构演进的新视角。通过研究数据与人之间的关系以及数据流如何最终形成个人、组织、城市和社会规范，可以明朗地窥探数据所带来的社会结构、认知结构的演化和变迁。正如大卫·马尔所称的行为计算理论发展：如何用数学解释社会为什么会产生这样的反应，以及这些反应怎样解决（或为什么不能解决）人类的问题。我们正尝试用简单数据清晰地描述社会现象，构建社会结构的因果理论。

与显微镜、望远镜为生物和天文研究带来革命一样，数据将会颠覆研究人类行为的范式。原来的"市场""资本""社会学"等词汇塑造了我们对世界的看法，它们固然有用，但也代表过于简单和传统的思维，束缚我们对未来清醒而有效的思考能力。数十亿条的电话记录、支付记录和GPS定位记录为科学家提供了新的透镜，使我们可以观察到社会的细微之处。大数据为我们提供了洞悉社会各种复杂性的机会。如果我们拥有能洞察一切的"上帝之眼"，就极有可能真正理解社会是如何运作的，从而采取措施来解决人类面临的问题。

未来，我们很可能掌握关于人类行为的无比丰富的连续数据。一旦实现对人类生活模式更精确的可视化，我们就有望采取更适合复杂、互联的人类和科技网络的方式来理解和管理当代社会。我们构建的社会系统不再局限于市场、阶层和政党等范围的集合，而是考虑了想法交换的具体模式。这将有助于营造一个更好地避免市场崩溃、种族暴力、宗教纷争、政治僵局、腐败横行以及专制集权的社会。为此，我们首先需要建立有利于增长和创新的科学、可靠的政策，构建保护隐私和公众知情权的法律框架。这些措施能让我们对政策的执行有全新的认知，并能够快速有效地采取行动解决问题。

我们的社会已经开启了一场可与印刷和互联网带来的革命相

比肩的伟大旅程。云脑时代的最佳搭档是人脑+电脑。海量数据迭代训练使得机器越来越智能，可以与人类沟通，甚至超越人类的某些能力，人机合作将能够解决人类面临的复杂问题，创造出一个在管理方面更为井井有条的时代。我们第一次获得了真正了解我们自身和社会如何演变所需要的数据。通过更好地理解自己，我们将有可能构建一个没有战争或金融崩溃的世界，一个快速发现和遏制传染病的世界，一个不再浪费能源、资源的世界，一个政府是用来解决问题而不是制造问题的世界。然而，为了实现这些目标，我们首先需要了解激活数据学的社会学范式，然后决定我们的社会应该把什么奉为至宝，以及我们为了得到它们甘愿做出什么样的改变。

（二）计算驱动

计算变成人类能力的一部分，成为一种核心竞争力。 20世纪30年代，早在现代计算机问世之前芒福德就在其著作中指出，自动化的一个目的是"放大人体的机械或者感官能力，将人类生命的各个阶段简化为可以测量的秩序和规律"。[1]随着需求的提高和科学的进步，很多最新的技术都涵盖了体力延伸、感官延伸和智力延伸三个方面，并朝着更方便、更节省、更有用、更真实的原则不断进步。面部识别、语音命令、眼球追踪和手势控制等感知计算技术将人脑和电脑有效地进行连接，语音命令和面部识别已

---

[1] 卢克·多梅尔.算法时代［M］.胡小锐，钟毅，译.北京：中信出版社，2016：XVI–XVII.

得到广泛应用,而眼球追踪和非接触式手势控制技术也获得了关注。后两种技术带来了全新的输入方式,未来也将逐渐普及。测量就是用某种标准尺度,对事物进行"量化"的过程,感知计算就是把心理学、生理学、生物学的种种表征,诸如情绪、感知、喜怒哀乐等,借助感知计算技术,分析人类行为数据,发现社会隐形秩序。

同时,认知计算通过数据挖掘、图像识别以及自然语言来进行自我学习,建立具有推理能力,能够与人、环境互动并自行解决复杂问题的计算系统,最终让机器像大脑一样思考,为人类提供更专业的决策参考。在医疗行业,认知计算提供个性化服务,协助医生搜索和分析,担任医生的咨询助手;在金融行业,它可以解读财务、法规、经济和社会数据等信息,提高人类的商业洞察力;至于客户服务方面,它通过分析客户行为,为客户提供更好的体验与互动。计算能力的提高,能够更快、更好、更准地找到问题、解决问题,为人类节约大量的时间,加快了人类社会演化的步伐。

计算成为一种公共服务,是创新时代的新动能。计算对数字经济的重要性,就像电对传统经济的重要性一样。美国是人类历史上第一次把电变成公共服务的国家。云脑时代,人类对计算的需求将达到一个前所未有的高度,同时对获得计算能力的公平性提出了挑战,由用户购买、建设、维护计算基础设施的传统方式日益显得低效率和高成本。人们希望计算资源完全能够像水、电、煤这类公共产品一样通过网络交付、用户主导、需求驱动、按需服务、即用即付。从产业角度讲，把计算变成一种新的普惠性的公共服务，向人类提供高科技、低门槛、简单易用的计算服务和能力，有可能让中国迎来一次跨越式的发展，支撑下一波数字中国的建设和发展。云脑时代，云计算、大数据、人工智能，都将成为基本的公共服务。所有的行业，包括物流业、制造业、服务业、金融业、教育业，在这场技术革命的推动之下，将变得更高效、更公平、更加回归行业的本质。同时，当计算真正变成一种公共服务时，人类的创造力以及想象的空间将实现资源配置效益的最大化，创新动能将喷涌而出。

计算的核心在于算法，算法是驱动云脑时代的内生动力。 正如伯纳德·沙泽勒所说，20世纪是方程的世纪，但21世纪是算法的世纪。云脑时代，普惠泛在的信息网络体系人人共享，数据连接型社会孕育而生，互联网变成基础设施，数据变成新的生产资料，计算变成公共服务，"互联网+数据+计算"将产生1+1+1>3的聚变效应，成为驱动云脑时代的核心引擎，驱动未来发展的核心动力。计算的核心在于算法，算法是计算的灵魂。计算机语言从Basic到C、C++、Java，再到后来的PHP、Ruby等，你方唱罢我登场，让人眼花缭乱。算法确实是计算机科学的核心，是创造计算智能、解决科学问题、开发商业软件的基础。在21世纪的今天，算法每时每刻都会对展示在我们眼前的信息进行分类、筛选和取舍。我们看到的百度搜索，微信、微博上显示的好友信息，今日头条给我们推荐的有价值的、个性化的信息等，都是算法作用的结果。算法正在以各种各样的方式，影响着世界的方方面面，包括企业创新、产业变革、经济发展。

计算是思维方式的技术基础，有何种技术基础，就有相对应的思维方式。云脑时代，整个社会和经济体系可能都要基于计算的变革来重新设计，比如管理进出口的方式，将从管理"计算机"的进出口，演变为管理"计算"的进出口。这实际上已经发生了。正如，今天美国的企业在利用阿里巴巴的云计算，而中国的企业在使用亚马逊的云计算，计算已经成为和高铁一样的进出口产品，不断地创造"看不见的价值"，驱动未来社会的发展，成为云脑时代不可或缺的一部分。

总之，一个优秀的工业级推荐系统需要有一个非常灵活的算法实验平台，才可以支持多种算法组合和模型结构调整。不过很难有一套通用的模型架构适用于所有的推荐场景。现在很流行将LR（逻辑回归）和DNN（深层神经网络）结合，前几年Facebook也将LR和GBDT（梯度提升决策树）算法做了结合。最新公开的今日头条的算法原理就体现了其算法推荐系统的强大，尤其是其对热度特征的把握，包括全局热度、分类热度、主题热度、关键词热度等，在很大程度上体现了激活数据学中关于热点减量的基本理念。正是通过热点减量，不同内容热度信息在数据量大的推荐系统中，特别是在用户冷启动的时候就变得非常有效。另外，算法对泛低质内容如假新闻、黑稿、题文不符、标题党、内容质量低下等的识别技术水平不高，仅仅由机器辨别是非常难的，需要结合人工复审，将阈值提高，而这只有通过有效的人机结合及智能碰撞后，才能达到更有效的结果。

（三）场景驱动

　　人类社会进入数字文明时代，数据爆炸正在驱动着新的组织与共享模式。人作为客体被接入了互联网，成为一个不断采集数据并向云端传输数据的节点，开启了数据人时代。人在不同场合的活动都将在数据刻画下趋向明显化。谷歌地图通过采集人类活动数据，利用定位和导航技术，刻画出虚拟世界场景并在线上展示。因此，谷歌地图创造了一个合意的虚拟线上场景，来弥补线下合意场景的不足。2013 年年底，有报道称一名男子在 5 岁时被拐卖到千里之外，23 年后他通过记忆，借助谷歌地图，找到了回家的路。现实中一些人类行为的场景只有通过技术手段并且依靠虚拟的线上场景展示，才能最大限度地产生符合人类行为场景的合意结果。

　　场景是人类行为的反应。从本质上来讲，人类行为是按照不同的场景条件（如自然环境、风俗习惯等），对自身行为进行调整的过程。人类通过对不同场景的数据进行刻画、连接形成对客观世界的不同镜像世界。不同镜像的组合形成不同的体系。如果连接只发生在体系与体系间、镜像与镜像间，这种数据之间的互相印证只能支持模糊结论而非精确结果。解决精准还原需要数据的"场景化"。在任何体系内的数据抽取和沉积都只能是客观世界的反应，是客观世界的一部分，而不是全部。镜像世界可以打破数据之间的壁垒，实现数据的流通，提高数据质量，避免错误的场景重现，减少出现错误的连接以及错误的决策，最终更精确还原人类行为。

场景洞察是建立在场景中产生的数据可被记录和分析的基础上。这些记录下来的数据,可以帮助我们形成最为清晰的用户画像;同时基于数据,我们可以进行场景的量化分析、综合洞察,更深入理解场景和场景中人的决策机制。场景洞察使两个机制成为可能:第一个机制是过去场景可追溯,完全了解在过去场景中人的决策机制;第二个机制是未来场景可感知,是对未来进行动态、持续更新变化的"态势感知",感知到未来各个场景的发展态势,从而根据需求,有针对性地构建和连接场景。真正运用好全局数据,可以利用其进行合适的场景构建、匹配的场景连接和精准的场景洞察,这会真正赋予数据智慧。

数字文明时代的场景应用是遂人愿、知人意。数字系统可以全息完整地映射物理实体世界,可以完整地记录人的性格、思维、习惯以及生活中的一切。现在更优质的数据已经开始具备可针对不同个体、群体所处情境,洞察情境中"人"的决策机制,提供更精准、更智慧决策结果的能力。数据的融会贯通,可针对不同个体、群体所处情境,洞察情境中"人"的决策机制,提供更精准、更智慧的决策结果。借助人工智能快速地挖掘和搜集相关数据,整理成特定地点或环境下针对特定客户需要的形式和内容,让用户轻松掌握,以便同客户在特定场景下互动交流,达成目标。场景本身就是连接。场景连接可以是整个场景与场景的连接,亦可以是场景中的某个要素之间的连接。场景的智能化是一个漫长的、波浪式推进的、螺旋式上升的进化过程,从感知到认知,从本能到技能，从组织到自组织，由量变到质变，由实体化到数字化再到智能化，最终能够感知和协同人类。

数字文明的场景应用将实现人的充分自由。马克思说："一个种的所有特性、种的类特性就是在于其生命活动的性质，而人的类特性恰恰就是自由的自觉的活动。"①随着海量数据的爆发和技术的高速发展，人、机、物能够自由连接和深刻沟通，相互演进，涌现出更多、更新、更酷的智能化现象，一大波远超当今人类所能想象的智能黑科技正在加速到来。万物的互联互通，将会带来一个高度智能化、人性化的世界。机器将变得越来越智能，变得充分满足人的需求，服务人类，顺应自然。人类自身的智能也将从过去数十万年间长期依赖自然缓慢进化到借助人工智能加速进化的过程，特别是当脑机接口科技重现摩尔定律，成本大幅下滑，引发人体和人脑联网的狂潮之后，人类将越来越自由自在地进行社会活动。

第二节　区块链：人工智能任性发展的"保险阀"

（一）哲学视域下的人工智能风险

进入21世纪，人类社会的文明演化呈现出加速发展的态势。21世纪的最初10年，以互联网的普及使用为纽带，社会结构得以重新组织，人类社会与物理社会广泛连接，自此开启了与以往

---

①　马克思，恩格斯.马克思恩格斯选集：第1卷[M].北京：人民出版社，1995：46.

有别的网络社会时代。时至2010年左右，基于广泛分布的传感技术、大规模数据存储和通信技术的应用，数据规模呈现指数级上升趋势。2015年以后，伴随着数据处理能力的飞速提高，人工智能对社会开始深度介入，世界正在走向人工智能时代。整体而论，人类在进入21世纪的三个关键时期，相继出现了三个互相联系又略有区别的新时代，即网络社会时代、大数据时代、人工智能时代，三者共同构成了新的社会时代，我们将这种新的社会时代称为"人脑+电脑"的"云脑时代"。

云脑时代，人工智能作为研究、开发用于模拟、延伸和扩展人的智能的理论、方法、技术及应用系统的一门新的技术科学，旨在了解智能的实质，并生产出一种新的能以人类智能相似方式做出反应的智能机器，其研究领域包括机器人、语音识别、图像识别、自然语言处理、专家系统等。这一技术科学将改变甚至颠覆人类现存的生产工作和交往方式，由此出现一个以新技术结构支撑新社会结构的人类新时代。

云脑时代，智能革命无疑将给我们带来一个更美好的社会，它是智能的、精细化的、人性化的"最好时代"。在云计算、大数据、深度学习算法、人脑芯片的催化下，人工智能模拟和表现出人类的智慧动力，并以高于人类的工作速度、优于人类的工作精度、胜于人类的工作态度，协助人类解决各种各样的问题，包括危险场合和极端环境下的难题，从而形成人类智慧的创造力优势与人工智能的操作性优势之间的强强合作。人工智能现已成为全球新一轮革命和产业变革的着力点，在人类智慧能力无穷增大的

"科学梦"背后，是一片蕴藏无限生机的产业"新蓝海"。社会正在从"互联网+"向"人工智能+"转型，传统领域生发出新的产业形态，多领域催生了新兴的细分行业，由此创造出巨大的经济价值和社会财富。

在谷歌、Facebook、IBM等领军企业的带领下，全球对人工智能的关注度不断提升。2015年全球人工智能市场规模为1 683亿元，预计到2018年将增至2 697亿元，增长率达到17%。在投资规模方面，2015年为484亿元，预计到2020年，投资总量将达到1 190亿元。可以认为，人工智能将从专业性较强的领域逐步拓展到社会生活的各个方面，人类未来会在"万物皆互联、无处不计算"的环境下精准生活。但另一方面，智能革命也将给我们带来诸多麻烦，也许我们面临着一个社会问题丛生和安全隐患不断的"最坏时代"。到目前为止，人工智能已在全球范围内逐步建立起自己的生态格局，并开始深度介入人类的社会生活。2016年，距离麦卡锡、明斯基、香农等人提出人工智能的概念正好过去60年。过去的一年，人们看到了许多存在于科幻小说的内容成为现实：人工智能击败了人类顶尖棋手，自动驾驶汽车技术日趋成熟，生产线上活跃着"机器人"群体……这些正印证了"智能时代，未来已来"。人们在为人工智能的强大能力感到惊叹的同时，也激发了对人工智能安全问题的普遍忧虑，人工智能是否成为人类"最后的发明"？我们应如何看待人工智能的潜在风险？[①]

---

① 吴汉东.人工智能时代的制度安排与法律规制［J］.法律科学（西北政法大学学报），2017，35（5）：128–136.

人工智能的首要问题是安全问题。从时间向度来说，人工智能风险是社会历史性的存在，是指向未来的将来时态的词汇，风险对人类的影响是不能用自然科学的数据标准来评定的，从现存状况看也许只影响一代人的生存，但事实上可能损害几代人的利益。从空间向度来说，风险是"全球地区性的"，也就是说风险既是地区性的，又是全球性的。人工智能按实力可分为弱人工智能、强人工智能、超级人工智能，那么人工智能风险可能造成的后果也可分为三个层次，即短期危害、中期危害、长期危害。①

短期：失业、隐私破坏、技术依赖。人工智能风险的短期危害已经出现在我们面前了。在失业问题上，很多工厂里都大量采用了弱人工智能机器，致使很多蓝领工人和下层的白领失去工作岗位。如今，人工智能已经在制造、医疗等行业扮演着非常重要的角色。人工智能可以提高生产力，但目前我们不能摆脱基于劳力—工资的经济模式，人工智能带来的失业问题我们很难解决；在隐私安全上，随着智能机器不断渗透到日常生活中，人工智能接触个人隐私的机会越来越多，保障隐私安全变成一项难题。比如我们使用的浏览器，它会记录个人经常访问的网站名称并且进行排序，在下一次使用时会优先提示这些网站的地址，那么这些记录会完全保密吗？谁又能给我们提供保证呢？事实上，这些智能软件在充当"智能管家"的同时也扮演着偷盗者的角色；在技术依赖上，人工智能技术可以帮助人节省脑力和体力劳动，并且

---

① 于丽颖.马克思"人的技术化"思想视域下的人工智能风险[D].成都：西南交通大学，2017.

在一定程度上提高效率和安全保障性，但长此以往，人类必将缺乏在身体工作技能和逻辑思维能力上的培养和训练，转而过度依赖人工智能技术的功效，如此一来，必然会造成人本质力量的削弱和精神空虚。一个突出的现象就是"低头族"，即使面对面，人们也各自盯着手机屏幕，宁愿敲打着冰冷的屏幕，也不愿和热情的亲友促膝长谈。

中期：威胁公众安全问题、加剧社会不平等。埃吕尔曾说："在劳动领域，当前的技术进步已极大地节省了体力付出。但与此同时，这种进步在精神方面要求越来越高，以至精神上的紧张、疲劳和崩溃反而增加了。"[①]人工智能技术也是如此。在公众安全上，人工智能技术的发展给人们提供了很多有效的实用性工具，以专家系统为例，它应用人工智能技术，根据某领域一个或多个专家提供的知识和经验，进行推理和判断，模拟人类专家的决策过程，以解决那些需要人类专家处理的复杂问题。例如编写一个医疗专家系统，它的诊断水准可以达到国内外顶级医生的水平，但是专家系统并不是完美的，某个领域的专业水平随着不同历史时期的更迭而不断更新着，而专家系统受制于设计者的局限，其内部结构的更新总会出现一定的滞后性。一旦医疗专家系统与网络连接起来得到普及，而人们又对其过分依赖，这不仅仅会导致医疗事故的发生，更有可能对公众安全产生威胁，如果被不法分子利用，后果将更加严重；在社会效益分配问题上，人工智能

---

① 埃吕尔.技术秩序［G］//吴国盛.技术哲学经典读本［M］.上海：上海交通大学出版社，2012：123.

风险与财富一样，都是附着在阶级模式上，但以颠倒的方式附着，财富在上层聚集，而人工智能风险在下层聚集。就此而言，贫穷导致了大量的风险，相反，（收入、权力和教育上的）财富可以购买安全和规避风险的特权，任何一个人只要手头有长期银行存折，就可以免受失业的恐慌甚至可以巩固自身利益，人工智能风险实际上加剧了社会的不平等。

长期：消解人类主体地位。从中期看，人工智能风险有威胁公众安全和加剧社会不平等问题，但人工智能还有更长远的危害，那就是消解人类主体地位。"有了人，我们就有了历史"，"全部人类历史的第一个前提无疑是有生命的个人的存在"[①]，所以，人是社会的主体，人具有主体性，社会历史发展表明正因为人是唯一有思想会创造的高等动物才保证其主体性。然而这种特性正在慢慢被人工智能打破，人类的主体地位将被消解。以人工智能机器人为例，其外表越来越逼真，甚至在不刻意观察时完全能够以假乱真，更为重要的是，机器人已经具备了一定的智能程度，在一定场景中让人们在相当长的一段时间里觉得它就是一个活生生的人。试想当我们生活中这样的机器人越来越多时，所有的事情都由人工智能代替完成了，人类活着有意义吗？人们很快就变成一个个寄生虫，人类这个群体就会在智能和体能上急剧衰退，像虫子一样在一个舒适的环境里活着，这样每个个体都变得没有生活意义的时候，群体的主体地位将会被消解，最终走向灭亡。

---

① 张文喜.马克思论"大写的人"[M].北京：社会文献出版社，2004：145.

所以，无论是从短期、中期、长期看，人工智能风险带来的后果可能都是极度恐怖的。我们应该针对这些可能出现的一系列危害，通过开展重点研究其产生根源来寻找解决方法。

（二）区块链与秩序互联网

人工智能风险的凸显，引起了人们的高度关注。人工智能风险问题不仅是人类遭遇的现实困境，也应该引起人类对这种困境的自觉反思。对这一问题的研究只有站在哲学的高度，才能更深刻地考察人工智能风险的起因，更清楚地审视人工智能技术活动模式乃至人类思维方式对当今人工智能风险大规模滋生的决定性影响，从而促进人类对技术活动发展的理性自觉。中国哲学讲究阴阳转换，否极泰来，世界万物无不如此。同样，统一、对立和互化，是分析人工智能风险、理解当今人工智能技术活动的科学方法。

区块链的兴起正是中国哲学的阴阳平衡思想的最佳体现。与国外区块链研究者、应用者不同，我们认为区块链不是云计算、大数据中心化的替代，而是补充和平衡。正如阴在阳之内，不在阳之对。区块链技术源于化名为"中本聪"的学者在2008年发表的奠基性论文《比特币：一种点对点电子现金系统》。区块链是指通过去中心化和去信任的方式集体维护一个可靠数据库的技术方案。该技术方案让参与系统的任意多个节点，把一段时间系统内全部信息交流的数据，通过密码学算法计算和记录到一个数据块，并且生成该数据块的指纹用于链接下一个数据块和校验，系统所有参与节点来共同认定记录是否为真。区块链技术具有去中心化、去信任、安全性高等特点，被认为是继大型机、个人电脑、互联网之后计算模式的颠覆式创新，很可能在全球范围内引起一场新的技术革新和产业变革。

去中心化。区块链去中心化的特征意味着区块链不再依赖中央处理节点的情况下，实现了数据的分布式记录、存储和更新。区块链的设想是由不同的节点共同组成的一个点对点网络，不设置中心化的管理节点或机构，在该网络中，各个节点之间的权利和义务都是均等的，即该系统中的所有节点都可以进行记录及校验，然后通过分布式的传播方式把计算所得出的数据结果分别发给各个节点，即使部分节点被损坏，整个系统的运作也不会受到影响，也就是说每个参与其中的节点都是"自中心"。[1]

去信用化。区块链最大的颠覆性在于新的信用形成机制。在传统的互联网模式中，陌生人之间是通过可信任的第三方机构来建立信用和进行交易，而区块链从根本上改变了中心化的信用创建方式，它运用一套基于共识的数学算法，在机器之间建立"信任"网络，从而通过技术来建立信用，而不是通过中心化的第三方平台。凭借其去信用化的机制，参与方无须清楚相关交易方是谁，更不需要通过第三方来进行背书与担保，只需要信任区块链的共同算法便可，算法为参与者创造信用、产生信任和达成共识提供了保障。

---

[1] 林晓轩.区块链技术在金融业的应用［J］.中国金融，2016（8）：17-18.

智能合约。智能合约是一种用计算机语言取代法律语言记录条款的合约。智能合约可以由一个计算系统自动执行。如果区块链是一个数据库，智能合约就是能够使区块链技术应用到现实当中的应用层。传统意义上的合同一般与执行合同内容的计算机代码没有直接联系，纸质合同在大多数情况下是被存档的，而软件会执行用计算机代码形式编写的合同条款。智能合约的潜在好处是降低签订合约、执行和监管的成本。因此，对很多有着低价值交易特点的合约来说，使用智能合约便能极大地降低人力成本。[1]

分布式账本。分布式账本是一个允许用户在多个接入点和地理位置组成的区块链网络中进行点对点交易的资产数据库。该网络的参与者可以获得一个由共识协议生成的真实账本的副本且这一副本具有唯一性。账本中的任何一个改动都需要经全体接入网络的用户进行多数确认后才会被记录，而账本中的记录变化会体现在任何一个对应的副本中，一般情况下完成这一过程通常只需要数秒或至多几分钟。任何实体资产、虚拟资产和其他在金融和法律上加以定义的资产都可以使用分布式账本进行存储。账本使用公钥、私钥和签名来控制对账本资产信息的访问，从而保证了账本记录的安全性和准确性，从密码学的角度为账本加上了保险。通过对网络基本构成元素智能合约的修改和定义共识机制，可指定人、团体、集团对资产进行修改的权限。[2]

---

[1] 龚鸣.英国对区块链技术的态度［J］.金融博览，2016（3）：14–16.

[2] 王晓峰.基于区块链的分布式账本技术在金融领域的应用及监管建议［J］.商业经济，2017（4）：136–138.

不可篡改。区块链是基于时间戳形成的不可篡改、不可伪造的数据库。区块（完整历史）与链（完整验证）相加便形成了时间戳（可追溯完整历史）。时间戳存储了网络中所有已经执行过的交易历史，并可提供检索和查找交易数据的功能，另外会借助区块链自身的组织架构对其历史交易数据进行追溯及验证。每个节点在记录时会生成区块并在其上加盖时间戳，并对全网所有节点进行播放，让各参与节点都能获得一份完整的交易数据拷贝。一旦信息经过验证添加到区块链上，就会永久地存储起来。如果想要篡改历史信息，必须同时控制整个系统中超过51%的节点。因此区块链技术被认为是可靠性很高的数据技术，且系统中参与交易的节点越多、计算能力越强，其数据的安全性越高。

（三）区块链重塑人工智能时代新生态

"社会不是坚实的结晶体，而是一个能够变化并且经常处于变化过程中的机体。"[1] 当今，信息技术正以前所未有的广度和深度塑造这个社会的特征与面貌，塑造社会成为一个新的有机体。人类对技术的关注与其对自身生存的关注几乎是同等重要的对待，就像有的学者所言："你如何理解人，你就会如何理解技术；你怎么看待技术，你就会怎么看待人"。[2] 作为信息技术体系的一部分，区块链不可否认地促进了人工智能的创新。区块链和人工智能这两种技术的复杂程度不一样，商业意义也不一样，但是如果能将

---

[1] 马克思.马克思恩格斯全集：第23卷［M］.北京：人民出版社，1972：12.
[2] 吴国盛.技术哲学讲演录［M］.北京：中国人民大学出版社，2016：2–5.

两者整合在一起，那么整个技术和人类范式可能将会重新定义。

从认识论的角度出发，区块链技术将会连接虚拟与现实世界，成为"虚拟世界—现实世界"中间的链桥，且该技术带来的影响将会是革命性的，而"革命"的核心是虚拟世界的"球籍"。无论何种事物，个人也好，集体也罢，皆存在于现实世界，且至少可以"我思故我在"。相反地，随着占比越大的现实世界移到虚拟世界，虚拟世界的权重便逐渐增大，不参加者将被边缘化。软件定义一切势在必行，定义数据，定义功能，定义机器，定义过程，定义规则，定义网络，定义虚拟的数字世界，可谓是定义了可以定义的一切。[①]区块链从抽象的角度来审视，是利用分布式技术和共识算法重新构造的一种信任机制，存在于虚拟世界。从根本上来说，区块链技术的影响在于给出了这样一个信号：重构虚拟世界与现实世界的关系，其核心是改造现实世界，提升现实世界的有序度。不过，吕乃基同时也指出，并非现实世界的一切皆能迁移到虚拟世界。这样的情况大致可分为下列几种。其一，难度大而一时移不过去，例如某些久远年代部落中的"绝技"。其二，某些知识因产权归属的原因而不被允许或只能部分移至虚拟世界。其三，因种种因素如权力的干预、情感的渗透等而成为个案以及不知所云的"精神""情"等，因无法经过编程而被屏蔽于虚拟世界之外。其四，现实世界拒绝虚拟世界的介入，譬如某个国家拒绝另外一个国家的相关网站的链接。这些移不过去的部分，哪怕

[①] 赵敏.数字虚体：深度掌控物理世界[EB/OL].（2016-09-19）.http://www.v2gg.com/quanzi2016/woailvxing/20160919/103735_2.html.

再有价值，传播的力度再大，也难以逾越现实世界中形形色色的壁垒，也有可能"死"在"最后一公里"。[①]在吕乃基看来，现实世界在虚拟世界重构，虚拟世界不是现实世界简单的"映射""投射"，而是选择性重构。这种"选择"，在某种意义上可以说是一场"没有硝烟的革命"。

"区块+链+时间戳"可谓是区块链数据库的最大创新点，每一个区块都盖上一个"时间戳"来记账，从而形成不可篡改、无法伪造的数据库。对人工智能发展产生以下几条颠覆性的影响。

帮助人工智能解释自己。 人工智能黑盒遭遇了可解释性的问题。有一个清晰的审计跟踪不仅可以提高数据的可信性，还可以提高模型的可信度，也为追溯机器决策过程提供了一条清晰的途径。

提高人工智能的有效性。 安全的数据共享意味着更多的数据和更多的训练数据，然后会形成更好的模型，更好的行动，更好的结果以及更好的新数据。到头来网络效应是最重要的东西。

降低市场的准入障碍。 区块链技术可以保护你的数据。那么你为什么不能私下存储你所有的数据，或者出售这些数据呢？你也许会这么做。那么首先，区块链将促进更干净、更有组织的个人数据的建立。其次，区块链会促进新市场的出现，比如数据市场、模型市场，甚至可能还会出现人工智能市场。因此，简单的

---

① 吕乃基.从由实而虚，到以虚驭实——一个外行眼中的"区块链"[EB/OL].（2016-10-23）.http://blog.sciencenet.cn/home.php?mod=space&uid=210844&do=blog&id=1010288.html.

数据共享和新的市场,再加上区块链数据验证一起,这些将提供更加顺畅的集成,从而降低小企业的进入门槛,缩小科技巨头的竞争优势。在降低进入门槛的努力中,我们实际上解决了两个问题,即提供更广泛的数据访问以及更有效的数据货币化机制。

增加对人工的信任。一旦我们的部分任务交给自动虚拟代理来管理,清晰的审计跟踪将可以帮助机器人相互信任,并且帮助人类去信任它们。在有了分项数据以及协调决策,再加上有健全的机制到达法定人数(与群体机器人和多代理场景高度相关)的安全手段之后,最终还将增加机器与机器之间的交互和交易。

减少灾难性风险的情况。加入智能合约的人工智能只能执行预先被写入代码的动作,而这些动作会被代码刚性约束,不受情感、关系、人脉等的影响,避开现实生活中"熟人社会"的关系操作,这些代码也可以写入法律、伦理、道德,进而使人工智能也受法律、道德的约束,那么人工智能机器的行动空间也是合法的。

第三节　数权法与数字文明新时代

(一)云脑时代的制度安排与法律规制

人类社会的文明演化在新世纪呈现出加速发展的态势,互联网科技的普及催化了社会结构的重组,人类自此开启了有别于以往的网络社会时代。整体而论,到 21 世纪相继出现了互相联系又略有区别的新时代,即网络社会时代、大数据时代、人工智能时代、云脑时代，他们共同构成了新的社会时代。云脑时代，数据成了变量，同时也是推动生产和生活方式根本变革的核心力量。马云在2017年第四届世界互联网大会上的演讲中说："互联网正在深入社会，超过未来一切技术革命的总和。未来30年数据将成为生产资料，计算是生产力，互联网是一种生产关系。如果我们不数据化，不和互联网相连，那么会比过去30年不通电显得更为可怕。"①

"这是最好的时代，也是最坏的时代。"一方面，随着人工智能发展，数据作为生产资料的价值将会逐步在社会生活的各个方面凸显，人类未来会在"万物皆互联、无处不计算"的环境下精准生活。另一方面，在数据领域，由于法律约束和制度规范欠缺，人工智能带来隐私数据泄露、真假数据混杂等诸多麻烦，也许我们也面临着一个社会问题丛生和安全隐患不断的"最坏时代"。数据改变了人类社会的沟通和认知方式，未来所有的人和物都将作为一种数据而存在，作为一种数据而联系，作为一种数据而共同创造价值。②在大数据作用下，自然人会演化为数据化的人，即"数据人"。围绕"数据人"会产生相关法律关系，产生数据主权、数据权利等。这里的数据权利并非一套独立的权利体系，而是基于虚拟空间产生的现行立法体系无法调整的一项权利而已。在脱

---

① 马云.担心机器威胁人类　不如拥抱技术解决新问题［EB/OL］.（2017-12-03）. https://tech.sina.cn/i/gn/2017-12-03/detail-ifyphxwa7651721.d.html?sinawapsharesource=newsapp.

② 大数据战略重点实验室.块数据2.0：大数据时代的范式革命［M］.北京：中信出版社，2016：178.

离了既有权益保障体系支持下,数据纠纷又缺少与新型数据处理行为法律体系的接口,因而独立成为一种新型纠纷。现有权利体系对数据的保护还存在一些困境,下面主要从人格权学说、隐私权学说、物权学说、债权学说以及知识产权学说这5个方面进行说明。

人格权学说对数据保护的局限。人格权侧重保护数据个人精神权利,无法保护数据权中的财产权。根据传统民法理论,人格权是一项纯粹的精神性权利。数据权利包括数据人格权和数据财产权,其兼重保护个人的精神性权利和财产性权利。数据权利平衡的是数据权利主体、数据处理者、数据利用者等之间的关系,需要兼顾数据权利主体的精神性权益和财产性权益,以及数据处理者、数据利用者等的财产性权益。

隐私权学说对数据保护的局限。隐私权侧重保护个人隐私数据,但某些个人隐私数据可能存在于社会公共秩序范畴,这部分数据无法受到相应的保护。隐私信息包括个人信息、个人活动、个人空间等,与公众无关的个人信息不会向社会公开,属于私人范畴;个人数据中例如公布于众的姓名、电话、地址等数据,或者某些原本就属于社会公共秩序范畴的数据,这部分的数据保护受到公共利益的限制。因此,对个人数据而言,只能保证某些数据是处于保密状态,大部分数据仍然是非保密状态。同时,个人对外公开的数据信息经过技术脱敏后,增加了隐私利益的复杂性。个人无法通过隐私权限制他人使用作为信息载体的数据,数据所包含的财产利益也就无从谈起。因此,就个人数据处理而言,当前的隐私法能给个人数据提供的保护十分有限。

物权学说对数据保护的局限。物权法侧重保护归属明确的物体，而数据在产生到形成分析结果这个过程中从属不同的主体，权属并不明确，因此保护范围受限。从数权归属看，物权学说偏于强调控制权，使用权处于从属地位。个人仅是数据产生的供体，离开数据采集者的网络服务与技术支持，数据根本无法产生，其所承载的信息自然也就随之消失。[①] "所有法律对数据秩序的权利设计或利益分配，都需要合适的代码来实现。"[②] 也就是说，个人对个人数据无法享有完整的物权权能，无法用于数据交易，无法通过物权行使数据权利。这说明物权学说在数权保护问题上面临着局限。

债权学说对数据保护的局限。债权侧重以合同关系为依据对虚拟财产进行保护，而数据债权与数据债务之间的合同关系无法明晰，因此无法受到保护。债权说主要利用合同法对虚拟财产进行保护。在数据债权与数据债务关系中，数据主体与数据采集者之间可能存在合同关系，但由于数据权利的复杂性与动态性，数据主体与其他数据利用者之间无法建立第三人利益合同。即使建立了利他合同关系，基于利益衡量，数据利用者作为合同提供者往往将数据主体应有的权利排除在外。对于合同关系中没有明确

[①] 例如，2013年8月19日中国雅虎的电子邮箱服务正式停止，此前所有使用雅虎电子邮箱的用户，已经完全无法登陆并使用其雅虎邮箱，邮箱中的信件和其他内容也随之无法访问。

[②] 梅夏英.数据的法律属性及其民法定位[J].中国社会科学，2016（9）：179.

的数据权利内容，数据权利主体没有权利依据请求认定权利排除条款无效。合同主体不是将数据看作一种特定的客体，就是忽略不论。在对数据的认定中，数据的法律地位并没有得到解决。这使得用债权债务相关条款保护数据权利时会产生一系列问题。

知识产权学说对数据保护的局限。个人数据并不属于知识产权保护范畴，因此不能对其进行保护。目前还没有哪个国家将个人数据作为一类单独的知识产权加以保护。有学者提出应将个人数据纳入知识产权保护的范畴，这种语境下的个人数据权利保护路径是站在数据利用者的角度提出的，并非针对数据主体的应然权利提出的保护路径。数据与知识之间存在着一种天然的内在联系，数据权利与知识产权的权利属性存在着诸多相似之处，同时，数权保护是为了在促进利用的同时确保开放。如此看来，知识产权法是最接近数权保护要求的保护体系。但从本质上说，数据不可能纳入知识产权保护的法律体系中：第一，数据没有独创性，不符合知识产权保护要求；第二，数据权利可重复使用，数据生产者对数据不具备绝对控制权，不满足知识产权保护要求，无法对其进行保护。

（二）数权法构建数字文明新秩序

从法理上说，法律系统应社会需求而生，并随着社会文明程度的提升而不断改进和更新。人类社会进入云脑时代已是必然，数据作为云脑时代的生产资料也毋庸置疑，但在现有的权利体系下无法实现对数据的规范及保护，因此，数权法的重要性不言而喻。社会文明从农耕文明演变到工业文明再到现在的数字文明，人类也从"君权""物权"迈向了"数权"时代，法律也应在"人法""物法"的基础上增加"数法"，以期形成制度化、法制化的社会治理体系应对未来社会的制度调整和结构调整。

"数权"赋予云脑时代公民新权益。数据的所有权、知情权、采集权、保存权、使用权、隐私权等，构成了每个公民在大数据时代的新权益。在性质上，数权是一种集人格权和财产权为一体的综合性权利，数权主体在享有人格权利的同时也享有财产权利。维护数据主体为人的尊严是数据人格权的核心价值观，强调数据主体应受到的尊重，享有自由不受剥夺、名誉不受侮辱、隐私不被窥探、信息不被盗用等权利。除此之外，数据的价值和共享性使其成为一种重要的社会资源，因而有必要赋予数据财产权，保护数据财产。

数据权包含公权和私权两种。对数据权的权利保护是一个宏观的概念，可分为公权视野下的数据国家主权和私权视野下的个体数据权。在我国，数据的主体多样，包括个人、法人、公共机构、政府等，所以数权既需要公法规制，也需要私法规制：其一，指向公权力，即以国家为中心构建的数据权力，它是以数据管理权和数据控制权为核心内容的国家数据主权；其二，指向私权力，即以个人为中心构建的数据权利，包括数据人格权和数据财产权。

"数权法"是数权保护的新规制。数权法是调整数据权属、利用和保护的法律制度。数权的法律规制主要包括数据主权、个人数据权和数据共享权。数据主权体现为国家对其政权管辖地域内的数据享有的生成、传播、管理、控制、利用和保护的权利,权利内容表现为数据管理权和数据控制权。个人数据权是相对于公民数据采集义务而形成的对数据利用的权利,这种权利是建立在数据主权之下的,私法语境下的数据权利即个人数据权,主要包括数据人格权和数据财产权。数据人格权包含数据知情同意权、数据修改权、数据被遗忘权和删除权三个方面,数据财产权包含数据采集权、数据可携权、数据使用权、数据收益权四个方面。数据共享权指对待个人数据信息,在某些领域应该超越私权观念而将其作为公共物品加以保护和规制。

当下,在数据保护方面的法律法规还有待完善,而建章立制也不是在短期内就能完成的。对数据的保护核心是要确认数据为独立的法律关系客体,奠定构建数据规则的制度基础。通过对数据法律性质和法律地位的明确,数据成为一种独立利益而受到法律的确认和保护。对数据进行保护的目的在于数据的自由流通、数据的合理利用这两大利益之间的平衡。一方面在于创设规则,确认数据之上的权利;另一方面在于创设和搭建数据平台,促进数据的自由流通和利用。

"数法"指引数字文明时代新秩序。当前,我们正处在一个前所未有的大变革、大转型时代。继农耕文明、工业文明之后,人类构建了一个崭新的治理形态——数字秩序,以及一个崭新的文明形态——数字文明。这一次的文明跃迁像一场风暴,荡涤着一切旧有的生态和秩序,对社会存在与发展形成颠覆性的改变。数据权利化思潮空前活跃,数据的实时流动、共享构成了一个数据化的生态圈,数据力与数据关系影响着社会关系。由于这种力量的相互影响,整个社会生产关系被打上了数据关系的烙印,这将引发整个社会发展模式和利益分配模式的前所未有的变革和重构。物权法的确立是社会文明进步的标志,在人类进入数字文明的当下,对原有保护规则进行必要的变通是无法阻挡的趋势。数字文明时代,绝大多数的法律规范都将发生根本性变化。而且,数字文明所影响的远不止法律,而是对整个社会的政治、经济、文化、科技等各领域的全面改造。数字文明带来的不仅仅是新知识、新技术、新视野,它还将革新人类的世界观、价值观和方法论。数权法是文明跃迁的产物,也将是人类从工业文明向数字文明变革的新秩序。

(三)构建网络空间人类命运共同体

秩序是文明的关键词,文明是产生剩余秩序输出的能力。文明的繁荣是消耗秩序生产力的结果。原始部落秩序大体是自给自足的,随着秩序生产力的升级而产生文明,最终进入文明社会。数权法的提出为云脑时代创建了一种新的社会秩序,秩序生产力的升级催生了新一轮的社会文明——数字文明。当前,世界互联网呈现新的发展趋势,以信息技术为代表的突破催生新一轮科技革命和产业革命。但同时,在互联网时代,人类也面临着很多的不确定性,旧制度与数字革命的博弈仍在进行,追求集体利益取代追求个人利益,构建网络空间人类命运共同体成为这个时代的共性命题。数字文明使得全球大规模协作成为可能,网络空间人类命运共同体大门得以开启。

数字文明的核心价值是实现人的全面自由发展。 马克思的"个人全面发展"学说认为,每个人的智力、体力在社会生产过程中尽可能多方面地、充分地、自由地、和谐地发展,最根本的是个人劳动力的全面发展,成为各方面都有能力的人,即能通晓整个生产系统的人。人的全面自由发展学说建立在"类"哲学的基础上,"类"哲学是以人为核心的理论,探究人的本质问题、存在问题以及人的自身发展问题,从根本上为人的自我认识和解读提供了人性根据。马克思在《1844年经济学哲学手稿》中指出"类本质"为:"通过实践创造对象世界,改造无机界,人证明自己是有意识的类存在物,就是说是这样一种存在物,它把类看作自己的本质,或者说把自身看作类存在物。"[1]马克思从人的实践活动、从在现实的社会存在的人出发理解人的"类本质",把自由自觉的实践活动理解为人的"类本质"。实践活动首先体现的是人与自然的否定性统一关系,它意味着人超越了动物封闭的、单一的生存方式,通过人与对象本质的相互交换,向整个世界保持开放态度,从而形成整个世界的一体性的内在关系,无论是人与自然的关系,还是人与他人的关系,都呈现出一种特殊的一体性关系。

数字文明是由新秩序催生的新型文明,其最本质的特征是信任和共享社会。其中信任为这个时代带来的是生产和生活方式的变革,信任的建立使得社会秩序从封闭走向了包容和开放,为人的全面自由发展提供了一个无限的空间。共享社会同时带来了生

---

[1] 贺来.马克思哲学的"类"概念与"人类命运共同体"[J].哲学研究.2016(8):4.

产方式和分配方式的变革，共享的规律是在关注普遍收益的同时更强调平等性。共享关注的是社会所有人的利益，不是个别人物、某些阶层或团体的利益。共享社会使得全社会的个体之间建立了联系，从而呈现出特殊的一体性。此外，数字文明的现实体现就是产生了数据治理文明，这种文明推动了治理主体和治理结构的改变，是一种强调以人为中心的发展理念，其发展的最终价值是使人的需要得到充分的满足，实现人的全面自由发展。

数字文明的现实意义是共同体理论范式的重构。在经济全球化背景下，人类社会作为一个相互依存的共同体已经成为共识，构建"网络空间人类命运共同体"已成为全社会面临的一个共性问题。数字改变了人类的生产生活方式，数字文明带来的革命性变革已经像空气一样，渗透在我们生活中每个角落，将社会个体串联起来，构建起了"你中有我，我中有你"的格局。由此，数字文明成为构建"网络空间人类命运共同体"的实现路径。

马克思共同体思想是在深刻批判资本主义社会弊端基础上提出的关于人类社会形态发展的理论，本质上属于社会形态的研究范式，着力回答人在不同的共同体形态下生存的状态，揭示了人发展的规律性及其历史性，致力于探求最为理想的人类生存的社会形态。数字文明时代的网络空间人类命运共同体思想则属于人类文明研究范式，主要回答人类文明在何种状态下才能存续和发展，包括如何处理人类社会内部不同国家不同民族之间、人类与自然之间的关系，以及怎样才能达到高层次的人类文明生存状态。从范式的角度看，从马克思的共同体思想到网络空间人类命运共同体思想，实现的不仅是理论的跨越，也推进了共同体理论范式的重构。共同体理论范式的重构主要体现在目标重构、重心重构、向度重构、思维重构四个方面。

在目标重构方面，实现了从规划蓝图到现实方案的转变。实现"真正的共同体"是马克思共同体思想的理想化状态，这个阶段的共同体只是停留在一个理想蓝图阶段。网络空间人类命运共同体思想则是在人类面临现实而严峻的挑战面前提出的关于人类文明发展的新思想，目的在于把马克思共同体思想的理想目标现实化、具体化，使其既有理想的目标，也有具体的路径。

在重心重构方面，实现了从制度革命到全球治理的转变。制度的变革推动了社会形态的更替，实现"真正的共同体"是以终结不符合当下社会发展的制度为前提。但解决危及人类生存的全球性问题不能只依靠全球范围内的制度革命来解决，更应聚焦于和人类文明存续紧密相连的全球治理的改革和完善。

在向度重构方面，实现了从单一向度向多重向度的转变。马克思主要是从共同体形态变迁的向度探讨人的问题的根本性解决方案。网络空间人类命运共同体是一个从多向度角度构建覆盖多领域、具有多层次、体现多方位的综合性、立体型共同体。利益共享、责任共担，为打造命运共同体提供重要基础和必由之路。

在思维重构方面，实现了从深刻批判到共生共赢的转变。深刻批判资本主义"虚幻的共同体"是马克思提出"真正的共同体"理想的内在逻辑。网络空间人类命运共同体思想主张构建具有包容性的共生共赢共同体。网络空间人类命运共同体主张摆脱源自资本主义工业文明中的征服自然的对抗思维，牢固树立尊重自然、顺应自然、保护自然的意识，坚持走绿色、低碳、循环、可持续发展之路，实现世界的可持续发展。①

网络空间人类命运共同体以世界文明和人的自由全面发展为最高价值追求。网络已经把世界连成一个不可分割的整体，世界各国之间的贸易往来和文化交往因为网络而更加频繁和密切。建构网络空间命运共同体是把世界人民作为价值的出发点和落脚点，真正让世界人民以网络空间为载体，吸收和借鉴人类历史发展的精神财富和文化精华。网络的运用和发展客观上极大地促进了世界文明传播和世界民族大融合，世界人民的交流和共享也极大地促进了各民族文化的传承和创新，使人类文明进入一个新的发展阶段。同时，建构一个文明、开放、共享的网络空间命运共同体是建立在平等、和谐、正义基础上的。在网络的特定发展空间里，作为个体的人的价值诉求也是永恒的，追求自由全面发展是不变的追求。网络作为全球化发展和以市场经济为基础的一种发展新形式和新阶段，如何摆脱"资本"和"物"的剥削和压榨，如何让人类真正实现个性的自由，建构网络空间命运共同体的思想正是"解锁之钥"。网络产业和网络技术的发展都是以市场经济为主导的，建构网络空间命运共同体，加强网络的综合治理，实质上就是建构一种合理的新型市场关系，使人民成为网络的主人，使人民在网络空间里当家作主，真正实现人的自由全面发展。

---

① 习近平.携手构建合作共赢新伙伴　同心打造人类命运共同体[EB/OL].（2015-09-20）.http://politics.people.com.cn/n/2015/0929/c1024-27644905.html.

参考文献

[1] 维克托·迈尔-舍恩伯格.删除：大数据取舍之道［M］.袁杰，译.杭州：浙江人民出版社，2013.

[2] 阿莱克斯·彭特兰.智慧社会：大数据与社会物理学［M］.汪小凡，汪容，译.杭州：浙江人民出版社，2015.

[3] 埃布尔森莱丁，刘易斯.数字迷城：信息爆炸改变你的生活［M］.李卉，王思敏，张魏，译.北京：人民邮电出版社，2011.

[4] 朝乐门.数据科学［M］.北京：清华大学出版社，2016.

[5] 大数据战略重点实验室.块数据：大数据时代真正到来的标志［M］.北京：中信出版社，2015.

[6] 大数据战略重点实验室.块数据2.0：大数据时代的范式革命［M］.北京：中信出版社，2016.

[7] 大数据战略重点实验室.块数据3.0：秩序互联网与主权区块链［M］.北京：中信出版社，2016.

[8] 戈登·贝尔，吉姆·戈梅尔.全面回忆：改变未来的个人大数据［M］.漆犇，译.杭州：浙江人民出版社，2014.

[9] 胡虎.三体智能革命［M］.北京：机械工业出版社，2016.

[10] 集智俱乐部.科学的极致：漫谈人工智能［M］.北京：人民邮电出版社，2015.

[11] 凯瑟琳·加洛蒂.认知心理学：认知科学与你的生活［M］.吴国宏，译.北京：机械工业出版社，2015.

[12] 刘平凡.大数据搜索引擎原理分析及编程实现［M］.北京：电子工业出版社，2016.

[13] 麻省理工科技评论.科技之巅［M］.北京：人民邮电出版社，2017.

[14] 马克思，恩格斯.马克思恩格斯全集：第23卷［M］.北京：人民出版社，1972.

[15] 吴国盛.技术哲学讲演录［M］.北京：中国人民大学出版社，2016.

[16] 张文喜.马克思论"大写的人"［M］.北京：社会文献出版社，2004.

[17] 周涛.为数据而生：大数据创新实践［M］.北京：北京

联合出版公司，2016.

[18] 李善友.互联网世界观［M］.北京：机械工业出版社，2014.

[19] IDC：机器人将进入3.0智能时代［J］.电子世界，2017（14）.

[20] 鲍宗豪，宋贵伦.重视大数据时代的社会治理创新［J］.红旗文稿，2014（11）.

[21] 比尔·盖茨."全面回忆"重构人生［J］.董事会，2014（9）.

[22] 毕达天，邱长波，张晗.数据降维技术研究现状及其进展［J］.情报理论与实践，2013，36（2）.

[23] 曹晶晶.大数据时代下"知识沟"的表现［J］.新闻世界，2014（9）.

[24] 曾晟珂，何明星，唐明伟.基于多接收者加密算法的可否认环认证协议［J］.西华大学学报（自然科学版），2015，34（2）.

[25] 常立清.数据不平等：大数据时代的信息不平等引论［J］.西昌学院学报（自然科学版），2014，28（1）.

[26] 陈安金.人工智能及其哲学意义［J］.温州大学学报.2002（3）.

[27] 陈凡，刘玉劲.论技术结构的历史演化与我国技术结构的发展模式［J］.科学、技术与辩证法，1988（1）.

[28] 陈建伟.人工智能与医疗深度融合［J］.中国卫生，2017（9）.

[29] 陈立，李春香，李志勇.浅议智慧城市的"躯体、经络

与大脑"[J].计算机光盘软件与应用,2012(8).

[30] 陈立旭.习近平系列重要讲话的理论价值[J].江苏大学学报(社会科学版),2015,17(2).

[31] 程学旗,靳小龙,王元卓,等.大数据系统和分析技术综述[J].软件学报,2014,25(9).

[32] 戴旸,周磊.国外"群体智能"研究述评[J].图书情报知识,2014(2).

[33] 丁立福.超量信息不利大脑深思[J].大学英语,2010(3).

[34] 董可男,王楠.智能医疗时代的曙光——人工智能+健康医疗应用概览[J].大数据时代,2017(4).

[35] 董胜龙,席裕庚,陈卫东.多机器人不确定协作任务的动态优化方法[J].机器人,2002(1).

[36] 董长青,丁田妹,黄晓延,等.无人驾驶的人机交互方式研究综述[J].时代汽车,2017(14).

[37] 杜彦峰,相丽玲,李文龙.大数据背景下信息生命周期理论的再思考[J].情报理论与实践,2015,38(5).

[38] 范美玉,陈敏.基于大数据的精准医疗服务体系研究[J].中国医院管理,2016,36(1).

[39] 方锦清.大脑网络的探索进程(二)——进展、思考和挑战[J].自然杂志,2013,35(2).

[40] 方青.数据融合处理中的数据关联技术[J].现代电子,2001(1).

[41] 冯建周,宋沙沙,孔令富.物联网语义关联和决策方法

的研究[J].自动化学报,2016,42(11).

[42] 冯新翎."科学知识图谱"与"Google知识图谱"比较分析——基于知识管理理论视角[J].情报杂志,2017,36(1).

[43] 符静.大数据环境下的图书馆知识服务新趋势[J].情报探索,2014(6).

[44] 高书国.大数据时代的数据困惑——教育研究的数据困境[J].教育科学研究,2015(1).

[45] 龚亮,李秀.决策的神经机制与衰老[J].医学综述,2014(14).

[46] 贡水.遗忘让人更聪明[J].检察风云,2017(19).

[47] 勾文婷,赵同.无人驾驶汽车的关键技术及其未来商业化应用[J].汽车与配件,2017(2).

[48] 郝景芳.人工智能正是人类自我认知的试金石[J].凤凰文化,2017.

[49] 何大安.个体和群体的理性与非理性选择[J].浙江社会科学,2007(2).

[50] 胡郁,袁春杰,王玮.人工智能技术在传媒领域的应用——以智能语音技术为例[J].新闻与写作,2016(11).

[51] 扈杭.从百度Apollo计划探讨无人驾驶技术的发展[J].数字通信世界,2017(9).

[52] 黄欣荣.大数据技术的伦理反思[J].新疆师范大学学报(哲学社会科学版),2015,36(3).

[53] 黄欣荣.大数据技术对科学方法论的革命[J].江南大

学学报（人文社会科学版），2014，13（2）．

[54] 姜迎春.马克思恩格斯对思想的科学定位及其方法论意义[J].南京师大学报（社会科学版），2011（5）．

[55] 靳小龙，王元卓，程学旗.大数据的研究体系与现状[J].信息通信技术，2013，7（6）．

[56] 九州.如何在互联网时代激发群体智能[J].中外管理，2016（4）．

[57] 蓝艇，刘士荣.受生物群体智能启发的多机器人系统研究[J].机器人.2007（3）．

[58] 李根国，桂亚东，刘欣.浅谈高性能计算的地位及应用[J].计算机应用与软件，2006（9）．

[59] 李国杰.信息科学技术的长期发展趋势和我国的战略取向[J].中国科学：信息科学，2010，40（1）．

[60] 李俊峰，杨秀，张敏思.第四次能源变革与生态文明建设[J].中国能源，2013，35（7）．

[61] 李立睿，邓仲华."互联网+"背景下科研用户的小数据融合研究[J].图书情报工作，2016，60（6）．

[62] 李学龙，龚海刚.大数据系统综述[J].中国科学：信息科学，2015，45（1）．

[63] 李艳玲.大数据环境下的技术变革与管理创新[J].控制工程，2014，21（S1）．

[64] 李志刚.智能语音：从交互革命到人工智能入口[J].电器，2017（1）．

[65] 李祖扬，汪天文.人脑的自我认识——简析人类思维观的嬗变［J］.南开学报，2003（6）.

[66] 梁俊毅.人工智能的发展及其认知意义［J］.大众科技，2011（3）.

[67] 梁民，孙仲康.人工神经元网络的研究现状与展望［J］.系统工程与电子技术，1990（11）.

[68] 刘钒，钟书华.国外"群集智能"研究述评［J］.自然辩证法研究，2012（7）.

[69] 刘刚，李为.一种多维数据模型特征识别方法初探［J］.电脑与信息技术，2015，23（5）.

[70] 刘红，胡新和.数据革命：从数到大数据的历史考察［J］.自然辩证法通讯，2013，35（6）.

[71] 刘建明."大数据时代"的奇幻虚构［J］.西部学刊，2013（5）.

[72] 刘剑.2017年中国人工智能行业分析——智能语音应用篇［J］.湖南工业职业技术学院学报，2017，17（3）.

[73] 刘伟.人机智能融合：人工智能发展的未来方向［J］.人民论坛学术前沿，2017.

[74] 刘亚东，胡德文.脑科学视角下的高性能计算［J］.计算机学报，2017，40（9）.

[75] 刘钊.论人工智能与人类智能的关系［J］.西华师范大学学报（哲学社会科学版），2007（4）.

[76] 柳克俊.论信息与决策［J］.系统工程理论与实践，

1981（2）.

[77] 吕宝忠.人类起源与智能进化［J］.自然杂志,2012（5）.

[78] 梅夏英.数据的法律属性及其民法定位［J］.中国社会科学,2016（9）.

[79] 孟宪平.大数据语境中人的自由全面发展及现实路径分析［J］.当代世界与社会主义,2015（1）.

[80] 孟小峰,杜治娟.大数据融合研究：问题与挑战［J］.计算机研究与发展,2016,53（2）.

[81] 潘登,左克红,郑应平.对科学技术和人类实践活动的局限性的哲学反思［J］.科学技术与辩证法,2006（3）.

[82] 潘沁.从复杂性系统理论视角看人工智能科学的发展［J］.湖北社会科学,2010（1）.

[83] 彭亦良,周雄.精准医疗对未来医学发展的启示与质疑［J］.中国医药生物技术,2016,11（1）.

[84] 钱学森,于景元,戴汝为.一个科学新领域——开放的复杂巨系统及其方法论［J］.自然杂志,1990（1）.

[85] 任磊,杜一,马帅,等.大数据可视分析综述［J］.软件学报,2014,25（9）.

[86] 石鑫,程成.大数据时代下的思维变革、问题与应对决策［J］.沈阳航空航天大学学报,2013,30（S1）.

[87] 宋刚,张楠,朱慧.城市管理复杂性与基于大数据的应对策略研究［J］.城市发展研究,2014,21（8）.

[88] 宋晖,罗蓉."脑机接口"将带来什么？［J］.中国国

防报，2017（3）．

[89] 苏远平，曾璐.人脑模型知识体系结构探讨［J］.电脑知识与技术，2010，6（31）．

[90] 谭凯文.搜索引擎技术的原理与分类［J］.大科技，2016（35）．

[91] 田丽文.智慧城市视角下的基础设施建设模式［J］.财经界（学术版），2015（6）．

[92] 涂仕奎，杨杰，连勇，等.关于智能医疗研究与发展的思考［J］.科学，2017，69（3）．

[93] 王恩国，叶枝娟.有意遗忘研究的新进展［J］.心理研究，2010，3（6）．

[94] 王凤珍，杨延坤.从人的发展看技术本质的实现［J］.自然辩证法研究，2013，29（8）．

[95] 王公龙.人类命运共同体思想对马克思共同体思想的创新与重构［J］.上海行政学院学报，2017，18（5）．

[96] 王浩，张怡.大数据时代下人类思维方式变革的趋势［J］.新西部（理论版），2015（2）．

[97] 王立娜，田倩飞，张娟，等.普惠计算将取得重大进展［J］.中国科学院院刊，2013，28（5）．

[98] 王书浩，龙桂鲁.大数据与量子计算［J］.科学通报，2015，60（Z1）．

[99] 王玮.大数据在保险行业中的应用探究［J］.中国金融电脑，2015（4）．

[100] 王艳玲,李龙澍,胡哲.群体智能优化算法[J].计算机技术与发展,2008（8）.

[101] 王曰芬,谢清楠,宋小康.国外数据科学研究的回顾与展望[J].图书情报工作,2016,60（14）.

[102] 魏槟泽.在计算机系统的变革性研究探索中所遇到的挑战[J].信息通信,2012（3）：290.

[103] 吴甘沙.智能驾驶的产业化探索——从未来挑战赛启程探索商业化的未来[J].自动化博览,2017（1）.

[104] 吴汉东.人工智能时代的制度安排与法律规制[J].法律科学（西北政法大学学报）,2017,35（5）.

[105] 武延军.大数据时代已经来临——人机物融合的大数据时代[J].高科技与产业化,2013（5）.

[106] 习近平.携手构建合作共赢新伙伴 同心打造人类命运共同体——在第七十届联合国大会一般性辩论时的讲话[J].中国投资,2015（11）.

[107] 肖峰.论信息技术时代的三大认识论悖论[J].创新,2016,10（1）.

[108] 徐美云.请学会遗忘[J].今日科苑,2014（9）.

[109] 徐振强,刘禹圻.基于"城市大脑"思维的智慧城市发展研究[J].区域经济评论,2017（1）.

[110] 徐志伟,李沛旭,查礼.计算机系统变革性研究的4个问题[J].计算机研究与发展,2008（12）.

[111] 杨小康.未来人工智能：从AlphaGo到BetaGo[J].科

学, 2017, 69 (3).

[112] 印桂生, 崔晓晖, 马志强.遗忘曲线的协同过滤推荐模型[J].哈尔滨工程大学学报, 2012, 33 (1).

[113] 张军, 姚飞.大数据时代的国家创新系统构建问题研究[J].中国科技论坛, 2013 (12).

[114] 张力平.人工智能给搜索带来质的飞跃[J].科普园地, 2016.

[115] 张嵚, 刘淑华.多机器人任务分配的研究与进展[J].智能系统学报, 2008 (2).

[116] 赵建.基于群体智能的群体机器人研究[J].中国新技术新产品, 2009 (7).

[117] 赵鹏章.人工智能的现状和未来发展方向[J].中国西部科技, 2013, 12 (4).

[118] 朱琳, 赵涵菁, 王永坤, 等.全局数据：大数据时代数据治理的新范式[J].电子政务, 2016 (1).

[119] 宗威, 吴锋.大数据时代下数据质量的挑战[J].西安交通大学学报（社会科学版）, 2013, 33 (5).

[120] 蔡鸿明.用于创新设计的人脑模型体系构造及知识生成[D].西安：西北工业大学, 2002.

[121] 邓先箎.基于关联规则的推荐算法研究与应用[D].上海：华东师范大学, 2010.

[122] 郭腾飞.人工智能的哲学思考[D].太原：山西大学, 2011.

[123] 郝伟.蚁群最短路径算法优化及其在GIS中的应用研究

[D].西安：西北大学，2009.

[124] 郝勇胜.对人工智能研究的哲学反思[D].太原：太原科技大学，2012.

[125] 何颖.多维视野中的非理性及其价值研究[D].哈尔滨：黑龙江大学，2002.

[126] 李为.数据特征识别过程的噪声处理研究[D].长沙：湖南师范大学，2016.

[127] 李先锋.多Agent系统通信与协作机制的研究[D].重庆：西南农业大学，2003.

[128] 梁娜.定向遗忘的认知机制的研究[D].重庆：西南大学，2008.

[129] 刘铭.政府开放数据的社会人增值服务研究[D].太原：山西大学，2013.

[130] 刘融.脑科学研究的哲学问题初探[D].武汉：华中科技大学，2006.

[131] 刘卫红.基于神经网络与专家系统集成的智能决策系统的应用研究[D].重庆：重庆大学，2002.

[132] 刘潇.语音识别系统关键技术研究[D].哈尔滨：哈尔滨工程大学，2006.

[133] 聂力.数学算法研究与教学分析[D].济南：山东师范大学，2004.

[134] 乔石.基于人脑学习与记忆的多源信息融合算法研究[D].天津：河北工业大学，2015.

[135] 涂雪珠.遗传算法在多目标优化中的应用[D].福州：福州大学, 2004.

[136] 王浩.大数据时代下的思维方式变革[D].上海：东华大学, 2015.

[137] 王宁.一个基于信任网络的推荐系统研究与应用[D].南京：南京大学, 2012.

[138] 王维智.基于特征提取和特征选择的级联深度学习模型研究[D].哈尔滨：哈尔滨工业大学, 2015.

[139] 王文兴.虚拟计算环境中任务调度策略研究[D].青岛：中国石油大学, 2011.

[140] 魏丽芹.基于历史信息的就业推荐算法研究与可视分析[D].济南：山东大学, 2013.

[141] 吴荣春.军事信息系统中信息融合关键技术研究[D].成都：电子科技大学, 2016.

[142] 许文媛.生物特征提取和智能感[D].杭州：浙江大学, 2017.

[143] 于丽颖.马克思"人的技术化"思想视域下的人工智能风险[D].成都：西南交通大学, 2017.

[144] 张杰.一种高速数据存储方法的研究[D].合肥：中国科学技术大学, 2013.

[145] 张永新.面向Web数据集成的数据融合问题研究[D].济南：山东大学, 2012.

[146] 张治国.人工神经网络及其在地学中的应用研究[D].

长春：吉林大学，2006.

[147] 朱玉静.从二元论到自然一元论—大数据取舍探析[D].哈尔滨：黑龙江大学，2015.

[148] 埃吕尔.技术秩序［G］//吴国盛.技术哲学经典读本[M].上海：上海交通大学出版社，2012.

[149] 林思恩.1+1>2＝群体智能：10个有关群体智能的启示[EB/OL].（2015–12–08）.https://www.jianshu.com/p/08e9b5bc3417.

[150] 韩崇昭.仿生信息融合的开拓者[EB/OL].（2014–10-–8）.http://www.scichi.cn/content.php?id=1004.

[151] 刘娜.东湖大讲坛："云脑"时代，我们如何创新[EB/OL].（2016–09–04）.http://news.cnhubei.com/xw/zw/201609/t3692039.shtml.

[152] 吕乃基.从由实而虚，到以虚驭实——一个外行眼中的"区块链"[EB/OL].科学网，（2016–10–20）.http://blog.sciencenet.cn//blog-201844-1009001.html.

[153] 李未，吴文峻.群体智能：新一代人工智能的重要方向[EB/OL].（2017–08–03）.http://stdaily.com/index/kejxinwen/2017-08/03/content_564559.shtml.

[154] 佚名.人的大脑的存储量相当于多少内存？[EB/OL].搜狐网，（2017–08–07）.http://www.sohu.com/a/216995678_100023116.

[155] 马云.担心机器威胁人类 不如拥抱技术解决新问题[EB/OL].新浪网，（2017–12–03）.http://tech.sina.com.cn/i/2017-12-03/doc-ifyphxwa765174.shtml.

术语索引

A
Apollo 261
阿尔法狗 69，168，219，220，246，250

C
策略网络 168，181，182，220，246
场景洞察 302
超数据 12，21，22，23，32，33，34，35，36，37，38，41，43，44，51，212，213
超数据时代 Ⅱ，Ⅲ，9，11，12，21，22，23，24，25，26，30，31，32，33，35，37，38，39，40，41，42，43，44，45，46，54，59，61，66，72，77，124，187，210，211，212，213，216
城市大脑 257，267，268，269，270，272，273，274
冲突解决 146，147，148，150

D
大机器时代 22
第二基本机能联合区 118，119，121，122
第二级区 119，121
第三基本机能联合区 118，119，122
第三级区 119，121，122
第一基本机能联合区 118，119，120，

121
第一级区 119，121
点数据 4，46
对象感知 118
多模态感知 5，111
多源数据融合 124，125，127，128
多源异构数据 40，73，145，150

E
e社会 26，27，28

F
非结构化数据 18，40，41，42，57，149，245，277，278
分布式账本 311
风险控制 6，43
封存 45，46，160，162，192，193
复杂适应系统 63，66，67
复杂性方法 52
复杂性科学 24，66，240
复杂性趋势 22，24

G
感觉神经元 155，156
感知世界 31，82，159
感知中国 26
高性能计算 42，64，69，169，216，217，282，336
工业革命 38，55，258
共指识别 147
关联记忆 192，193，194
关联融合 4，5，58，62，70，72，73，75，115，117，122，129，130，132，134，135，144，145，148，150，

153，175，177，181，234，245，262，278，285，286，328，329
关联数据 73，103，104，105，106，107，108，112，149
关系推演 150
过滤筛选 216，218

J
机器学习 3，5，33，58，72，89，90，106，107，108，109，110，150，153，163，164，169，171，172，173，174，175，180，245，246，248，249，250，260，270，272，280，283，284
机器智能 1，46，51，64，66，75，78，86，109，171，182，244，246，247，248，251，252，287，295
激活数据学 49，51，61，62，63，68，69，70，71，72，73，75，76，78，81，82，103，104，105，106，107，108，109，110，111，113，117，134，135，140，143，144，145，146，150，153，187，211，225，244，248，255，257，258，261，262，263，264，265，266，267，269，270，271，272，273，274，276，277，278，279，280，281，282，285，286，187，288，289，293，297，300，327，328，329，330
激励函数 179，180
计算复杂性 33
记录链接 147
记录约简 136
记忆 45，53，64，71，74，76，92，

109，118，157，158，160，162，164，187，188，189，190，191，192，193，194，195，196，197，198，199，200，201，202，203，204，205，206，207，208，209，210，212，213，214，248，249，251，301

记忆术 196，200

价值网络 168，220，246，250

降维去噪 117，134，135，139，140

交互识别 88

交互世界 31

结构化数据 40，42，57，147，149，277

晶体管 215，220

精准医疗 275，280，281，282

巨系统 46，53，59，65，66，293

决策树 141，142，178，179，300

K

跨界融合 134，276

块数据 4，11，44，46，49，52，55，56，57，58，61，62，69，70，103，105，124，128，129，258，261，265，267，327，328

L

垃圾数据 11，12，32，43，46

类脑智能 46，47

类人智能 114

冷数据 41，42

连续数据 296

联络神经元 156

M

马氏距离 47

脉冲信号 156，158

模糊数学 23

模糊性趋势 22，23

模拟信号 189

模式冲突 147

摩尔定律 3，11，55，204，303

N

农业革命 38

P

帕累托最优 149，197，211，235

配准关联 121

普惠泛在的信息网络体系 26，27，299

Q

青铜时代 22

情景关联 118，120，121

区块链 252，294，303，309，310，311，312，313，314

去信用化 310

去中心化 309，310

群体行为 240，242，243

群体迷思 230，233

群体智能 1，4，6，62，65，66，70，77，78，110，134，223，225，228，230，231，232，233，234，240，241，242，243，253，270，274，287，289，328，329

R

热点减量化 4，6，62，76，185，187，211，212，214，215，218，234，245，249，261，263，279，285，287，329

热数据 41，42
人工智能 Ⅳ，1，3，4，6，7，11，21，26，46，61，64，65，66，68，69，70，76，81，82，86，87，89，90，94，95，103，104，106，107，108，109，111，112，113，123，124，129，145，154，166，167，168，171，174，176，187，216，217，219，225，234，235，238，241，242，244，245，246，250，251，252，257，258，262，263，265，268，269，273，274，275，276，277，280，283，284，285，286，287，288，293，294，295，299，302，303，304，305，306，307，308，309，312，314，315，316，327
人机交互 6，62，81，85，90，110，111，112，131，238，245，246，247，252，257，264，265，282，284，286，287，288
人脑科学 63
认知计算 250，298
认知心理学 158
融合重构 62，73，134，144，145，149，150，271，278

S

赛博空间 30
三元世界 30，32
社会化学习 227，229，230，231，232
社会科学 12，44，46，328
深蓝 166，167，
神经经济学 161
神经束 123，159
神经突触 187，279，

神经细胞 84，180，187，188，201
神经元 45，53，64，74，75，120，121，122，123，154，155，156，157，162，164，165，168，169，170，171，172，178，179，180，187，188，189，190，196，198，201，238，239，263，277，328，
生命科学 1，44，45，328，
生物记忆 199，201，202，203，
声纹识别技术 285，286
石器时代 22，94
实体表象 147
实体识别 140，146，147，148，150，
属性约简 136，
树突 120，155，157，170，
树突棘的密度 157，
数据安全 35，37，
数据标准 17，132，306
数据采集 21，40，41，46，61，132，270，274，318，321
数据仓库 34
数据冲突 147，148
数据崇拜 36
数据存储 1，2，18，37，39，40，41，42，61，62，124，145，176，190，203，204，205，206，304，328，
数据大爆炸 12，26，32，35
数据单元 77，142，145，146，149，187，211，263，272，279，287
数据独裁 36
数据短缺 11
数据分析 15，22，33，37，41，42，43，45，46，47，68，70，81，127，135，137，141，145，187，213，

214，215，251，263，281，289，328，

数据风险 35，37

数据复杂性 33

数据管理 34，37，40，58，205，320，321，

数据规模 17，30，60，145，218，271，280，304，

数据过剩 11，35

数据湖 34，144

数据科学 1，11，44，58，60，61，63，129，281，328

数据库 13，18，32，34，35，37，39，40，47，60，97，99，100，101，102，107，140，142，143，150，179，182，183，278，281，309，311，312，314，328，329

数据困惑 35，

数据连接型社会 26，27，30，31，32，299

数据量化世界 26

数据流 22，31，108，138，295

数据垄断 39，55

数据清理 43

数据驱动 3，26，294

数据热度 41，42

数据失真 35

数据搜索 4，5，62，71，72，73，75，79，81，82，91，93，94，103，104，105，106，107，108，110，112，113，153，175，177，181，261，262，277，285，286，329

数据溯源 148

数据挖掘 21，33，35，37，47，62，

65，105，108，136，141，144，206，298

数据依赖 35，36

数据异化 37

数据拥堵 9，11，12，38，39，40，41，42，43，44，45，46，328

数据质量 21，43，104，134，138，270，301

数据治理 34，38，44，150，324，327

数据中心 16，17，32，68，269

数权法 294，315，319，320，322

数字城市 16，17，273

数字存储 201，203，204

数字革命 38，322

数字鸿沟 29

数字化记忆 200，201，202，203，204，205，206，207，208，209，210，212

数字化节制 207，210，212

数字化战略 16

数字家庭 16

数字社区 16

数字世界 30，215，313

数字文明 291，294，295，301，302，303，315，319，321，322，323，324

数字小镇 30

数字信号 189，285

双过程理论 198

搜索引擎 2，81，91，94，95，96，97，98，99，100，101，102，103，104，105，106，107，108

T

特征关联 140，142

特征选取 136

腾讯觅影 276
提取抑制理论 198
条数据 4, 38, 39, 46, 55, 56, 57, 58, 69, 328
铁器时代 22

U

u社会 26, 27, 28
U-Japan 26
U-Korea 26

W

万物互联 32, 70, 88, 90, 94, 106, 110, 230, 288, 289, 295
网络导航技术 260
网络空间人类命运共同体 322, 324, 325, 326
温数据 41, 42
无人驾驶汽车 258, 259, 260, 261, 262, 263, 265
物理世界 30, 33, 72, 86, 295
物联网 11, 20, 21, 22, 26, 40, 54, 55, 70, 81, 288

X

系统复杂性 33
细胞结构 188
线性模型 178, 180
想法流 230, 239
小数据时代 12, 13, 14, 15, 16, 17, 18, 19, 20, 44, 46, 48, 213, 328
协同感知 62, 110, 112
协同过滤 214
信息爆炸 11, 60, 200

信息检索 101, 286
信息容量 191
信息社会 26, 27, 66
信息生态 207, 209, 210, 212
信息时代 19, 22, 94, 97, 199, 285, 294
信息素 221, 239

Y

医学影像 275, 276, 277, 280, 281
遗忘 45, 46, 76, 86, 160, 187, 196, 197, 198, 199, 200, 202, 206, 207, 208, 210, 212, 213, 214, 321
遗忘因子 187, 213, 214
蚁群算法 221
意识 V, 12, 14, 30, 53, 64, 68, 84, 86, 111, 154, 158, 160, 166, 188, 195, 198, 209, 220, 228, 229, 237, 240, 243, 245, 247, 323, 326
有意遗忘 198, 199
语音合成 285, 286, 288
语音交互 90, 263, 265, 282, 283, 284, 287, 288, 289
语音评测技术 285, 287
语音识别 85, 87, 90, 91, 109, 172, 173, 174, 247, 260, 285, 286, 288, 304
预测性趋势 22
预言性数据分析问题 45
云计算 17, 21, 22, 55, 68, 74, 90, 211, 217, 218, 268, 269, 281, 284, 288, 293, 299, 300, 304, 309

云脑时代 Ⅳ，7，140，291，293，294，297，298，299，300，304，315，319，320，322，329

运动神经元 155，156

Z

知识图谱 96，97，109，129，281

智慧城市 46，268，269

智慧地球 26，267，

智能感知 71，79，82，112，113，262

智能管家 322

智能合约 311，315

智能聚合 72，115，124，242

智能科学 12，44，46，68，238

智能碰撞 77，78，223，225，244，248，249，251，252，261，263，264，272，274，279，285，287，300

智能筛选 6，76，185

智能识别 108，273

智能搜索 81，117，234，245，262，271，281

智能网络 17，169

智能终端 21，89

轴突 120，155，170

注意抑制理论 198

自激活 4，5，6，62，74，75，78，134，135，151，153，154，175，176，177，180，181，182，187，211，234，244，245，261，262，263，279，285，286，329

自举 45

自然遗忘 187，212，213，214

自然语言处理技术 285，286

自主导航技术 260

后　记

　　块数据的研究已经进入 4.0 时代。回顾自 2013 年以来的整个研究历程，块数据已经从一个由大数据战略重点实验室提出的概念，成为近年来我国在大数据理论创新和实践创新方面的重要制高点；块数据已经从最初一个基于社会学研究的假设，成为被大数据技术专业领域所熟知并不断应用的重要理论；因为块数据，甚至催生了一场治理领域的"新风暴"——治理大数据与大数据治理，并使它的实现和兴起成为可能。今天，块数据 4.0 以人工智能时代的激活数据学为主题，深度研究激活数据学的运行机理以及应用场景，这不仅仅是研究的延续，更是一次全新的理论跃升。

　　"激活数据学"是时任贵州省委常委、贵阳市委书记陈刚同志在 2015 年 12 月 1 日会见微软亚洲研究院常务副院长马维英博士时提出的。2017 年 5 月 22 日，陈刚同志又对"激活数据学"进行专题指导，提出了一系列重要观点，为《块数据 4.0》的研究奠定了坚实的基础。激活数据学是以充分发挥人机群体智能为核心，综合运用数据科学、生命科学、社会科学、伦理学等提出的海量数据存储、处理和利用的解决方案。块数据就像是一个脑神经元，而激活数据学则是解决 100 亿个脑神经元怎样组成大脑的数据库构架系统，并将成为未来数据库构架系统的核心价值取向。激活数据学既是进行多维度大数据分析的方法论，也是基于复杂理论的大数据研究新范式。

"激活数据学"的提出，既是基于现实的，更是面向未来的。在小数据时代，数据越大，价值越大，而在大数据时代，数据越大，价值越小。数据迅猛膨胀将使"数据拥堵"现象日益普遍，并成为困扰人类的重要社会问题之一。面对海量数据的产生，我们如何发展人工智能，如何利用人工智能为人类解决庞杂的数据难题已成为大数据研究的热点和难点。激活数据学就是基于当下的数据时代背景，以复杂理论为基础来探讨海量数据拥堵的解决方案的学科。其内在的研究机理是，从条数据到块数据，再从块数据到数据库构架系统。条数据永远只会做增量，这也是造成数据拥堵的原因所在。块数据通过关联融合，开始做减量，剔除无效数据。但即便如此，问题还远远没有解决，我们需要一种更加高效的数据存储、处理和利用方式，它的制造成本、维护成本、运行成本要降到最低，否则，数据拥堵带来的灾难依然无法避免。

这才是激活数据学要重点解决的问题。那么，激活数据学是通过什么来解决这个问题呢？数据搜索、关联融合、自激活、热点减量化和群体智能这5大核心构架技术，将成为未来数据库构架系统的重要支撑。其核心是把线上的机器和线下的人进行重混，也就是凯文·凯利讲的remakes，是指人与机器将共同完成一场新的大分工、大调整，人类社会将进入人脑+电脑的云脑时代。

  本书是根据陈刚同志关于"激活数据学"的最新观点，在《块数据》《块数据2.0》《块数据3.0》基础上推出的又一大数据理论创新成果。大数据战略重点实验室汇聚了一批专业研究者，对《块数据4.0》进行了集中研讨和深化。在本书的研究和写作过程中，陈刚同志提出总体思路和核心观点，连玉明对本书的框架体系进行了总体设计，朱颖慧、武建忠细化主题思想，宋青、胡海荣、宋希贤形成提纲和组织编写，主要由连玉明、朱颖慧、武建忠、宋青、胡海荣、宋希贤、张俊立、张龙翔、范贤昱、龙荣远、黄倩、邹涛、翟斌、郑婷、陈威、何露、姜瑢、陈鹏、胡亚男、田翠梅负责撰写，宋希贤负责统稿，连玉明、朱颖慧、武建忠、张俊立负责审稿。在本书写作过程中，陈刚同志多次提出前瞻性和指导性的建议，进一步丰富了本书的思想体系和理论体系。北京市人大常委会副主任、致公党北京市委主委闫傲霜，贵州省委常委、常务副省长、省政府党组副书记、贵阳市委书记李再勇，北京市科学技术委员会党组书记、主任许强，贵阳市委副书记、市人民政府市长陈晏，贵阳市委常委、秘书长、统战部部长聂雪松，贵阳市委常委、常务副市长徐昊，对本书贡献出了大量前瞻性的思想和观点。此外，中信出版集团前沿社社长蒋永军组织多名编辑精心编校、精心设计，保证了本书如期出版。在此一并表示衷心的感谢！

对"激活数据学"展开的研究是全新的、复杂的、跨界的，所面临的困难不仅仅是知识障碍与局限，更多的是来自对未来发展以及根本规律认知与决断的突破。同时，在本书成稿的过程中，由于著者水平有限、时间仓促，难免有疏漏之处，恳请读者批评指正。

大数据战略重点实验室
2018 年 3 月 3 日于北京